变位

互联网+时代的商业法则

丁举昌　丁自闻◎著

C H A N G E
P O S I T I O N

中国发展出版社
CHINA DEVELOPMENT PRESS

图书在版编目（CIP）数据

变位：互联网+时代的商业法则/丁举昌，丁自闻著．—北京：中国发展出版社，2015.12

ISBN 978-7-5177-0400-3

Ⅰ.①变…　Ⅱ.①丁…　②丁…　Ⅲ.①互联网络—应用—品牌营销　Ⅳ.①F713.50

中国版本图书馆 CIP 数据核字（2015）第 217501 号

书　　　名：变位：互联网+时代的商业法则
著作责任者：丁举昌　丁自闻
出 版 发 行：中国发展出版社
（北京市西城区百万庄大街 16 号 8 层　100037）
标 准 书 号：ISBN 978-7-5177-0400-3
经　销　者：各地新华书店
印　刷　者：北京明恒达印务有限公司
开　　　本：710mm×1000mm　1/16
印　　　张：17.5
字　　　数：260 千字
版　　　次：2015 年 12 月第 1 版
印　　　次：2015 年 12 月第 1 次印刷
定　　　价：39.80 元

联 系 电 话：（010）68990642　68990692
购 书 热 线：（010）68990682　68990686
网 络 订 购：http://zgfzcbs.tmall.com//
网 购 电 话：（010）68990639　88333349
本 社 网 址：http://www.develpress.com.cn
电 子 邮 件：fazhanreader@163.com

Foreword 序1

西方有定位观点 东方有变位理论

▌余明阳
上海交通大学安泰学院党委书记、品牌研究所所长、教授、博导

这是我为丁举昌的第三本著作写序。《金钻战略》由中国经济出版社出版，推动中国一大批企业转变思维；《黄金单品战略》由中国发展出版社出版，拉开了打造单品的热潮；现在，丁举昌又推出新著《变位》，将帮助中国企业玩转“互联网+”。

《变位》一书，让人联想到《定位》《新定位》。其实，细细研读，会发现《变位》是针对中国市场环境，用中西融会贯通的方法写的。

只有“变位”与“定位”珠联璧合，才能打造强势品牌。《变位》采用了解构主义的手法，站在文化的高度，发现了定位之父没有透露的秘密。它具有理论的超越意义和很强的实践意义，对我国企业的品牌建设、市场营销工作有较强的指导作用，对品牌研究人员具有一定的学术参考价值，对中国企业家和职业经理人的经营管理工作有所裨益，值得一读。

《变位》辩证地对待西方品牌管理体系，深入思考中国市场，深刻剖析现实企业品牌运作误区，开出“偏方”，虽不主流，却非常有效；对当今中国流行的经典案例进行深度挖掘，对其营销思维进行深度扫描，并

结合作者多年的营销实战进行深度感悟，总结出品牌营销的颠覆性观点，让人印象深刻，耳目一新。

《变位》基于我国企业现实情况、结合中国古典智慧给出了营销难题的解题思路，可以说，它是奉献给中国企业的及时佳作。

真切盼望更多的企业借助《变位》实现弯道超车，驶入发展快车道。

是为序。

Foreword 序2

品牌奥运会的新希望

▌杨子云

北京奥运会整体形象战略专家团总召集人、中国首席品牌官俱乐部创始人、品牌中国产业联盟副主席、中国品牌经理人协会会长、国内知名文化学者

当丁举昌的《变位》书稿放到我案头时，我想起了当年北京申奥的一系列策划。可以说，北京申奥就是变位的最大案例。我作为北京奥运会整体形象战略专家团总召集人，接过北京奥申委的委托书后，想到了申奥是一场特殊的品牌之战，最大的课题是从形象上如何赢得国际奥委会的认可。我和整体形象战略专家团专家们总结了上次申奥的经验教训，首先是思维变位，提出了让世界认可的新口号：新北京 新奥运。我们将变位思维运用到申奥陈述上，赢了国际奥委会委员的高度认可。我们回顾一下邓亚萍的申奥陈述——

亲爱的主席先生，国际奥委会的委员：

我们知道奥运会已经在世界20多个城市举办，中国运动员受到许多奥运会举办城市的欢迎和友好接待。我本人曾在巴塞罗那和亚特兰大亲身经历过友好的欢迎，我们梦想希望在北京举办奥运会，给中国运动员机会热烈和欢迎友好接待来自世界的朋友们。

让我与您分享我在参加悉尼奥运火炬接力时的经历，我注意到一个小男孩向我走来，他触摸到火炬时眼睛一下就亮了，我能感觉

到在那个时候他的一生发生变化。奥运圣火在中国，在4亿年轻人心中点燃该有多好啊！

北京将成为运动员理想的比赛场地，运动员将有条件优越的比赛场馆。运动员展示的文化将受到无法想象的关注。为了表现我们对运动员的崇敬，我们已经选择一个特殊和历史悠久的郡王府作为奥运会场所，在那里运动员将获得欢迎。

邓亚萍的申奥陈述耐人寻味。邓亚萍的陈述重点既不是攻击对手，也不是陈述自己的优势，而是陈述尽义务、普及奥运精神、报答世界。邓亚萍申奥思维的变位，赢得了重大成功。后来，我发现英国伦敦的申奥工作，也体现了“变位”思维。

奥运会之后，中国经济发展迅速，已成为世界第二大经济体。今天，中国经济的增长模式面临着转型与升级，首当其冲的是从“中国制造”向“中国创造”的嬗变。品牌即命运。如果我们没有创造出具有国内与国际市场竞争力的品牌，就没有真正意义上的中国创造，也就不能改变我们世界工厂的地位与命运。

品牌是价格战的唯一解药。创造自主品牌，创造有市场影响力与社会影响力的强势自主品牌，是企业转型升级的重要路径，也是实现中国创造的必要路径。

企业没有一定影响力的品牌，就不可能改变产品的低价低值的宿命，就不能改变在销售渠道上的弱势，就没有市场上的主动权与话语权。

现在大家越来越认识到品牌的价值与作用了，问题在于如何创造、建设与管理品牌？目前很多人在认识上与实践上还存在误区，甚至存在很大的误区，特别是对品牌打造存在认识上的盲点。现在，丁举昌推出的《变位》很好地澄清了品牌运作中的“似是而非”。本书用中外一系列成功品牌的实践证明，面对国际巨头的打压，二线品牌通过变位，创造、发掘、发挥自身优势，即可实现弯道超车。

变位，是一种适合后来者企业的战略战术。结合丁举昌之前的《金钻战略》《黄金单品战略》，企业家和经营者会找到一种全新的市场营销理念和运营方法体系，成功突破时间和空间的界限，走出一条属于自己的成功之路！

品牌奥运会是一场旷日持久的竞赛，只有起点，没有终点，要持续取得胜利，还有待更多的同道者去坚持不懈地探索！

Contents 目录

第1章

品牌定位背后的“杀手锏”——变位

让定位真正有效的不是定位本身，
而是那个纵横捭阖、
作为潜在伏笔而存的变位。
定位是明星，
变位是总导演。

忘了营销本质的“定位”

品牌就像明星的成功一样，背后总有一个高明的导演和教练。

任何事物，无论其过程表象多么复杂，其本质一定非常简单，一旦你认清了事物的本质，就可以轻松驾驭它。

目前，中国市场营销存在这样一种误区，盲目迷信各种营销表象，“定位”热就是如此。自从里斯、特劳特两位大师把他们的定位理论引入中国以后，很大一部分人如获至宝。特别是王老吉成功之后，定位更被奉若神明，似乎是找到了品牌核武器。

国内甚至还专门诞生了无数的“定位专家”和无度崇拜定位的“定位党”，好像只要定位精准了，产品销量就能直线上升，企业就能立于不败之地。其实，定位听起来很灵，用起来不灵，容易犯七大通病。

一、自封式定位

定位理论指出，确定一个企业的核心位置和身份，然后将这一定位信息通过传播传递给目标人群，在目标人群的头脑中锲入一个心智概念，譬如行业第一、领导地位、销量最好等。许多人觉得这是一笔很划算的大买卖，于是喜欢用各种统计数字来表明自己是市场领导者。似乎提出这些，就成了领导品牌。

打开淘宝店网页、电视或是翻开报纸杂志，看到到处都是“×××领导品牌”“×××领导者”“×××第一品牌”的广告，以“×××行业领导者”的姿态自居，想以此标榜自己的行业地位。“×××行业领导者”式的定位表述撞车，客观上造成了诉求同质化，最终导致消费者缺少对品牌的认同。

这些企业家们没有想一想，自封出一个领导者品牌，消费者认可吗？一味地强调“行业领导者”，这样的单调、乏味的品牌联想，有多少消费者喜欢？在消费者心中占一个恰当的位置有那么容易吗？尽管《定位》“圣经”上有“领导品牌”法则，但它是有条件的。品牌的驱动力是情感和品质联想。对领导地位重视固然是好，但其靠的是市场公认而非自封。采用定位理论原本也无可厚非，但由于我们接受信息的方式已经完全改变，即便你的定位多么厉害，消费者也不再轻易买账，因为现在的消费者更喜欢有趣、更新奇好玩的商品，而不单单是什么所谓第一、第二品牌。再者，一厢情愿的领导者品牌定位也需要经过大量的传播才能见成效。

二、唯定位而定位

沃尔沃（Volvo）是定位理论的忠实信徒。沃尔沃确立和选定了“安全”作为自己特有和专属的概念，长期围绕“安全”做文章，在消费者的头脑中建立起“安全 = 沃尔沃”的认知。无数专家和教授以沃尔沃的经典定位和差异化为案例，但沃尔沃也是唯定位而定位的典型。

沃尔沃与宝马奔驰区隔开来了，但是也被宝马奔驰排斥在豪华阵营之外，消费者即使记住了沃尔沃是最“安全”的轿车，可他们也许更愿意买一辆更省油的轿车；消费者即使记住了宝马是最有“驾驶乐趣”的轿车，可他们也许更愿意买一辆更舒适的轿车。

“经典定位”并不一定能导致畅销，因为消费者能够记住的品牌并不见得就是消费者希望购买的品牌。比如消费者可以花上比买奔驰少得多的钱去买一辆雪佛兰，但大多数购买奔驰的消费者不会考虑去买雪佛兰，只因为“它不是奔驰。”

沃尔沃历经 80 多年风雨，先是以 62 亿美元卖给福特公司，后来，福特公司却以18亿美元的低价卖给了18岁的吉利。福特这一进一出损失了44亿美元。

三、形式主义的定位

表面上，我们的所有品牌都有一个定位，而实质上，绝大部分品牌的定位都靠不住，因为绝大部分的品牌定位是形式主义定位或定位形式主义。

形式主义定位，看起来像定位，事实上却引不起消费者的注意和兴趣。康师傅、统一在方便面市场赚得盆满钵满之后，五谷道场眼馋了，按照定位理论提出了对立性概念——“非油炸”。七喜不就是采用对立式的概念——“非可乐”的定位成功了吗？我怎么就不可以用呢？五谷道场又从包装等环节进行差异化，再用大量广告对市场狂轰滥炸。但这个看似天衣无缝的大策划，最终还是失败了。

中粮认定五谷道场的“非油炸”定位是个宝贝，花两亿元高价接手，继续按照“非油炸”定位推向市场，但市场表现也不好，年销量仅徘徊在2亿元左右。

非油炸食品有问题吗？没有问题，这是经过科学证实的，但多数人就是对此不买账。非油炸方便面由于经过了脱水干燥，其结构细密，复水性较差，一般要冲泡5分钟左右，且口感仍然偏硬，而一般油炸方便面的冲泡时间仅有3分钟，且口喊更佳。定位的根本是让多数人买账，直面对抗领导品牌，“非油炸”看似是用了一个好定位，实际上是形式主义的，只是“望文生义”、靠模仿出来的而已。它忽视了消费者的“接受度”和“选择观”，自然占领不了消费者的心智。

形式主义的定位战略是难以奏效的。在现实生活中，大部分的定位自以为是，很少有企业真正关注顾客的需求。企业往往是按照自己预先设定好的意愿，来臆测消费者的需求。如此一来，不论多么努力，效果总是不好。

营销是以顾客为中心的，是在顾客大脑中寻找对自己最有利的位置，而寻找一个不存在于顾客大脑中的位置是毫无意义的。好在五谷道场意识到了这一点，并进行了颠覆性的概念变位，从“非油炸”转向了“粗粮更健康”，从而确定了自己在消费者大脑中的位置。

四、直来直去卖产品

尽管市场经济已实行了 30 多年，但仍有不少企业直来直去卖产品。

牵手是果蔬汁品类的首创者，然而销量一直徘徊不前。它虽然采用了大规模的广告传播，消费人群却只局限于大城市中的女性白领。女性白领已经认识到蔬菜汁的营养价值，但普通消费者却认为，蔬菜汁是难喝的、低廉的。而养生堂将果蔬汁定位为复合果汁后，却获得了巨大的成功。其中奥妙在于，在消费者的观念中，多种果汁肯定比一种果汁营养价值高。

2009 年，铁道部高歌猛进造高铁，并要把高铁服务升级，开始在全国很多媒体投广告招“高铁服务员”，结果却应者寥寥。后来，应高人指点，招聘人员把“高铁服务员”改成了“高姐”，而职业要求与待遇没有变，结果却应者如云。很简单，在公众心智中，“高姐”对应的是“空姐”，比“高铁服务员”的职业形象好、社会层次高，甚至连男朋友都能找更好的。

五、直面对抗领导品牌

苹果手机热卖之后，联想总裁杨元庆回答记者“联想进入手机市场的优势”谈到了三大优势：第一是联想的品牌优势，第二是联想的团队、管理优势，第三是资本实力。听起来，联想有钱、有人，又有品牌，似乎没有任何理由做不好。其实不然，因为这种决策所基于的假设不能成立，联想手机的前景很难如愿。联想其实只是一厢情愿地相信，产品更好，投入更大，最终就一定能胜出！

持有这一信念的公司其实是在跟龙王比宝。有无数的公司正是这样埋头苦干，把全部的希望和力气花在了如何比竞争对手更好上面，结果最终还是难以超越对手，前仆后继地倒搏在了“红海”中。

在市场上，科学合理或对错似乎不是最重要的，市场才是标准，人的心智才是标准，认知才是标准。通常，100 家企业中，只有 1 家是领导企业，它需要采取防御战略；2 家为挑战企业，它们采取进攻战略；而其余 97 家都是在大鱼嘴边的小鱼，应该采取游击战略，但偏偏这些小鱼用错了兵器。

六、刻舟求剑式定位

刻舟求剑的故事，意在警示那些不分时间、地点、情势，完全照搬过去的决策、指示的人。互联网时代依然上演着刻舟求剑的故事。

我们总是乐于模仿行业的领先者，总是相信他们既然取得了更大的成功，其方式自然是更好的，只要努力模仿并试图做得更好就可以。甚至很多企业建立了标杆管理模式，以领导者为标杆，努力追赶，力求超过。

随着王老吉和加多宝的热销，很多企业家看到了王老吉和加多宝品牌定位的神奇。甚至加多宝团队也认为自己有了定位法宝，无所不能。加多宝团队推出一种高端矿泉水昆仑山，它看上去一生下来就占尽先天优势，特别是拥有令业界羡慕的渠道和团队优势，然而昆仑山的市场表现差强人意，与巨大的投入形成了强烈的反差。

九龙斋与当初的王老吉在很多地方都非常相似，于是九龙斋找到以定位见长，曾服务王老吉、加多宝的咨询公司。这家定位咨询公司将九龙斋的品类定义为“去油解腻”的饮料，其逻辑思维是，现在的人越吃越胖，大鱼大肉不断地吃，“解油腻”生逢其时；告诉人们，酸梅汤不是用来解暑的，而是用来解油腻的。但我们发现新定位的九龙斋市场效果并不好。

尽管市场尚存“去油解腻”的需求和巨大商机，但消费者不会也这样想！在消费者的认知基础里，酸梅汤是“消暑开胃”的产品。“去油解腻”听起来对，但实际上不能产生购买力，所以，酸梅汤“去油解腻”的定位很难发挥作用，市场效果可想而知。

九龙斋的尴尬定位显然是惯性思维造成的结果。思维不变位，就事论事，永远找不到事物的本质。运用个人或企业积累的经验来解决市场营销难题是我们这个社会普遍采用的思维方法，经验主义就是典型的逻辑思维特征。譬如，小企业要发展，就必须从大企业中挖掘专业人才，以运用他们的丰富经验来解决企业发展难题；企业要找营销策划机构，就必须找曾经策划过某某行业的公司，否则，总觉得心里没底。经验虽然有价值，是基于行业和市场相对稳定的前提，但是市场是动态的、在不断变化的，你不可能用过去的经验去解决未来的营销难题，而且即使你的经验再丰富也不能解决所有的问题。

一个人不能踏入同一条河流，当初定位观念的出现就是为了应对新的市场形势，到后来我们却形成了武器决定目标的路径依赖。现在核心问题依然是由我们的思维造成的，整个人类的思考都是采用逻辑思维一种方式，这导致你能想到的他人也能想到，不同的只是，有的人做得好一点，有的人做得早一点。

有一个食品客户，被某公司忽悠了一个“无添加”的定位战略，要求企业从生产线开始为“无添加”改造，然后又是开新闻发布会，又是通告同行，说什么“今天起不再生产添加化学物的食品”。这么一来，企业为此付出了巨大的代价，但结果却很惨痛——市场根本不买账。消费者根本不在意“添加”和“无添加”，好吃就可以，口感是第一位的！同行企业讥讽道：食品企业能做到“无添加”吗？尤其是休闲食品，本身就是各种食品添加剂的组合物！

经验主义无法完成创新，真正能产生实效的只能是颠覆式创新的变位思维，只有变位思维才是真正应对未来的思考方式，也只有变位思维才能打破经验主义和教条主义，进行未来式的营销创新。

你不能机械地、教条地理解定位理论，必须把它放在一个科学的理论体系里去学习、理解和实践它。定位理论揭示的规律不是教条而是辩证法，不是预言而是概率，不是理论而是实践，需要实事求是，具体问题具体分析。如杜鲁门所说：“最值得学习的是在你全盘了解之后才领悟到的东西。”

定位理论本质上是商业中的一个战略工具，是商业战略的利器，也是商业战略的凶器。运用得好威力无穷，用得不好满盘皆输。用得好的前提是要把定位放在一个科学的理论体系中去理解和认识，只有这样才能真正把握定位的精髓和灵魂。

七、把市场中的空档看成变位的机会

通过细分战略的严密步骤，娃哈哈发现市场上存在这样的空缺：咖啡和可乐的融合。于是，娃哈哈通过大规模的广告运动，试图塑造一个全新的品类。但经过2年的推广，现在非常咖啡可乐已经非常萎缩了。

实际上，在市场中存在空缺的产品，未必能得到消费者心智的接受。因为消费者想喝到更纯正的咖啡，或者更正宗的可乐，而不是协调两者口味、互相妥协的怪物。非常咖啡可乐在消费者心智中没有机会。分化是商业发展的动力所在，也是品类发展的必然趋势，在各个领域里都在发生。在瓶装饮料领域，最初是碳酸饮料，然后瓶装水和瓶装茶饮料出现。瓶装水和瓶装茶饮料也不断分化，分化出绿茶、红茶、乌龙茶等。瓶装水则由最初的纯净水分化出矿泉水、矿物质水。今天，矿泉水也进一步分化，分化出高端矿泉水等。

娃哈哈在过去多年里一般每1～2年都有重磅新品横空出世，儿童营养液、果奶、AD钙奶、八宝粥、纯净水、非常可乐、茶饮料、果汁饮料、激活、爽歪歪、营养快线，等等，公司业绩也是一浪接一浪，高潮迭起。

然而到了最近几年，啤儿茶爽、启力、格瓦斯、富氧水、小陈陈等新品，要么市场过于细分，要么定位模糊不清、玩概念忽悠，要么渠道开拓不力，还没掀起几朵浪花，就已淹没于饮品大海中。娃哈哈在食品饮料业的老大地位毫无疑问，但当这个帝国跨出疆界时，却忽视了不同行业的特殊属性这一营销必须关注的基本原理。也就是说，娃哈哈除了资金外，不同品牌产品、渠道、媒体传播、人才，特别是对消费者认识等，在进入新的行业时可能都将归零。

总之，定位往往只是一厢情愿，很难达到理想的效果。市场呼唤新的“聚焦战略”，也必须采用新的“聚焦战略”。

定位之父没有透露的“秘密”

俗话说：“学贯中西可成经国之才。”新加坡和韩国在20世纪经济的快速崛起就得益于善于兼收并蓄东西方智慧精髓。

中国人对待东西方文化有三个极端：一是崇洋媚外，盲目主张全盘西化；二是只认本土，完全排斥西方；三是对本土和西方都不知不觉、都不认真学习，不学无术。

我们既反对全盘西化，又反对全盘中化，更反对对东西方都不知不觉。不管是中国的还是西方的，都有精华，都有糟粕，海纳百川、兼收并蓄、博采众长，认真吸取精髓，去其糟粕，才能为我所用，最高境界就是达到佛教的境界——“一切为我所用，所用为众生”。

一、成功的品牌定位过程中，隐藏着更大的“杀手锏”——变位

无论是品牌打造、广告创意，还是营销创新，都是结果导向型的，出发点都必须是为了卖货，都是为了驱动目标消费者重复购买。消费者的认同和共鸣是产品销售和品牌建设的关键，最终在于卖货。

罗瑟·瑞夫斯用USP（独特的销售主张），诠释着差异性对于品牌区隔的重要性，也是为了卖货。

大卫·奥格威用形象理论改造万宝路，来表达对于品牌的重要性，也是为了卖货。

里斯和特劳特建立定位理论，告诉我们抢占对一个品类的认知才是品牌

的本质。特劳特将广告传播的战略意义又提升了一个层次，将消费者需求搬上台面，将消费者心智的概念强化了，但定位理论只是改变了营销的着眼点，而没有改变目的，也是为了长期卖货。

里斯公司的合伙人劳拉提出品牌要有视觉锤。视觉锤并不是什么新东西，其实就是大卫·奥格威形象理论的翻版。

水平营销，被科特勒称之为“跳出盒子的思考”，目的也是为了卖货。

这些理论，无非是谁把消费者研究得更透，更会变位，更会站在目标消费者的角度处理营销元素，赢得他们的重复购买。

在产品过剩、甚至品牌过剩的时代，消费者已经无暇顾及你的产品和品牌，此时消费者关注更多的是自己。这就要求商家必须暂且把自己的产品放在一边，而去关注消费者，围绕消费者的生活习惯去寻找品牌机会。于是，抢占消费者的首选，可能成为品牌竞争的最后一块“油田”。

实际上，你是什么不重要，消费者需要你是什么才重要。也就是说，战略的思考点在于，要解决是什么，而不是做什么。

纵观广告和传播的基本规律，无非是调整策略，变换形式，变着法卖货。

让客户明白，为什么选我的而不选其他。

营销是场战争，我们争的是什么？有人说是客户。这个答案正确，却又似是而非。准确来说，我们争的就是客户的选择，而这个选择是在客户的大脑和心里形成的。所以，第一个要认清的营销本质是，营销的战场在客户的大脑和心里。

“为什么选我的而不选其他”，说的是竞争导向。营销是竞争的产物。如果没有竞争，则不需要营销。在需求大于供给的时候，企业只要拼命生产就好，只有出现了两种或以上的产品争夺同一个客户的时候，才出现了营销。同时，我们的产品并不是因为做到了最好或完美而被选择，而是因为和其他可供选择的产品相比，我们具备了客户想要的某种独特价值，从而被客户选择。选择，在“比较”的基础上产生，因此，营销是竞争导向。

“为什么选我的而不选其他”，说的又是独特价值主张。如果客户认为我们的产品和其他的产品没有区别，那么他为何要购买我们的呢？这种购买只能寄托于偶然，只是某天客户一时兴起，正巧选择了我们的产品。这不是营销。所以，营销的第三个本质是独特价值主张，或者说，是差异化。

变位的基本方法不是创造出新的、不同的东西，而是利用人们头脑里早已存在的东西，把那些早已存在的联系重新连接到一起让顾客心动。

成功的品牌营销，是由“攻城”变为“攻心”，发现消费者心中的灵犀，并一点即触动，我们把这种战略战术叫“变位营销”。

二、定位的误读

定位，定是定心，心定则事定，即把用户的心定在品牌上。位是位置，即品牌在用户心目中排序居第几位，位正则言顺。

定位是品牌的核心，是品牌的 DNA。换句话说，品牌如果没有定位就像一个人只有躯体没有灵魂一样。品牌定位，就是为自己的品牌在市场上树立一个明确的、有别于竞争对手的、符合消费者需要的形象，其目的是在消费者心中占领一个有利位置，使品牌成为某个类别或某种特性的代表品牌。这样一来，当顾客产生相关需求时，便会将该品牌作为首选。也就是说，这个品牌占据了这个定位。

生活在信息爆炸的社会，消费者只能接受有限的信息。换句话说，品牌并不是靠投入大量金钱与传播就能进入顾客心智的，而是要以准确的定位为前提才可以。

谈到商界对定位战略的误读时，特劳特认为最大的误读是，没有抓住“竞争的地点发生在顾客心智”这一要点，以致出现了对定位的滥用。“定位”一词满天飞，比如价格定位、人群定位、功能定位，等等，这些说法都属于运营层面的东西，而非心智层面。定位不是对产品的定位，不是对市场的定位，不是对价格的定位，不是对产品设计风格的定位，而是对消费者心智认知的定位。还有更大的错误应用则是，资本市场或者企业自己本身想要强行实现大幅增长，而疯狂的进行品牌延伸或产品线扩张，进而削弱了消费者对品牌的感知。

三、《定位》的变位

一套理论的成功，根据市场情况对本身的变位很重要。

里斯和特劳特两位当初就职广告传播公司，为了争取更大的业务，想办法树立一块招牌，通过变位把自己的经验转换成理论，浓缩成一个核心词——定位，定位理论成了他们的品牌旗帜。可以说，定位理论是他们争取业务的招牌，简单易记好推广。然后他们逐步把广告传播理论升级为战略，自然，两位广告人成了战略大师，让全世界对他们刮目相看，咨询业务源源不断。

里斯和特劳特着眼于传播的有效性，在其经典著作《定位》指出，让品牌（产品、服务或企业）在目标受众的心智中占据一个特定的、最有利的位置，形成有别于竞争者的价值，并维持好自己的经营焦点，使品牌成为某个类别或某种特性的代表。

其实，《定位》背后进行了一系列变位。

其一，从事实到认知的变位：提出定位不是关于事实的，这里事实包括质量、技术、满意度，等等，而是关于对这些质量、技术、满意度的认知，重点关注潜在客户的心智——认知和观念。

其二，从客户需求到“一切基于竞争”的基本视角的变位。

其三，从产品角度到消费者角度的变位：定位不是关于你的产品、你的渠道、你的价格、你的促销的，而是关于心智的。你的产品、渠道、价格、促销、目标客户，只有支持到你在潜在客户心智中的定位认知才有意义。

其四，从传播策略到品牌战略的变位：对“USP 时代、情感时代，再到定位时代”三者做了划分。

其五，表述的变位：从战术导出战略。

更有意思的是，当有人认为定位是战术时，他们提出了一个特别的逻辑，从战术导出战略。特劳特认为，随着社会发展，社会的价值观、财富观必将大幅改变，组织最有价值的资源不再是土地与资本资源，甚至也不是人力资源、知识资源，这些资源没有消失，但其决定性的地位都要让位于品牌代表的心智资源。"战略就是让你的产品与众不同，并将差异性植入顾客心智，建立鲜明品牌。"

《定位》能在中国如此火爆，除了王老吉的成功外，更重要的是中国的代理者（经营者）对《定位》的变位。原先《定位》的定位是《不同于奥美的观点》，后经中国的代理者（经营者）改造，《定位》变位到与泰勒、德鲁克并列，把定位理论托高到管理层面，实现了从品牌战略到企业战略的变位，达到了令人仰慕的企业战略的高度。

定位只是在消费者心智中确定一个位置。也就是说，它只是提供给消费者一个选择的线索，对于到市场上选择符合心中的产品条件，还有很大的距离。消费者还要进行多次筛选，最后才可确定首选。在实际操作中，对品牌进行多级变位，有理性的，也有感性的，才会最终符合消费者的选择条件。也就是说，变位并不排斥定位，它依靠的不只是建立差异化，而是变换形式，主导消费者心智，让消费者心生向往。

两位定位大师在实际操作中做的是变位工作，也就是以定位之名，行变位之实。孟山都公司的定位即是如此。两位大师的思路是，孟山都公司想要成为化学行业的领军公司，不应说自己公司好，而是说整个化学行业好。他们通过展示一个橘子里包含多少种化学成分，让人们知道，任何天然的、植物的东西都是由"化学元素"组成的，"化学的"东西并不都是我们头脑中想象出来的"废旧塑料"一样的有害物。孟山都公司通过改变人们头脑中对化学行业的观念而成为这一行业的领头羊。他们实际做的是变位工作。

四、成功的品牌营销总规律——多级变位

创建品牌好比发射卫星，需要多级火箭的推动（多次变位），才能让卫星抵达预定轨道（让品牌扎根于消费者心中）。如果品牌未能通过变位持续

不断地补充动力，那么很可能就此停止成长，甚至转而开始下落。

里斯和特劳特做过一个案例，就是萨比纳比利时世界航空公司的变位。从整个过程来看，两位定位大师对项目至少进行了四级变位。

随着飞机票价格变得相对便宜起来，世界便成了旅游者的天下。在过去的年月里，跨国旅行的只限于那些年长、富有的人。如今，这一情况发生了彻底的变化。曾几何时，空中服务员个个年轻，而乘客都是上了岁数的。现在年轻的是乘客，年长的倒是服务员。

1. 一级变位，航空公司销售食品和服务

在各施伎俩争夺跨国乘客的 16 家北大西洋地区大型航空公司里，有一家名叫萨比纳比利时世界航空公司（Sabena Bel-Gian World Airlines）。几年前，萨比纳只有一个出入城市：纽约。所以，如果当时你不想去布鲁塞尔，就不能坐它的航班。除非遇上了劫持者，否则，萨比纳公司的每架飞机都要在比利时着陆。

当时，萨比纳公司实行的是传统的航空公司战略：销售食品和服务。

一则典型的广告问道："我在萨比纳飞机上能吃好喝好吗?"但是，世界上所有的美食也不会吸引你去乘坐不飞往你的目的地的航班。

萨比纳尽管在飞往比利时的航线上占据了最大的份额，但这仍然少得可怜，因为飞往这个小国的人并不多。在北大西洋地区旅客最近一年飞往 16 个主要国家的百分数中：最高的英国占 29%，而比利时只占 2%。在预期乘客头脑里的国家阶梯上，比利时如果能排上号的话，也只能位于倒数几层。只要看一眼上面这些数字，就能发现萨比纳公司的广告错在哪里。

2. 二级变位，从航空公司优势转为突出国家优势

从本质上来说，为吸引更多的人到比利时，萨比纳必须把比利时说成一个能吸引旅客逗留一阵的地方，而不是中途转机去别处的地方。

顾客不知，买卖不成。

大多数美国人对比利时几乎一无所知。他们以为滑铁卢在巴黎郊区，而比利时最重要的产品是威化饼干。许多人甚至不知道这个国家在什么地方。

"如果今天是星期二，那我肯定是在比利时"，说的就是这个意思。

萨比纳公司最有效的战略显然不是突出企业本身优势，而是突出国家优势。换句话说，这就需要变位，就像荷兰皇家航空公司（KLM）突出阿姆斯特丹的优势那样。

可是，在变位中，如何突出国家优势呢？好好想一想，人们对最成功的国家都有哪些突出的印象。

说起"英格兰"，人们会想到皇家庆典、大笨钟和伦敦塔桥。

说起"意大利"，人们会想到古罗马圆形剧场、圣彼得大教堂和艺术珍品。

说起"阿姆斯特丹"，人们会想到郁金香、伦伯朗和那些美丽的运河。

说起"法国"，人们会想到法国美食、埃菲尔铁塔和景色旖旎的里维埃拉度假胜地。

人们在脑子里能看到那些地方，就像看到印着风景的明信片一样。以城市为例。在你的脑子里，纽约也许是一片高楼大厦的剪影，旧金山也许是缆车和金门大桥，克利夫兰也许是烟囱林立的灰色工业城。

显然，伦敦、巴黎和罗马都是第一次去欧洲的游客的首选之地，而萨比纳公司几乎没有任何机会争取到这些游客。

然而，美国也有一大批多次出门的游客想去那些位居其次的地方，比如去希腊看看那些废墟，去瑞士爬爬那些山峦。

一旦目标明确，变位就不算难了。

3. 三级变位，从美丽的比利时到"5 个值得一游的城市"

比利时是个十分美丽的国家，拥有许多吸引多次去过欧洲的游客的景点，如引人入胜的城镇、历史悠久的宫殿、博物馆和美术馆。奇怪的是，比利时人竟然认为自己的国家不是一个很好的旅游场所。这种态度也许能从过去挂在布鲁塞尔机场的一个牌子上体现出来，其中有一部分说道："欢迎来比利时。这里气候温和，但平均每年有 220 天下雨。"结果，他们最喜欢采用的吸引旅客的战略是，宣传比利时的中心位置和转机去其他地方——如伦敦、巴黎和罗马——的便利。

他们几乎没有考虑如何把比利时变成一个旅游胜地。你只要在布鲁塞尔市区随意走上一圈就会发现这一点。你当年如果走进可能是全欧洲最漂亮的广场——四面金碧辉煌的大广场（The Grand Place），会发现广场的整个中央地带竟然是个停车场。（后来，汽车终于禁止入内了。）

这里有一个严重的教训：生活在当地的人的观念往往和外来者不同。

许多纽约人不把纽约当成旅游城市。他们只记得清洁工人的罢工，却忘了自由女神像。但是，纽约每年吸引了1600万想瞻仰那些“高大建筑”的游客。

“美丽”这个概念虽好，但的确不足以充当招徕游客的主题。要想把一个国家变位成游客向往的地方，需要有一些吸引他们在此地至少盘桓数日的景点。

没人会专程去摩纳哥玩，因为它的头号景点蒙特卡罗（以其豪华的赌场而闻名于世）只需一个晚上就看完了。而摩纳哥的二号景观格雷丝亲王妃（Princess Grace，原系美国女影星，后遇车祸身亡）根本无缘一见。

显然，规模是个重要的因素。国家大，景点就多，国家一小就没了这个优势。（假如大峡谷横贯比利时，就剩不下多少平地了。）

策划人从《米奇林指南》（Michelin Guides）里找到解决规模问题的答案。该书专门是给城市和餐馆评分定级的。该书的荷、卢、比3国分册评出了6个“值得专程一游”的三星级城市，其中有5个在比利时：布鲁日、根特、安特韦普、布鲁塞尔和图尔纳伊。可是，真正令人吃惊的是，它的北邻、旅游大国荷兰只有一个三星级城市：阿姆斯特丹。

4. 四级变位，从三星级城市变到“美丽的比利时有5个阿姆斯特丹”

由《米奇林指南》评出的5个值得一游的城市而产生的广告标题是“美丽的比利时有5个阿姆斯特丹”，封面画面则是由5张比利时三星级城市的漂亮的四色印刷图片组成。

这则广告吸引了大量的咨询，问的都是这个许多游客过去只是从阿姆斯特丹到巴黎的火车车窗上看到的国家。其中一个询问是荷兰旅游部长打给比利时旅游部长的电话。不用说，这位恼怒的荷兰人恨不得把这则广告连同它的制作人一起宰了。

这个“三星级城市战略”里有 3 个重要的地方值得一提。

第一，它把比利时与早已是游客心目中的目的地——阿姆斯特丹联系到了一起。在任何一个变位项目里，你如果能在一开始就利用上一个大家根深蒂固的观念，就等于在树立自身地位的工作中迈出了一大步。

第二，《米奇林指南》也是个早已深入游客头脑的观念，它增强了上述概念的可信度。

第三，“5 个值得一游的城市”使比利时成为一个真正的旅游目的地。

“美丽的比利时的三星级城市”概念最终进人荧屏后，反响十分巨大。

比利时航空公司定位的秘密，在于其广告不是宣传比利时航空公司本身有多好，而是宣传比利时这一国家有多美丽，借助荷兰著名旅游城市阿姆斯特丹的名气，发掘、宣扬比利时境内原本不为人所知的 5 个与阿姆斯特丹同一级别（三星级）的旅游城市，打出广告：“比利时境内有 5 个阿姆斯特丹”——通过吸引人们到比利时来旅游从而自然乘坐比利时航空公司的班机。

也就是说，让“定位”真正有效的，不是“定位”本身，反而是那个作为潜在伏笔而存在的“变位”。正是基于此，我们才说“变位”是人类一切智谋策略的“总原理”。

五、定位之父干了变位的事

定位理论有一个核心观点，战略就是聚焦于让你在顾客大脑里与对手区隔开来的一个字眼，以此对企业的运营活动进行取舍配称，创造出一种差异化的竞争方式。这使顾客在产生相关需求时，会将你作为首选品牌，还使竞争对手的模仿难以奏效，从而形成持久的竞争优势。

定位理论的最大贡献在于对“起点”的“固定化”，它把原本纷乱复杂的产品特征加以分析，选择其中最有力的一个诉求点，以最简洁的方式把它“固定”在受众的头脑中，使人产生一种条件反射式的反映。定位理论以“先入为主”的方式通过对品牌观念的强力灌输，使消费者记住了品牌，解决了市场营销的起点问题。

消费者思考元素是品牌的终极追求，是一个品牌营销传播活动的原点。品牌管理的中心工作就是清晰地规划勾勒出品牌的思考元素，并且在以后的10年、20年，乃至上百年的品牌建设过程中，始终不渝地要坚持这个核心元素。

品牌变位有多方面的因素，企业应重新认识市场，从产品的销售现状、行业的竞争状况、消费者的消费观念变化、企业的发展目标上来分析市场，对于是什么原因要求企业对品牌进行变位，企业应有明确的认识。

品牌建设的系统化思考对于品牌建设非常重要，品牌不应仅仅停留在品牌创意设计上，关键的是要能够帮助营销者从茫茫人海当中找到目标消费群。相对来说，这样的要求才真正使品牌发挥到极致的效用。很多企业总是困扰在如何把细分市场识别出来，并给予这部分消费人群以他们想要的需求满足。

加多宝元老曲宝恺认为，“预防上火的饮料”其实只是起到品牌旗帜的作用，很大程度上要归功于王老吉在产品本身和市场进行了深入分析后所作的几次多级变位，名为定位实为变位。

让我们再来看看王老吉不断寻找消费者的变位，进行变位营销的过程。

（1）品类变位：先当饮料卖，再当凉茶卖。

王老吉前180年基本上没有走出珠江三角洲，规模也非常小，要害是直来直去卖凉茶。它的销量无法突破的原因，主要是凉茶在当时还是带有广东地方特色的饮品，其他地方的消费者都不知道凉茶是什么。此外，人们一直把凉茶当成药饮，存在“是药三分毒”的顾虑。

自2002年，王老吉先是对战略进行了重整。为了让全国消费者更好地认识和接受凉茶，并且把凉茶当成茶而非药，王老吉直接向饮料中的最大品类——汽水品类发动了冲击，把凉茶从“清热解毒祛暑湿”的药饮变位为“预防上火的饮料”，使凉茶成为和最大的饮料品类——汽水相对立的品类。这样，王老吉重塑了人们对凉茶的认识，释放了凉茶品类的成长空间，为品牌的起飞注入了动力。

（2）诉求变位：从“健康家庭永远相伴”到“怕上火，喝王老吉”。王老吉曾通过塑造“健康家庭，永远相伴”的品牌形象吸引消费者购买。加多宝租用的王老吉品牌在2003年，广东销售额从1亿多元突飞猛进到6亿元，年增长率超过300%。

（3）包装变位：采用红罐包装，从而摆脱了凉茶散装销售的模式，让凉茶从区域走向全国，为凉茶行业的发展奠定了“定位”的基础。

（4）渠道变位：从茶铺到小店/大卖场、餐饮点/影院、KTV，等等。

（5）品质变位：在秉承尊重正宗工艺的基础上，研发凉茶的浓缩技术，开创凉茶集中提取、分散罐装的现代化生产模式，实现了凉茶配方的标准调配与罐装。

（6）口感变位：从营销角度分析，通过口感的改变取悦消费者是王老吉营销全国极其关键的一步棋。重新调配后的口感极大地扩大了王老吉的消费者群，使其市场潜量得到了巨大的提升。没有这步棋，王老吉“预防上火”效果再好，核心诉求再独特，广告投入再多，也不可能在全国卖得如此红火。

（7）身份变位：从好饮料到“中国最畅销的罐装饮料”。

把凉茶从“清热解毒祛暑湿”的药饮变位为“预防上火”的饮料，后再变位为“中国最畅销的罐装饮料”。“怕上火，喝王老吉”成为热语。很多消费者并不是为了怕上火而喝王老吉，也有赶潮流的倾向。既然王老吉凉茶这么“热”，别人都在喝，那么我也应该尝试一下，不然就落伍了。还有很多人对新品类一开始会心存顾虑而不愿尝试，而热销有助于消除他们的顾虑。既然这么多人在买，说明王老吉凉茶是个可靠的产品，值得去尝试。一个品牌多级定位之后，会形成热销效应。通过热销效应就会成就黄金单品。

王老吉作为一种时尚、流行的饮料，突破了地区之间的文化差异，又利用大多数消费者的赶潮流心理，促动更多的人去消费。对于媒体而言，他们往往热衷于报道流行和热门的东西。王老吉的热销获得了无数媒体的报道，获取了人们对王老吉凉茶的关注及口碑的谈论，又维持了品牌和品类的热度，其效果远远胜过广告。

王老吉的快速成长，与其说是品牌定位的成功，不如说得益于变位的说辞带来的热销效应。

在创建品牌过程中，首先要通过变位让品牌成为某个品类的代表。其实人们消费的是产品，而不是品牌，之所以选择某品牌，是因为某品牌代表了这个产品品类而成了首选。如果品牌代表了某个品类，那么就能确保人们有该产品（或服务）的需求时首先选择它，品牌成为某个品类的代表就会产生热销效应，这是品牌成功的重要基础。

品牌采取单一产品，形成聚焦效应，品类拓大了，又促进了品牌成长，这往往需要对品类进行变位，以更新或重塑人们对品类的认识，并促使消费者消费，继续产生热销效应。同时，品类的产品明确化，确保它能被消费者清晰地认知并接受为一个独立的品类。

创建品牌其实质是开创并拓大一个品类，并保持品牌的领先地位。随着品类拓大，也喊醒了一批竞争对手，但竞争对手的加入其实有助于增加品类的影响力和关注度，可共同把品类做大。品类代表可优化变位进行综合战略升级，比如率先建立全国性营销组织，着重渠道的建设和推广，等等，一马当先地推广品类，确保自己在竞争中领先，形成更大热销效应。品类越大，领先品牌只要时刻保持领先，就能获得最大的热销效应。因为品牌成功后会带来品牌形象和文化的光环效应。

变位，就是根据竞争环境的改变，定期甚至及时梳理战略并进行相应的调整，打造产品的热销效应，直至成为黄金单品。随着品类的兴起和品牌的发展，往往需要根据竞争环境的变化不断进行变位，使品牌面对竞争时处于最有利的决战地点上。如果品牌未能通过变位持续不断地补充动力，那么很可能就此停止成长，甚至转而开始下落。

除了少数的例外，大多数中国企业由于没有意识到品牌的价值在于代表一个品类，在某个产品品类小获成功后，纷纷走上了多元产品之路，结果远离了热销效应。

就在红罐凉茶迅速成长的时候，加多宝突然遭遇品牌地震，被迫放弃了使用和推广了 17 年的品牌。但加多宝根据竞争环境的改变，及时梳理战略并进行相应的调整，不断释放热销效应，诉求再变位：“全国销量领先的红罐凉茶改名加多宝，还是原来的配方，还是原来的味道，怕上火，现在喝加多宝。”

加多宝之所以多级变位能成功，关键是很好地掌握了这种洞察人心的艺术。加多宝公司于 2003 年在杭州召开会议，准备挥师北上攻打浙江北部市场。会上，加多宝董事长陈鸿道就提出了“攻心为上”的思路，即要让产品从一个耀眼但会转瞬即逝的流星，变成一个畅销不衰的恒星。攻心策略正是加多宝多年来立于不败的核心因素。

攻心首先要洞察人心，然后去打动人心。渠道、决策、团队等因素虽然促成了加多宝换牌的成功，但“攻心”却是其中的灵魂。加多宝争取在每一个地方做到洞察人心，包括对消费者、经销商的洞察，也包括对公司员工的洞察和凝聚。唤醒的人心最终在市场上形成了巨大的攻击力，而且获得了大量消费者的共鸣，俘获了大批消费者的心。这种心灵层面的爆发，和面对消费者时在心灵层面的智慧，是加多宝换牌成功的核心秘密。

定位其实就跟产品卖点、广告语和品牌形象等一样，只是营销系列策略中的一个策略而已，绝对不能将其上升到一个企业战略的高度。

六、变位是常态，关键是打造热销效应

品牌建设可谓一项浩大的工程，一个优秀品牌的打造，要做的就是对“人心”的揣摩和把握。不同的消费群体有着完全不同的心理状态，他们的生活环境、性情、习惯、文化、精神层次等都千差万别，试图用一套理论或

模式来解释品牌，来指导对所有品牌，或品牌所有阶段环节的建设工作，几乎是不可能完成的任务。

如果我们将王老吉的信息链展开分析，将会看到广告策略信息链、公关促销信息链、包装信息链、终端信息链……但是，这些不同形态的子信息链都是向着同一个目标——营造消费者选择而努力的。以王老吉为例，除了自己的努力之外，还借助了许多专业公司的策略：定位策略，选了成美公司；广告策略，选了汉狮；终端，选了餐饮界；背书，选了院士钟南山。晴空不障白云飞，竹密不碍活水流。如果饮料的第一选择与消费者不一致，你就只好被打入冷宫了。

从王老吉和加多宝的品牌运作来看，单纯的品牌定位无法制造消费者第一选择，因此，还要从品牌形象、个性特征、独特利益等方面寻找差异。每一个优质“差异”点的连接和链接，形成了一条金质链条，并不断地放大，才能引起消费者足够的关注。只有“差异”被不断地重复，才能使得消费者“坚信”。所以这些“差异”点之间必须环环相扣、相互作用，才能使一条完整的控脑信息链准确地引导消费者思维判断的方向，从而建立最有利于自身的品牌规则。好的定位只是打准的第一个十环。如果是一个饮料产品，你还要在功效靶、地点靶、指名靶、口感靶、文化等多个靶心瞄准，个个打中十环。消费者购买一件商品，从思考到首选，要有 7 个价值元素引导或触动，也就是可用、可信、可比、可行、可见、可爱、可为等，简称“7T”。也就是说，从消费者注意、思考到首选，要过七重门。

除了少数的例外，大多数中国企业由于没有意识到品牌的价值在于环环相扣，围绕顾客首选做文章，在某个产品品类小获成功后，纷纷走上了多元产品之路，结果远离了热销效应。

变位，就是根据竞争环境的改变，定期甚至及时梳理战略并进行相应的调整，变换位置，与消费者的情感和心理同频共振，形成黄金单品的热销效应。

七、成功品牌的路径规律：先变位，再定位

消费者心中有自己的产品标准，你生产出的产品得到消费者的检验到其决定是否采购，需要经过多重门。也就是说，符合消费者心中既有的产品标准，让其激动才会实现鲤鱼跳龙门。这样，才会实现商品惊险的一跳。

广告大师认为，广告要变位，不卖牛排，卖嗞嗞声。

营销大师认为，营销要变位，消费者要的不是钻头，而是那个洞。

在超载的信息中，消费者会按照个人的经验、喜好、兴趣，甚至情绪，选择接受哪些较能引起兴趣的产品种类和品牌信息。

战略大师说，营销与广告的基本规律是干啥不吆喝啥。

变位是什么，是从卖牛排（产品），转到卖嗞嗞声（影响消费者购买的因素）

变位是变换形式，找到消费者心智中最敏感的区域，也就是选择观，与消费者产生共振共鸣。

大卫·奥格威制作了著名的劳斯莱斯轿车的广告。他的广告文案太长，以至于虽然我们所能看到的几乎每一本广告教科书都会引用这个著名案例，但是却没有一本书能够完整地引用这则广告文案。大家争相引用的只是那个永垂不朽的广告标题：“在时速 60 英里的时候，这辆新劳斯莱斯车上最大的噪音来自车上的电子钟。”

这句传世的经典广告标题令无数广告英雄竞折腰。

一定有很多人至今也没有看出这则广告的真相。

看了广告，我们自然会觉得劳斯莱斯车开起来真是太安静了。因为我们一贯认为，只有在极度安静的环境里才能听到滴滴答答的电子钟的声音，所以就自然而然把这种“安静”附加在劳斯莱斯身上了。再加上劳斯莱斯是车中的极品，这就在我们的感觉上又加盖了“公章”。

其实，这则广告是做在 20 世纪上半期，试问：当时劳斯莱斯汽车的技术已经像现在一样登峰造极了吗？为什么 60 英里的时速还值得一提呢？（这个

速度对于现在经济型轿车都不算什么）

当时劳斯莱斯的一位资深工程师看了这则广告后，一语道破“天机”：“是他妈的该好好修修这该死的电子钟了，噪音太大了，真让人受不了。”这才是劳斯莱斯汽车广告背后的真相——不是车好，还是广告好。

在这个标题下面，大卫·奥格威又不厌其烦地列举了19条充满数字的证据，从“足够制作128双软皮鞋的整张牛皮制作的坐椅”到“后车窗除霜开关控制着由1360条看不见的热线构成的热线网”，不一而足。

对于这些数据，我敢说你一个也记不住。

定位理论认为，“一个广告只能有一个诉求点，否则受众记不住”。

“广告大虾”提出“你写的越多，越没人看”，“长文案一定要提供阅读的兴趣才能吸引受众”。

但是，大卫·奥格威把长广告做了变位，他的广告理论是“广告写得越多，你能卖掉的就越多”。

为什么大卫·奥格威能够做到“广告写得越多，你能卖掉的就越多”？长文案发挥的作用并不见得需要“阅读”，而是用长长的视觉暗示证据充分。你大脑中的“感觉”会如此清晰，那就是：能够用19条充满数据的论据来证明的轿车，一定是一部好车。也许你对长篇大论的广告不屑一读，但是广告却像紧箍咒一样牢牢地套在了你的脑子里。

大卫·奥格威后来再没有给劳斯莱斯汽车做过广告，因为他认为劳斯莱斯不是质量可靠的好汽车，或者说配不上他的广告。

大卫·奥格威的广告绝对真实，他明明说这辆汽车有噪音，可受众却说什么也不信。这就是“广告教皇”的高明之处。

八、比定位更基本的是变位

什么是真正的商业中的变位呢？

20世纪时娃哈哈就曾采用过干啥不吆喝啥的营销模式：“喝了娃哈哈，吃饭就是香。”作为一种“儿童营养液”的娃哈哈AD钙奶，不是就事论事地宣传本身的营养价值，而是把自己变位成儿童吃饭的“饭引子”，因为妈妈最担心的就是孩子只吃零食不吃饭。广告词则更是让人过目不忘，因为它源于一首人人熟知的儿歌，很容易引起儿童与家长的共鸣。如果娃哈哈当年不变位，直接宣称：“喝了娃哈哈，身体就是棒。”说不定宗庆后早就破产了。可见，只有“变位思维”，才能做到“变位营销”，真正找到消费者心里最隐秘、最本质的需求。

成功品牌在定位之前，都发现了驱动目标消费者尝试或重复购买的“金线”，从而改变参照物，改变诉求，改变消费者感知，提升品牌价值，使经营的产品成为黄金单品，创造超额利润，我们把这一过程叫“变位营销”。

变位，运用“客户视角看价值”，借助消费群的新消费理念和消费习惯，快速地探寻到品牌“内部金矿”，从而形成消费者的主动选择。

箭牌口香糖作为绝对的市场领袖在美国所向披靡，无与匹敌。但在 20 世纪 90 年代初，其销量却开始徘徊不前。怎么办？是强调质量优势，还是贬低对手？或者降价促销？

箭牌口香糖的对策出人意料，它跳开一切同行，把香烟作为自己的竞争对手，引导消费者在不能吸烟的场合用嚼口香糖来代替香烟。

箭牌公司在广告宣传中戏剧化地展现了禁止或不宜吸烟的场合，如在办公室、医院或者前去拜访岳父、岳母，等等。在这种场合，口香糖可以像香烟一样满足某种类似的生理需要。因为点燃香烟的时候，神经能量就转化为一组固定的动作套路：手伸向衣兜、掏出香烟、点燃、深吸一口。在嚼口香糖时也出现类似动作模式：从剥开包装纸到有节奏地咀嚼。因此，在两者之间建立可替代的关系完全可行。

实行“广告变位”后，箭牌的销量重新回到了上升轨道。它通过寻找可替代的产品，引导消费者在不该消费某种产品的时间或场合消费这种产品。用自己公司产品的优点（随时可以消费）与对手的弱点（在某些场合被禁止）比较，从而开拓出一片新的空间，占有了一块原本不属于自己的市场。

在传统营销思维中，人们在制定和分解自己的营销目标时，总是将思维集中于企业自身，总在考虑自己能支配的企业资源，总是强调“力所能及”。在这种“力所能及”的营销惯性下，企业的营销目标越来越保守，营销视野也越来越狭窄，所以常规的思维模式只能带来常规的发展速度。

很多企业在资源充足的情况下，也能搞得轰轰烈烈，但是一旦环境变化、人员变动，就变得束手无措。比如很多高科技公司随着技术的更替，就如昙花一现般被淘汰。而一些企业看似没什么资源、没什么优势，反而能够九死一生，金身不坏，像握有阿拉丁神灯。

一把大锁，铁杆费了九牛二虎之力，还是没办法撬开。钥匙来了，他瘦小的身子钻进锁孔，只轻轻一转，大锁“啪”的一声打开了。铁杆奇怪地问：“我费了那么大力气也打不开，你怎么轻而易举就打开了呢?”钥匙说：“因为我最了解它的心。”

品牌是属于消费者的，自然，开启消费者心锁的钥匙必须符合消费者心锁的密码。

九、变位思维完成和实现真正的颠覆式创新

以定位为代表的告知式的营销推广模式显然无法适应新生消费群对于信息的处理习惯，单纯的灌输增强了消费群的厌倦情绪。

与消费者的心智做智力游戏，就需要变位思维。消费者认知就是一切，不管是好的还是坏的，不管是真实的还是不真实的。“顾客心智认为白就是白，顾客心智认为黑就是黑”，不可与消费者的这种心智对抗。成功品牌的共同特点是通过一系列元素变位，与消费者产生心理共鸣，让消费者认为它们是最好的，在同等价格、同等功能、款式相差无几的条件下，将它们的产品成为消费者的首选产品。

《定位》作者说，要是哪种理论在营销上行得通，它自然就在政治、宗教或任何需要广泛传播的活动里行得通。所以，本书引用的例子同样也可能取自政治、战争和商业领域，甚至还取自追求异性的技巧——换句话说，包括所有影响他人思想的人类活动形式：无论你是推销汽车、可乐或电脑，还

是宣传一位人士或你自己的行当。我们推崇特劳特心智定位理论在目前营销上的战略意义，同时也反对过分极端的强调“心智”作用（完全只认认知，不管事实）；我们既反对中国传统营销派的“唯渠道论”，也反对少数误解定位的定位教条派把心智神化的“唯心智论”。一句话，还是兼收并蓄、辩证性地学习，吸取精华，一切为我所用。

我们要感谢史蒂夫·乔布斯给我们示范了如何“变位”，苹果手机的畅销让我们从杰克·特劳特、阿尔·里斯、迈克尔·波特的理论研究中摆脱出来，从书本和坐而论道的这个派、那个派中解脱出来，转而从营销实战中，直指人心，破解每一个产品畅销的真正原因，即消费者购买决策时，心智中一闪而过的营销原点问题。没有变位，“认知、需求、品类、品牌、价格”这些原点问题无法解决，你的一切营销动作都是在迷雾中前行，无论你的动作是大张旗鼓的冲锋，还是谨小慎微的爬行，你的资源一定会在模糊甚至错误的战略方向指引下，被浪费得干干净净！

不客气地说，95%的企业正处于这样的爬行状态，那剩下5%快速成长的企业又是怎样的？它们就是苹果、特斯拉这样的成功企业，它们的成功一定不是偶然，一定是围绕营销原点问题，有条不紊、秩序井然地变位！

发挥品牌效应的作用，需要变位。人在接受品牌时呈两种心理状态，一种是主动接受，一种是被动接受。当人们面对一个有意义、有价值、能引起人心理共鸣的品牌时，人们就会主动接受这个品牌。

弱小品牌，无法直接对抗领导品牌，只好采用变位方式，用好仅有的资源，形成以一当十的效果。

蒙牛刚刚创立时，几乎无人知晓。1999 年 4 月 1 日，呼和浩特市的市民一觉醒来，发现满大街一夜之间冒出了许多头戴“红帽子”的路牌广告。红底黄字的广告语金光闪闪：“蒙牛乳业，向伊利学习，创内蒙古乳业第二品牌。”一时间，人们议论纷纷，蒙牛是谁？

蒙牛巧妙借用“攀附第一”的策略，成功地把自己与中国乳业老大伊利联系起来，这一“加塞”，使得蒙牛在内蒙古一炮打响。这个事件尽管具有轰动效应，但是尚未引起大众传媒的重视。充其量来讲，它还只是一种口耳相传的人际传播，广告的宣传效果并不够明显。

一个月后，在蒙牛“红帽子”路牌广告的轰动效应渐渐平淡之后，人们对蒙牛路牌广告已经视而不见，但另一件让呼和浩特市民意想不到的事件发生了——1999 年 5 月 1 日，同样是在一夜之间，全城的蒙牛“红帽子”广告牌被不明身份的人砸了个稀巴烂。

“砸牌”之后，蒙牛的广告已经不复存在，但是蒙牛通过信息变位，把人们的目光转移到了蒙牛的广告牌被砸上。

一时间，民众公愤、警方侦破、媒体热炒，“砸牌事件”成为当月内蒙古乃至全国的热门话题。国内大量媒体对“砸牌事件”纷纷予以报道，《谁砸了蒙牛的招牌?》《路牌广告惨遭毁损》等新闻标题一下子涌上各大媒体的头条。蒙牛的广告效应大幅度增加。

蒙牛“广告缺席”后，用新闻替补，一直抓住人们的视线，荡起一圈圈的涟漪，牢牢地套住了消费者的心。

进入深圳卖牛奶，宣传费用是多少？仅仅 3000 元。启动市场，并非一定要有雄厚的资金。蒙牛进入深圳市场时，还没有足够的经济实力进大卖场，而市场上的牛奶品牌却又多如过江之鲫。怎么办呢？为了让消费者了解自己的品牌，蒙牛花 3000 元印了一批宣传单，正面宣传牛奶的产地大草原，反面则是一篇小故事：女人不美，男人要付一半责任。这个看似不经意的小故事，蒙牛实际上花了许多心思：一般情况下，市民对宣传单只会瞟一眼就丢掉，但如果宣传单上印了女性感兴趣的故事，情况就不一样了。当月，蒙牛的牛奶销量直线上升，迅速占领了深圳市场。3000 元得以在一个发达城市启动市场，源于深刻了解消费者的内心活动。

| 第 2 章 |

品牌，唯一不变的是变位

这世界没有传统的企业，

只有传统的思想。

——阿里巴巴集团董事局主席马云

互联网时代变了

工业时代占领顾客心情，互联网时代搅动社会心灵。

一、消费者的“三观”变了

第二次工业革命时代，诞生了定位理论，定位理论至今在为营销做着巨大贡献。但同时，定位理论在很多地方不灵了。它之所以不灵，是因为营销环境变了，信息流传播的方式变了，消费者购物的途径变了，消费者的三观（世界观、人生观、价值观）变了。

在互联网出现之前，三大媒体是电视、报纸、杂志。但如今，相对于互联网来说，这些媒体的信息获取和传播十分不便，而且信息量太小。

成为第一胜过做得更好，这是定位理论的核心——领先定律。定位理论其实隐含着一个前提假设——企业和消费者之间的信息极不对称。你只要把握消费者的接受规律就可以了。定位时代，虽然打着以客户为中心的旗号，但依然属于“皇权时代”。商家怎么定，市场就怎么接受，品牌定位与运营基本是围绕产品的标准身份思考。只要你率先在消费者心智中代表了某一个品类，你在这个品类里就无人能敌了。

然而，网络时代就不一样了，一万个诸葛亮加起来都没有“百度一下”知道得多。很显然，在互联网经济浪潮冲击下，消费者获取信息的方式发生了巨大变化。加上消费者教育水平的提升，他们有能力通过互联网了解品牌的具体情况，于是领先定律失效了——只要消费者可以找到他们认为可信的、关于另一品牌比“第一品牌”更好的依据，他们就会相信该品牌比原来的“第一品牌”更好。

应该说，互联网时代，属于民主时代，“我时代”的消费观早已发生重大转变。消费者对待信息的方式也不一样了。在互联网时代，以搜索为王，谁被搜到，谁就进入消费者心智中；在互联网时代，以入口为王，消费者进入谁的入口，谁就会进入消费者心智中；在互联网时代，以信息量为王，谁提供的可信证据多，谁就会进入消费者心智中。对于功能性极强的产品，不管历史有多久远、“第一”的印象多牢固，只要出现足够强的可信证据，就可以被推翻。如云南白药创可贴之替代邦迪。尽管邦迪有 100 年历史，但“有药”的可信证据实在太强，于是，“没药”的邦迪创可贴始终敌不过“有药”的云南白药创可贴。

互联网改变了很多固定的营销法则。互联网带给我们的总是太多的想不到，在互联网思维的辐射之下，越来越多的品牌做了别人没做过的事儿，越来越多的企业做了本不该做的事儿。昔日我们引以为豪的“渠道为王”法则，被以天猫、京东为代表的互联网新贵们一夜之间颠覆，互联网的普及将终结定位营销时代，并宣告搜索营销、入口拦截时代到来。

根据定位理论，消费者无法鉴别品质，不相信“品质更好”的广告，而是凭品牌判断品质——你是第一个做的，所以你是专家、权威，所有后做的都是模仿者、追随者。

但在互联网时代，率先定位于某个品类已经占不住心智里“品类中最好”即“第一品牌”的位置了，消费者用来识别一个品牌好坏的是推荐、评价等等根据。

二、互联网时代，“屌丝”可以逆袭

国务院已出台《关于大力发展电子商务加快培育经济新动力的意见》（以下简称《意见》）。《意见》说，近年来我国电子商务发展迅猛，不仅创造了新的消费需求，引发了新的投资热潮，开辟了就业增收新渠道，为大众创业、万众创新提供了新空间，而且电子商务正加速与制造业融合，推动服务业转型升级，催生新兴业态，成为提供公共产品、公共服务的新力量，成为经济发展新的原动力。电子商务与其他产业深度融合，成为促进创业、稳定就业、改善民生服务的重要平台，对工业化、信息化、城镇化、农业现代化同步发展起到关键性作用。

互联网时代，“屌丝”如何逆袭？

阿里巴巴做电子商务，既不是最早的，也不是起点最高的，却是最成功的。阿里巴巴的技术是复杂的，但是在一些中小企业主的眼里，是简单的。马云把他的网络说成是大集，非常方便。自然，中小企业主对此趋之若鹜。阿里巴巴把目标群体定义在中小企业身上，将全球中小企业的进出口信息汇集起来，为中小企业提供了一个交易的平台。阿里巴巴善于将这种身份传播给目标群体。

阿里巴巴曾有这样一个故事，那就是团队开发出一种服务之后，由马云来评判是否可以通过验收。如果马云都搞不明白是怎么回事的话，就必须重新设计。为什么采取这种方式来评判呢？根源在于新服务能不能成为顾客认知。马云深知阿里巴巴的客户都是一些中小企业主，这些企业主学历大都不高，面向他们设计的服务系统必须是非常简洁和容易理解的。如果马云都搞不明白的话，那些企业主很有可能也搞不明白。马云搞不明白不打紧，若这些企业主搞不明白就可能会放弃选择阿里巴巴。

马云说，倒立者，赢。可以说，马云是变位的伟大实践者。

早期，像瀛海威等互联网企业，把电子商务说得玄之又玄，自然，也让大部分企业望而却步。其结果是孤芳自赏，最终只是昙花一现。

现在，要做的是知道“消费者认为是什么”。知道了“消费者认为是什么”，就可以变位。

三、互联网时代，什么样的公司会取得成功

变，是百年公司长盛不衰的根。

可口可乐几乎每隔几年就会对商标进行一些修改和更新。原因在于，虽然消费者对其口味的信赖和依恋已经根深蒂固，且这个 110 多年的老品牌也绝对不会改变自己的口味和标志性的红色罐身，但它还是不断需要新的刺激来激发所面对的年轻消费者。

可口可乐公司的前任首席营销官塞尔希奥·齐曼说："我们要以布莱尔为榜样，换汤不换药。"英国首相布莱尔在竞选连任时，无论分析家还是民意调查专家都很清楚———他只不过是在口头上讲"我的政府将有所不同"，他的行动与先前并无二致。但就是这种表面文章帮他赢得了选举。因为公众厌倦了现状，只要是改变现状的任何事情，他们都可能感兴趣。同样，可口可乐也是运用一切手段，做足表面文章，不断更换包装、更换标志、更换形象代言人，以引起媒介的关注和消费者的注意，以新的形象来表现自己的潮流和时尚。

可口可乐（中国）饮料有限公司总裁包逸秋说："我们改变的不仅是标志，也是我们与消费者的一种新的沟通方式。"2002 年春节，可口可乐就为迎合中国消费者，推出名为"龙腾吉祥到，马跃欢乐多"的《剪纸篇》新年贺岁广告，片中主角为中国民俗泥娃娃"小阿福"。

碳酸饮料正在遭遇因健康意识等带来的行业增速缓慢期。明星代言、原材料、功能诉求等的广告效应正在逐渐减弱，精神诉求的广告将成为饮料界的主流趋势。

百年品牌也要开启变位时代。

2013 年 5 月，可口可乐在中国市场上推出了"卖萌"系列新包装，包装瓶身上出现了"纯爷们""文艺青年""高富帅""天然呆"等网络流行语，旨在吸引年轻消费群，表达碳酸饮料除解渴之外带给他们的另一感受，即身份象征。可口可乐希望离他们更近点，期待着能够止住碳酸饮料下滑的颓势。

有网友惊呼：可口可乐"萌死了，很有爱"，"看到就想买"！

消费者的个性化日益突出已经成为一种趋势，所以可口可乐改革外包装使消费者能够买到与自身个性对号入座的产品，满足了消费者的个性化需求。最终结果是，可口可乐以同比增长的业绩完结了2013年的销售旺季。可口可乐的包装营销已经开了精神诉求的先锋。

为了迎合中国消费者喜欢挑选的特点，家乐福增加了货架上同类商品的供应量；由于自行车是中国家庭主要的交通工具之一，北京、上海等地家乐福出售的粮食多为小包装，矿泉水也大多为散装，而在欧洲这些商品通常是整箱销售。

肯德基则提出“为中国而改变，全力打造新快餐”，倡议所有同业共同关注中国人的饮食健康，为消费者提供更好的饮食选择。

联合利华为了争取中国消费者的好感，针对中国消费者重视家的特点，破例在全球通用的标志外面加了一个“家”的外形。

中国很多企业积极进行变位探索。招商银行提出“因您而变”，进行服务变位；青岛啤酒则对品牌核心价值变位，从“青岛的　世界的”变位为“我是冠军”。

海尔，在人们心目中属于传统企业，发展速度不如华为，但是比起其他家电企业，也算是有活力的恐龙。这个年销售额2000亿多的“家电大象”是如何起舞的呢?

海尔集团张瑞敏在已经64岁的年纪，开始大谈如何互联网化。

张瑞敏说，“熟知并非真知”，我们现在所熟知的这些东西，可能都曾经给我们带来利益，也可能是我们割舍不下的，但是它们可能很多都是和互联网时代相悖的，都是传统时代的东西。但我们可能陷入到传统熟知的东西里了。今天做的，就是真正去追求互联网时代的真知。

从1999年开始，张瑞敏带领海尔开始摸索线上业务，并于2000年成立了海尔集团电子商务有限公司。到2012年正式确定海尔的网络化战略时，海尔已经历了13年探索期。

传统组织架构和流程产生的羁绊，不深入商业细节无法想象。改变它，如同结束一段婚姻般痛苦。

今天的海尔有几个关键词："自以为非""人单合一""小微公司""创客""企业无边界"。这说明，海尔从 2005 年，历时 9 年，进行了多级变位。

1. "自以为非" 的观念变位

威廉·詹姆斯认为，心理学最伟大的发现莫过于我们可以借由改变我们内在的世界而改变我们外在的世界。

"没有成功的企业，只有时代的企业。" 企业要想持续成功必须做一个时代的企业、一个与时俱进的企业，唯有踏准时代节拍，方能立于不败之地。

在张瑞敏的观念里，技术开发、品牌建设、人力资源建设，以及围绕这些因素生发出来的二级因素，都不是决定一个企业生死存亡的最终因素，最终因素是管理模式，其他一切生产要素都是围绕这个根本要素生发出来的。因此，要解决企业的根本问题，必须从管理模式入手，打破旧模式，建立新模式。

过去，海尔的文化是执行力文化。执行到位是整齐划一，是完全指令性的，这到了互联网时代肯定是不行的。所以，2005 年，海尔提出要转型。但是，观念上要转变，思维模式要改变，更重要的是，管理、组织架构全部都要变，这很难被接受。所以，海尔之所以进行了这么长时间的探索，是因为一开始老是在纠结，有时候在徘徊，有时候可能是走两步，退一步，甚至退两步，也就是一个试错的过程。

依照海尔官方说法，今天的海尔是个没有层级的企业，只有三种人：平台主、小微主、创客。今天在海尔，轮值 CEO 周云杰也不敢向一个小微主（实际上就是一个小老板）发号施令。身为 CEO 的周云杰，实际上就是一个大平台主，而平台主和小微主不是上下级关系而是投资者与创业者关系。好比雷军投资了 25 家企业，但雷军和这 25 家企业的老板并不是上下级关系一样。

依据海尔给出的解释，"人单合一"（或"人单合一双赢"）中的"人"指企业员工，"单"即是订单，广义上讲就是用户需求，"合一"就是将员工利益和用户需求融合在一起，"双赢"就是以员工创造的用户价值来体现自己的价值。直白一点讲，就是海尔的每一个员工都要想办法开发客户拿到订单，只有成功开发业务才能得到报酬，否则只能喝西北风。这也就是张瑞敏说的每一个人都要“做自己的CEO”之意。

有人将海尔发明的“人单合一”模式，与丰田的“精益生产模式”、戴尔的“直销模式”并称为“全球三大管理模式”。

2. 通过“小微公司”实现规模变位

海尔打破原有企业结构之后，在内部成立一个个小型公司，让其自主经营，自负盈亏，自主分配。止于2014年年底，海尔集团共有169个小微公司。此前张瑞敏表示，海尔的目标是成立2000个小微公司。打一个不甚恰当的比喻，此前的海尔好比一个直营商场，所有的产品都由商场方面自主经营销售；现在商场则决定把摊位都分包出去，由店员（也可以是外部人员）承包，自主经营，自负盈亏，商场由经营者变成了管理者。

张瑞敏的比喻是：海尔原来是一艘航空母舰，现在把它拆掉变成一艘艘军舰，然后再把这些军舰组成一个联合舰队，海尔的小微公司好比联合舰队的军舰。这个比喻比较准确。

“创客”是什么？是指进入小微公司的员工，因为每个人都要创新产品、创造财富，故名“创客”。如果把海尔比喻成一个联合舰队，小微公司比喻成军舰，那么创客就是船员。

企业结构发生了变化，管理模式相应必须改变。以前员工要听从上级指挥，现在则要为用户创造价值，创客和小微主共同创造用户、市场。不过，小微主不是由企业任命的，是创客共同选举的。创客和小微主间互选，如果小微主做了一段时间被小微成员的创客认为不称职，就可以被选掉。

3. 企业无边界的人力资源变位

张瑞敏的解释是，“在互联网时代，人力资源不再局限于企业内部，你可以网上整合你想要的人。所以，企业无边界是从靠企业自身资源求发展到并联平台的生态圈。”举个例子，海尔不是有169个小微公司吗？这169个小微公司的员工，不一定都来自海尔，也有可能来自外部，企业和外部的边界已经不那么清晰了。这也是张瑞敏说“全世界都是我的人力资源部”的原因。过去的海尔好比中国的大学，有一堵高高的围墙；现在的海尔变成了美国的大学，围墙拆除了，你甚至分不清大学和社区的边界在哪里。

今天的海尔致力于两大平台的搭建：一个是投资驱动平台，一个是用户付薪平台。所谓“投资驱动平台”，是指把企业从管控型组织变成一个投资平台，不再有各种部门和事业部，通通变成创业团队，公司与这些团队之间是股东和创业者的关系。就是说，海尔要从一个企业经营者、管理者，变成一个投资平台（类似于投资公司），海尔集团与下面小微公司之间是投资者和创业者之间的关系。

4. 用户付薪平台的利益分配变位

创客的薪酬由用户说了算，从企业付薪到用户付薪，要求创客们不仅要找到自己的用户，还要通过交互去创造持续引爆的路径。就是说，小微公司和创客已经“包产到户”，必须自谋生路，不要再指望海尔集团给你发工资。用张瑞敏的话讲，“过去是公司给他们开工资，现在是用户给他们开工资；如果创造不出用户价值来，就拿不到薪酬”。

也有人把昨天的海尔比喻成生产队，现在则是家庭承包责任制。海尔变革的确有点像 1978 年安徽省凤阳县小岗村搞的“家庭承包责任制”，其意在彻底解放生产力。

海尔转型的目标，是要从原来制造产品的加速器变成孵化创客的加速器。原来就是为了规模，产品做得越多、越快、越有竞争力越好，现在要变成孵化创客，“企业要从原来的产品制造者变成创客制造者”。你看，这不正是投资型公司才有的特征吗?

过去人们提及海尔，最常见的评论是，海尔不要求员工有任何思想，只要会执行上级指令就行了，海尔称其为“执行力文化”。今天的海尔，一下子走向了当初的对立面，它不再要求任何执行力，每一个小微公司（内部称之为“自营体”）都必须自谋生路，自己想办法，活得好不好全看自己的本事。如果把海尔比喻成一个国家，过去的海尔是一个高度集权的君主专制国家，现在的海尔则更像一个松散的联邦制国家。

海尔衡量一个企业是否成功的标准已经发生巨大变化，不是营收高、利润多、销售量大就算成功，还要看企业与用户的互动是否具有可持续性，以及企业存在的社会价值有多大。

创新有两类，一是延续性创新，一是破坏性创新。延续性创新只不过延续过去的路走，而破坏性创新则要找到新的路。破坏性创新对企业来讲就是两个结局，要么成为破坏者，要么被破坏。

海尔的管理模式创新属于破坏性创新，不属于延续性创新。海尔这个并联平台就可以实现协同共享的经济模式，所有的各方包括用户都在里面，可以做到各方利益最大化，推动往前发展。海尔变革的最终目的，是实现企业所有相关方（企业、员工、客户、社会）共同利益最大化。

海尔变革实际上就是围绕如何调动全员积极性、创造性来设计的。在传统科层制管理模式之下，无论你怎么号召大家努力都是无济于事的，因为决定员工收入的不是他创造了什么效益，而是他的级别、资历以及他和上级领导的关系。但是现在不同了，他必须创造效益才能得到他希望得到的，这个时候他还敢敷衍塞责他的工作吗？当然不敢。

5. 变革缘何非要从管理模式入手

当人类的脚步踏进互联网尤其是移动互联网时代，哪个企业不在寻求变革？谁能找出一个拒绝变革的企业出来？的确，长虹在变革，美的在变革，TCL 在变革，甚至自信到爆棚的格力也不得不变革。作为变革意识最强的企业，海尔当然不可能例外。海尔不仅变革，而且是天翻地覆地变革。

把 100 多年来流行的科层制管理模式打破，重新架构一个全新管理模式（“人单合一”）出来，不是想做就能做到的，这无疑是企业管理界的一场革命，我相信 99% 的企业家想都不敢想。当互联网时代尤其是移动互联网时代澎湃而来，传统管理模式已经变得不再那么好使，好比一辆车已经跑了 100 万公里，哪怕这辆车质量再好，也需要改换新车了。时代呼唤全新的管理模式出来。

大多数企业遭遇困境的时候，不会想到从企业管理模式的变革着手寻求解决之道，他们更习惯于从组织架构、人事调整、产业结构这些企业管理的二级因素（这是我独创的一个概念）上动脑筋。层面再低一点的，则在广告创意上做文章。事实上，当企业遇到困难时，愿意在产品研发及品牌建设上下工夫已属难能可贵，在管理模式变革上动脑筋的人则少之又少。

一旦一个企业长大了，便会失去当初的活力，患上“大企业病”，海尔希望设计出一个让企业永远保持创新活力的模式，这就是“人单合一”。

从传统工业时代向互联网时代转型，引发一系列连锁反应，过去的明星产品转眼之间成了落伍产品，过去那套屡试不爽的打法突然难以适应市场环境。这个个时候，变革成为必然。互联网时代的变化和挑战就是三条：第一，零距离，信息零距离；第二，去中心化，互联网上所有的人都是中心，每个人都是发布者、评论者，符合用户要求、需求的就可以购买；第三，分布式，资源都是分布式的。海尔面临的一个最重要挑战就是去中心化的问题：怎么样满足每个人都是中心？怎么样把组织从原来的紧耦合变成松耦合？

社会发展到今天，企业存在环境已经发生巨变，建立于传统工业时代的管理模式需要与时俱进，以新模式适应新形势，不能以不变应万变。变，才是永恒不变的真理。科层制组织最大的特点就是整齐划一、指令一直到底，要求所有人都贯彻到位。而每个员工处在不同岗位、不同职位，薪酬往往与职级相关，所以并不关心用户需求。但是，在互联网时代，用户个性化、市场碎片化，整齐划一的组织一定会被颠覆。所以，海尔的整个组织，从一个正三角、金字塔形变成了一个扁平化的结构。之前，“正三角”里充满了各种层级，现在则变成一个个创业团队。过去的上下级关系如今变成了投资人与创业者的关系。过去的科层制管理模式，最大弊端在于员工不关心用户需求，因为那和他们的个人利益没有直接关系，他们的利益与职务有关，与级别有关，与上下级关系有关，唯独和用户利益没有直接关系。在用户导向至上的今天，这种传统模式必须改变。

海尔不再以“企业价值（销售收入、利润、市场占有率）”为指标衡量企业价值的唯一标准，现在的海尔有两个价值评估坐标，横坐标是企业价值，衡量的是诸如销售收入、利润、市场占有率等这些常见指标；纵坐标是网络价值，也就是用户价值，即你为用户做了什么？有些小微在推进工作时，企业价值超额不少，但是没有用户价值，因此就没有得到真正的薪酬。但小微主要掏钱给员工发工资，如果一直没有真正的薪酬就要解散。

从传统企业走过来的人，是很难接受并适应海尔这种切肤之痛的变革的。新模式和旧模式的最大区别，在于每个人都必须“为生存而战”，每个人都必须承担风险，否则怎么叫“人单合一”？

新模式不养闲人，而旧模式可以有大量的“滥竽充数者”。

海尔这种模式最大的困难，在于既要打破旧模式又要建立新模式。如果一个企业从一开始就按海尔“人单合一”模式设计自己的管理模式和组织架构，推进起来反而可能会顺利一些。

2014 年，海尔集团全球实现营业额 2007 亿元，同比增长 11%；实现利润 150 亿元，同比增长 39%；利润增幅是收入增幅的 3 倍。其中，线上交易额 548 亿元，同比增长 2391%。2007 亿元的营收，150 亿元的利润，这和 500 亿美元以上的三星、LG、索尼、松下越来越接近了。未来 3 ~ 5 年，海尔有希望做到 3000 亿元（约为 500 亿美元）的规模。

四、新型公司怎么搭上台风

1. 思维方式的变位

“台风来了，猪都能飞上天。”这是雷军的一句新经典。

当手机业的老板们一致性头痛时，当老板们看到连山寨机厂家都大规模死亡时，大家发出的是“行业谷底，寸草不生”的感叹。然而同一时期，一个外行却发出了“这就是风口”的兴奋之辞，带领团队用了 3 年的时间，狂飙突进，一骑绝尘，年销售额迅速提升到 300 亿元。现在，它不仅是抢蛋糕，而且还是对行业进行颠覆，它就是小米。

与在中国销量卖到前三位的几代手机品牌摩托罗拉、诺基亚、波导等相比，可以说小米是白手起家。雷军自谦为猪，可是不小心得罪了一干大佬，如今猪真的上天了，那些感叹行业冬天的人还不如猪？

小米迅速崛起靠什么？小米这种异类生长让很多传统品牌的经营者们大跌眼镜，“用互联网思维解读小米”也成为潮流，模仿小米的营销术更成为一种显学。

同样是一开始的手机门外汉，面对风口，罗永浩以为高举互联网思维大旗就能成功。

雷军做小米手机不是用了互联网思维吗？是。可是，他有互联网时代之初的积累。有互联网思维又怎么样？互联网思维不能当饭吃。这是因为，仅有互联网思维是不够的，还要有互联网支撑和配称。

同样是互联网思维，目前看来，老罗的锤子手机很可能与雷军的小米手机有两种完全不同的命运。为什么两者差异这么大？我们一起来看看老罗的锤子手机与雷军的小米手机到底有哪些差别吧。

锤子与小米的区别在哪里？

为什么锤子与小米，一个上天，一个死火？

台前之间的差距就不说了。一个是早，一个是晚。哪怕是早 5 分钟，雷军前边玩的成了艺术，老罗跟进就是山寨。小米成功的原因常被人归纳成各种各样时间差非常重要，这就是互联网效应。

在互联网上玩不代表有互联网思维，罗永浩在运作锤子手机时，却无视人性元素。

消费者会问，新东方英语老师出身的罗永浩能做好锤子手机吗？也就是说，粉丝对罗永浩有好感，但并不一定对锤子手机有好感。

消费者会想，锤子好玩吗？有小米，有苹果，我为什么还要一个锤子，互联网上的消费者讲究极致和首选。

2. 品牌标准的变位

在互联网上折腾不代表有互联网思维。雷军的小米手机已经大红大紫了，老罗的锤子手机再紧随其后，哪里还有什么互联网上的价值？号称有互联网思维的往往偏离了互联网思维。

本人作为世界品牌元素派创立者，坚定地认为，互联网思维，首先是要在互联网上知道消费者是怎么认为的。发现了消费者是怎么认为的，才可以动手为消费者创造价值。

互联网上更讲产品品质。互联网上的产品品质，是消费者通过一系列搜索证实的，我把它叫做首想品质。首想品质就是不容许一点漏洞。当消费者质疑小米手机质量有问题时，雷军就摔给大家看。这就一下子征服了消费者。

什么叫“互联网思维”？把参与者当用户，把用户当傻瓜，把产品当品牌把品牌做成平台，把精神当产品，把员工奉为上帝。这不就是“变位思维”吗？

客户从“我选择”到“我要求”，用户从“我关注”到“我参与”，消费者从认知到认同，品牌运营商不变位就无法对接。

在互联网时代，引爆网络的注意力，快速传播，巧妙地转化为品牌动力，可以采取的策略很多，但思维方式的转变是其中关键。

互联网上有放大效益。“第一”的收益超过1000个甚至100000个“第二”的收益。作为“第二”的老罗锤子手机，能卖到小米的零头就不错了。

罗永浩确实有几分个人魅力，凭借一种“工匠”情怀及高度理想主义气质，也的确获得了全国成千上万粉丝的拥戴。但是，罗永浩没有把锤子手机做出首想品质。

相对于小米的豪华团队，锤子手机团队的初始班底几乎可以用“东拼西凑”来形容，有建筑学的，有杂志编辑的，就是没有一个是拿得出手的业界大牛，以至于锤子团队中一个数码器材杂志编辑，也被罗永浩称为“手机摄像头专家”。

老罗做锤子手机与雷军做小米手机还有很多差别，这里不一一赘述。

小米品牌的快速崛起所应用的正是“变位思维”。

互联网时代，没有新型公司，只有“变位思维”的公司。

雷军本人有“中国第一代码农”之称，小米联合创始人中还包括原Google中国工程研究院副院长林斌、原摩托罗拉北京研发中心高级总监周光平、原北京科技大学工业设计系主任刘德、原金山词霸总经理黎万强、原微软中国工程院开发总监黄江吉和原Google中国高级产品经理洪锋。

各联合创始人都具备国际、国内一流企业平均超15年的从业经验，每人都是自己领域能独当一面的专家。小米团队的豪华阵容在过去15年的中国互联网史上也是绝无仅有的，这是小米能运筹于帷幄之中，决胜于千里之外的关键所在。

3. 从知名度到“社区商务方式”的变位

小米在用互联网传播品牌信息过程中，快速形成了“社区”（或称之为“社群”）。对于市场来说，消费者需要的是尊重。于是，小米的信息（部分信息）可以与消费者共享，小米的设计（部分设计）由米粉们来定，小米的传播（部分传播）由米粉们来做。

小米满足了人类的源需求。小米尊重的人性因素，并不是指人性化的设计，即符合人体和心理的特征和习惯，而是指尊重、谦虚、人际关系的温馨和睦、自由、互助、同情、善良等，以及孤单和热闹、嫉妒和祝福、悲伤和快乐、失望和希望等人类的情感、感受。这种源需求的满足成就了“小米”的领袖的地位。

就如谦虚，在产品设计中的谦虚体现在设计师或产品开发者附加了多少自己的价值观、生活观念、审美等在产品上。附加得过多，显然是不谦虚的，而这会被用户、消费者感受到。结果可能是：与你有着同样价值观、生活观念和审美的人无比喜欢这款产品，而其他人则感觉到明显的不喜欢和抵触。

虽然雷军号称运用互联网思维打造小米，小米的品牌宣言是“为发烧而生”，但大量购买用户并非发烧友群体，他们为何买小米的产品呢？实际上，小米大部分进入了传统渠道，借用中国联通和其他渠道销售的手机远超过在网上销售。可以说，小米纯熟地运用了传统营销推广模式。

雷军说，我对互联网思维最深的理解，除了“专注、极致、口碑、快”七字诀外，就是群众路线，即开源社区。互联网有最低的组织成本，让用户尽可能地参与进来。

以小米为代表的互联网思维品牌，对传统企业的管理和营销发起了强大的挑战，它们颠覆一切传统守旧的东西，可怕的是，它们每次都成功了。

小米的早期投资人、晨兴资本的刘芹说：“晨兴资本的投资主题在过去十几年几乎没有变过，就是寻找中国消费方式变迁和互联网技术创新带来的变革的结合点。”也就是投资具有变位思维的公司。

小米手机运作的基本方法不是创造出新的、不同的东西，而是改变人们头脑里早已存在的东西，把那些早已存在的联系重新连接到一起，以更符合消费者的精神需求和对心灵的震撼。它的成功之处在于由“攻城”变为“攻心”，发现消费者心中的灵犀，并一点触动。

互联网时代，竞争在加剧，现实与消费者的精神需求的差距越来越大，心灵更需要慰藉。

在“从贫瘠时代”迈入“丰饶时代”后，中国人极度匮乏、却又极度渴求参与感与个性表达，这些原本沉默的大多数人需要获得精神价值层面的满足。这种文化断裂催生了很多“亚文化”现象，比如“土豪”盛行、极客消费主义、怀念逝去的青春、绿色消费、轻奢侈等符号，均呈现出“社群化”聚集与参与性高涨的特征。米粉的心理诉求就是两个词：“可参与”以及“真实”。雷军说：“对用户而言，小米是它们的，它们参与过就有了拥有感。同时，小米有很多的不一样，很个性，而任何时候的年轻人都喜欢不一样。”小米的快速崛起，不单纯在于互联网思维，而是抓住了消费与技术大迁移中集体“选民”觉醒的机遇。

金山网络 CEO 傅盛曾有一篇文章名字叫《工程师逻辑已不再重要》，他指出工程师文化重在强调逻辑性，“他们会在产品上花很多心血，很多功能都舍不得扔掉，却不知道用户能接受的其实只是最简单的点”。这是手机产业出现消费需求与技术断裂期的典型表现。

当手机从早期少数人才能使用的高端通讯工具，逐步变成大众消费品时，传统巨头却依然维持着传统大工业制造与工程师技术文化的惯性。它们讲求大规模流水线作业，以规模经济降低成本，以功能的延展构筑护城河，但最终导致“千机一律”的同质化竞争，尤其是陷入价格血战。与此同时，工程师文化也带来了一种语境隔膜，无数的手机发布会都在强调各种功能参数，而用户却对冰冷的数字产生了疲劳。从技术演进的角度看，这些后来者并没有将手机视为纯粹的通讯硬件，而是基于操作系统的移动化的电脑。

从雷军的网上言论来看，小米满足的是人们的一些社会精神需求，实现的却是消费者对小米广泛的认知。

总之，我们把小米手机的运作，叫做“变位思维”。我们把锤子手机的运作，叫做“定位思维”。锤子手机的运作，只是在打知名度而已。你直接吹嘘自己的产品质量更好，用户必然会不相信你，进而忽略你。这样的你进入不了用户的心智，尤其是在一个信息爆炸、媒体爆炸、产品爆炸的商业社会。

以两个公司的命运看，互联网时代唯有“变位思维”的公司才能生存。

五、互联网时代，需要变位思维

在定位者眼里，做好市场，就是千方百计地找出产品的优点并传播出去。

在变位者大脑里，做好市场，就是千方百计地发现消费者的大脑里什么是好产品。

萨林斯研究指出，人对生活的看法并不是受特定的物质条件决定的，相反，人们对生活的看法（即“文化”）决定着人们物质生产、交换和消费方式。

人们变得更加个性化。这不仅意味着每个人有不同的生活观念，还意味着他会坚持自己的观念。在坚持与被灌输、被强迫的对抗中，生活观念或生活方式就更加成为生活中所关注的重心，这就是生活方式和生活观念的觉醒。这不在于选择哪种生活观念或方式，而在于生活观念或方式本身成为一个浮现在人们意识中耀眼的事物。

随着商业发展，品牌所承载的功能逐渐丰富起来，品牌所蕴涵的精神因素也逐渐得到了人们的重视。在无处不在的社会化对话中，品牌需要扮演的是一个主持人、协调人的角色，而非主导者的角色。

而功能主义创新模式很难拯救那些企业和品牌，主要是忽略了社会和历史变迁产生的意识形态机遇。形成品牌空壳的根本原因就是，品牌偏离商业价值，品牌和产品形成两张皮。

在十五六年前，绝大多数人还悲观地认为苹果电脑会马上消失。尽管它的界面用起来很方便，但昂贵的价格让很多消费者难以接受。而且还有观点认为，苹果电脑是专门面向初学者或非专业人士的电脑。在当时，电脑还是一种智力的象征，只有会亲自换显卡，才可以说懂一点电脑。在那个年代，不可拆卸和组装的苹果电脑只不过是一种奢侈品（苹果电脑使用不可拆卸的螺丝，如果有拆卸的痕迹，则无法享受售后服务）。在这些因素的影响下，苹果电脑的市场占有率日趋减少。

这种状况从1997年史蒂夫·乔布斯重任CEO开始有了转变。当时，数码产品的功能越来越丰富，随着各种数码产品的普及，产品相互之间开始联合应用，“多媒体”的概念应运而生。电脑不再是严肃的高科技产品，而成了可以兼有娱乐和工作等丰富功能的综合性媒体。在此背景下，消费者也自然而然地开始关注电脑提供的服务，这一点恰好符合苹果电脑以用户为中心的界面特点。另外，越来越多在Windows操作环境下运行的软件也能支持苹果电脑操作系统，这也是苹果电脑走俏的一个不可或缺的因素。

除苹果电脑外，还有一些品牌的电脑也具有类似的风格，也有不少人认为索尼VAIO、LG XNOTE、三星SENS的风格更加简洁。所以单单用这种简洁美来解释苹果电脑的成功，显然不成立。如前所述，解读苹果电脑成功之道的最重要关键词是“文化符号”。所谓“文化符号”，就是社会共识和集体共识。

为了成为文化符号，苹果公司做了以下几件事情。

第一，始终追求以用户为中心的界面设计和高价政策，即坚持不懈地推行服务第一和名品主义。

第二，实施价值主义战略，不轻易改变设计。其他品牌每年甚至每季度都会更改设计，而苹果电脑的设计却恒久不变，从而带给消费者唯有苹果电脑如贵金属一般“价值恒久远”的印象。在这一点上，索尼 VAIO 虽然与其相似，却无法与苹果同日而语。以上是史蒂夫・乔布斯重任 CEO 之前所采取的战略。

第三，苹果追求差别化的风格。随着乔纳森・埃维的介入，差别化战略得到了进一步强化，Power Mac、iMac 等电脑便是从这时开始问世的。苹果的产品追求形态独特的设计，即使电脑变得七零八碎，也可以通过碎片区分出 Power Mac 和 iMac。这是一个明智之举，因为这样可以更加轻松、准确地实施差别化战略。在激烈的竞争中，很难打造出能压倒其他品牌的简洁风格。而差别化则不然，只要确定了设计的基本方向，就能轻松地完成风格的构建。

实际上，苹果电脑的设计很难与一般的室内空间搭配协调。Power Mac G4 的曲线形态与室内空间的垂直与水平面格格不入，庞大而透明的显示器在周围木制家具的环绕中显得突兀无比。如果电脑旧了，内部的零件就会暴露无遗，呈现出十分恐怖的形象。此外，庞大的体积也是一个不足之处。

因此，苹果电脑设计的优点不在于简洁的风格，而是在于设计战略。该战略的核心就是前面所述的那三点，这些因素将苹果电脑打造成了个人电脑的符号。除苹果电脑外，iPod 也诞生于同一战略。随着 iPod 也取得了成功，苹果的设计如今已被奉为了神话，而人们想要消费的正是这种已演变成神话的文化符号。

互联网时代，我们已经亲身经历的是，苹果用变位思维取代定位思维，用新的流行取代旧的流行，用新的掌上电脑智能化需求，替代手机原始简单的通话、短信需求。

研发苹果手机这样的大创新产品，必须得研究目标消费群心里是怎么想的，对产品有什么要求，以及手机功能有哪些改进和新品测试等。在普通人看来，在像美国这样的国家，市场调研费用一定得是几亿元的巨额资金，调研的人数也应该是成千上万。

史蒂夫·乔布斯花了多少钱？没有花一分钱。调研了多少人？调研了5个人，一个电脑玩家，一个手机发烧友，3个普通消费者。仅此而已？仅此而已！

当然，乔布斯的合伙人为了稳妥起见，凭着旁听时的记忆，将史蒂夫·乔布斯调研提问的过程，偷偷地整理成问卷，然后给每位员工发邮件，要求大家3天内按照问卷的说明，在亲友中也调研5个人。一周后，几千份问卷统计出来了，结果与史蒂夫·乔布斯的结论几乎一模一样。

苹果电脑和iPad如今也超越了畅销产品，正在成为一种文化符号。许多年轻一族都向这些产品投以羡慕的目光，他们至少要对这些产品说出一两句看法，才能不让人觉得落后于时代。如今，有关苹果电脑的社区不计其数，在那里可以交换产品和相关信息，甚至还有人像收集古董一样专门收集旧苹果电脑。产生这种现象的原因，不能单纯地归结于优秀的样式，在其背后，必定还隐藏着其他因素。

六、在社会化大背景下看产品

用行业的眼光透视企业发展，就无法解释小米远超华为、联想。你朋友买了一款新的手机，一定在吃饭的时候向你炫耀，中国的手机在变成社交型的、炫耀型的产品，变成追求款式的东西。中国的手机厂商，利用外来的技术，利用组装的工艺，只是改变时尚的面孔迎合消费者取得成功。

雷军在创业之前，曾买来二三十部iPhone一代，也买了HTC的G1等Android手机进行研究，悟出了背后的技术演进趋势：未来的手机就是移动的电脑，而参考30年苹果电脑的遭遇，小米的“台风口”在于做适合中国人的 Android 手机。于是，也就有了小米手机未发，先做 MIUI 系统的情况，并以硬件微利的方式售卖产品，这是大工业时代的手机硬件商所无法想象的做法。问题在于，目前借势 Android 系统的硬件制造商们，大部分依然摆脱不了上述惯性路径，强调参数的工程师文化依然浓厚，基于多核、拍照、防水、轻薄等功能性竞争甚至愈演愈烈。这意味着，小米的崛起背后，不仅仅是抓住了技术演进的机遇期，还在于它满足了社会断裂期消费迁移的某些特定需求。

手机技术发生了很大变化，但是在消费者眼里，这与 20 年前没有大的变化，而在生产厂家眼里，也与 20 年前没有大的变化。

那是 20 多年前的事了，那时手机不叫手机，叫做“大哥大”。那是一个笨重的大砖头，带个天线，港台电影里黑社会老大见面，每人拿出一个，往桌上一放，气派得不得了。

摩托罗拉的“铱星计划”搁浅后，决心在模拟信号通信市场扳回一局。当时的手机三巨头诺基亚、爱立信和摩托罗拉都想进入中国这个大市场，但是三家企业委托的市场调研公司，给出了截然不同的结论。

诺基亚委托的调研公司，从中国的宏观、微观经济分析，认为中国的人均 GDP 不足欧洲的 1/20（1990 年度），人均的月收入不足 200 美元，而当时一台大哥大，售价 3 万元左右，几乎是普通居民全家全年的总收入，因此断定，在未来的 10 年内，中国的手机市场还处于萌芽状态。

爱立信委托的调研公司，从消费者行为习惯入手，总结了当时中国人的通信习惯：人们远程通信的情况是紧急的事情，主要靠无线电报；不紧急的事情，主要靠花 8 分钱至 2 角钱的邮寄书信。报告中列举了中国分布到乡镇的电报站及庞大的国有国营邮政邮递员书信投递系统，认为在短期内中国人还没有迅速改变远程通信习惯的迫切需求，国家也不会一下子让这么大的国有邮政系统瘫痪；短途通信主要是靠有线电话，而当时安装一部家庭电话还要走后门、批条子；人们日常的短程信息交流，主要是通过串门、打麻将、大排档喝啤酒吃烧烤等形式进行。由此，报告认为，在中国，手机市场的现实需求还有待培育，形成规模市场至少要 2005 年以后。

摩托罗拉委托的是一家香港的调研公司，这家公司没有进行欧美调研公司那样庞大的数据分析，也没有进行专业的消费行为调研，而是通过“亲友”调研法调研。那时，改革开放才算刚铺开局面，中国港澳与内地的交往，还以珠三角的“乡亲”互访为主。调研人员发现，无论是从香港回内地的港人，还是内地先富起来的“万元户”们，每次用“大哥大”的时候，都要站在路边人多的地方，左手拿着“大哥大”讲话，右手一定要像是面对着整个体育场的听众一样，一边讲话，一边有力地挥舞！这是什么情况？调研人员仔细询问了两地的“乡亲”，大家都是一句话：“摆谱呗!”调研人员接着询问:“那在你们心目中‘大哥大’是个什么样的东西?”“乡亲”们答得意味深长：“女人想露富，有项链，有手镯，有耳环！男人想露富，没有办法，只有靠‘大哥大’啦!”这样的回答，如果放在一个没有经验、没有需求洞察力的市调人员手上，也许就被轻易放过，连笔录都不会做了。这也是摩托罗拉碰巧与中国有缘，该他们来吃中国手机市场的“头啖汤”。这位香港资深市调人员给摩托罗拉的调研报告，结论是这样的一句话：“手机，中国男人的首饰!”

手机与首饰的读音似乎有点接近，其认知与需求的意义，则大不相同。手机如果在那个年代的“认知”上是个通信工具，3 万元可是天价，这样的价格直接就会把需求扼杀在念头里了。

但首饰可就不同了。中国人有个观念是“富贵不还乡，如锦衣夜行”，意思是，哪家要是富贵了，如果不让乡亲、街坊、邻里知道，就如穿着绫罗绸缎在黑夜里走路一样。一句话，富人要是不露富显摆一下，如果一直让他憋着，那比让他死了还难受。女人露富有首饰，男人有什么？这个调研报告说，男人有“大哥大”。摩托罗拉采信了这个调研报告的结果！

于是，摩托罗拉大举进军中国市场，从电影、电视剧、广告和公关上制造了很多企业家、改革先锋手持“大哥大”威风凛凛、指点江山的正面流行形象。等到爱立信、诺基亚醒悟过来时，摩托罗拉已经赚得盆满钵满了。如同有 iPhone 的人在饭局上会把 iPhone 放在饭桌上一样。

如果某一天，我们突然发现，身边的朋友、同学和同事之间突然流行某个东西、某句话语或某个句式，而我们一无所知时，我们会不会有种落伍的恐惧感？而这种流行一定不是躲在家里想出来的，肯定也不是什么国际 4A 广告公司、品牌专家在写字楼里面能够创作出来的，这一定是营销专家通过对认知的科学调研，对消费者内心真正需求的洞察发掘出来的。其内容的核心概念，需要大师级的洞察，而至于制造流行的传播方式，对于今天竞争白热化的广告界、公关界来说，则已经没有多大的技术含量了。

企业家们需要思考的是这个案例后面深层的原理。其实，回到原点问题，答案很简单。

我们可以发现，工具是手机的物理品项，而首饰是手机的心理品类。工具无法流行（你听说过螺丝刀、扳手、菜刀、锤子流行的吗），而首饰本身就是社会化背景下流行的产物，是潮流的风向标。通过制造流行，让一个天价的产品变成畅销品，需要勾引起特殊的需求。

手机是工具，这是定位；手机是首饰，这是变位。

摩托罗拉“大哥大”的风行证明了“手机不单是手机”的变位观念。

定位，是研究企业如何发出信号更有效。

变位，是研究社会怎样看待各企业各品牌发出的信号。

理论上，一个阶层的人对应一种阶层的消费文化，但实际不是这样。在印度，穷人买的就是穷人的东西，和富人是截然不同的。在中国不一样，一个阶层总是消费比自己要高一个阶层的东西，低收入的人消费中等收入的人的东西，中等收入消费高收入的人的东西。

比如酷派手机可能比小米手机更好，但酷派没有像小米那样广泛地进入用户认知中，那可能更好的酷派手机卖不过小米手机，必然也没有机会更好地满足用户需求。所以说，在理论上我们讲顾客至上，体验为王，强调用户思维，这是对的；但在实践和实战中，用户思维是通过竞争思维实现的，你首先做得不同，用户心智才可能会接收得更好。

人们需要变位，反对被定位。品牌运作的所有指向就是提升在消费者心中的位次，好品牌不是简单地表达自己，消费者也不是直白地购买产品。一个营销上更成熟的产品，应该能满足更高一级的情感需求。

出于区隔其他业务品牌客户群的目的，中国移动推出第四个业务品牌大众卡，目标人群是草根阶层。推广时，大众卡采用“渔夫”“清洁工”“缝纫工”“外来工”等社会最底层人物形象作为品牌代言人对大众卡进行宣传，结果流产了。谁愿标榜自己是民工呢？这种过于强调使用者低层身份的宣传广告，对已入网但不属于草根阶层的人群多少造成一定的负面心理影响。

从心理学的角度分析，当一个穷人想购买一部手机，他很少会去购买一部广告宣传中宣称“专门是穷人用的手机”，因为这样做既是对自己“穷身份”的自我认定，也不符合他对“富感觉”的追求。在价格、性能等外在条件相当的情况下，他更大的可能性是去选择一部在广告宣传中更让他有“美好感觉”与“美好联想”的手机，而不是去购买一部强调“专给穷人用的手机”。

阶层不管是在现实层面还是在心理层面，都有高低之分。中国是一个身份社会，原始身份和期望身份是不一样的。人们都想在社会序列里找到自己的位置，人们用消费来证明自己的被尊重的地位。低阶层的想上去，高阶层的则想区别于其他阶层。这体现在消费层面，就是低阶层的在现实生活中，往往得不到更高层次的满足，但他们可以以一种类似于更高阶层的物化外在体现，使其在阶层心理上获得满足；而中国的很多高阶层，由于其阶层意识刚刚觉醒，在消费体验上积累的欠缺，使其在消费上往往以一种较为怪诞的方式体现出来，并因此被具有较好历史背景的高阶层所诟病。这使得我们的企业在中低阶层变位上，往往需要倡导一种比他们的实际需求更高的特点；而针对高阶层的变位，则需要从文化与时尚、模仿发达国家高阶层生活方式等方面进行打造。可见品牌的象征性意义对实际的营销有着多么重要的作用。

定位是暂时的，变位才是常态

定位研究和利用了消费者的信息接收机制。从信息接受到选择还有很长一段距离：那为何不直接从消费者的选择机制着手呢？

定位，面对的是物质缺乏的“消费者”，为了卖东西，大喊大叫，用“锤子”往顾客大脑里“钉”，而变位是让顾客主动来找。

变位，面对的是心灵需要慰籍的“生活者”，卖的是心情，为的是弥补生活者现实的心理和精神缺失。

某女装品牌本来是定位到18~23岁的少淑装，购买的重度消费人群却是35岁以上的，这大大超乎企业的意料之外。为了解决这个问题，该企业认为既然现在的品牌已经成了35岁以上人的宠爱，那干脆再推出另一个更青春的品牌。这次它取了个很洋气的品牌名，仍然定位在18岁左右的人群，结果开出第一家专卖店的时候，第一个购买者的年龄竟然是36岁，一时间成为企业内部的一个公开笑话。最后，企业为自己找到了真正的变位，自己的服装是卖给心理年龄18岁左右的一些女性，而未必是实际年龄在这个区间的人群。这是一个“装嫩”的时代，谁不对年轻美丽更渴望呢？

对于正处于青春期的女孩子来说，她们本来就年轻靓丽，她们反而可能为了增加自己的成熟感而希望购买令人看起来更成熟的衣服；而对于正在步入中年的一群家庭主妇来说，回归青春少女时代就是她们的梦想，这是由欲望驱动的，她们对这种可以让自己感觉更青春的服装的渴求其实更迫切。

从上述事例中可以看出，定位为表象变位为实质。

品牌如果抬高了消费者，消费者就愿意高价买下产品。

某香水公司以名贵典雅著称，购买者大都是上流社会人士，该公司为了确实了解消费者的购买动机，于是向购买此商品的消费者提出问题，请他们在下列各项中选一项，并且限定在5秒钟内作出决定：造型美观大方，香味神秘迷人，价格公道，上流社会人士的享受。结果以选择“上流社会人士的享受”的居多，而选择“价格公道”的最少。由此可以推知，消费者主要是以选用这种香水的价格来显赫自己身份高贵，满足自身虚荣心。这家香水公司在做广告时自然会把重点放在“上流人士的享受”上。既然这类消费者不考虑价格的因素，提高价格也是可以考虑的——卖便宜了，有损他们的身份。

消费者心中是分层级的，中国消费者的层级观念更甚。奥迪汽车变位为官车，尽管性能上不一定比得上奔驰或宝马汽车，但很多商界人士为了体现自己的社会地位，还是愿意买奥迪，而把奔驰远远甩在后面。

对于中国消费者来说，购买品牌是一种心理的补偿。品牌的象征性意义对实际的营销有着重要的作用。人们在穿着打扮、住宅、轿车、头衔、办公室布置等方面都会顾及面子，即不论自己是否喜欢、在不在意，也要考虑他人会怎么看自己，而不是都从基本的经济能力去考虑。

人人都希望受到礼遇，人人都想成为优秀而有价值的人。好品牌会从内心深处让人有高人一等的感觉，能够取悦和满足人类内心基本而又难以表达的销售诉求。

消费者之所以喜欢你们公司的产品，是因为产品使他自己更觉尊贵，也能在他人面前尽显身份。品牌会创造一种嫉妒，而这种嫉妒正是消费者的追求。这种嫉妒就是身份和生活情调。

轩尼诗老板听说在中国越贵的洋酒越好销售，就到中国市场来看个究竟。结果，他看到国人大碗大碗地喝XO，一点都没有法国式的浪漫、情趣。在中国市场，XO的变位点在于有钱人正是通过喝XO证明其拥有的财富。

在消费心理上，虚荣大于品位。

爱马仕的品牌之道是，有钱也买不到的身份识别。

中国人有了财富或权力还不够，还必须用什么东西将其证明出来，炫耀出来，让别人知道，其中最好的方式就是购买品牌。奢侈品在中国的畅销就是最好的证明和说明。中国人的奢侈品大部分还集中在服饰、香水、手表等个人用品上，以小“奢”代大“奢”，解决的是“面子”工程。

从社会心理学的角度来看，所谓“面子”是指个人在社会上有所成就而获得的社会地位或声望；所谓“面子工夫”，其实就是一种“印象整饰”的行为，是个人为了让别人对自己产生某些特定印象，而故意做给别人看的行为。一些收入水平并没有达到奢侈水准的人会购买一些顶级品牌的小配件，比如领带、皮鞋、皮包等寻找感觉，从而暗示自己也是顶级消费阶层中的一员。像有些女孩始终停留在买品牌包的阶段，因为皮包经久耐用而且显露在外。中国大多数行业尚处于跑马圈地阶段，中国消费者大多数也只有虚荣度和跟风度，没有忠诚度。中国奢侈品市场显示出很强的虚荣消费，其变位点在于炫耀性消费。

脑白金一上市，就刮起阵阵旋风，在两至三年内即创造了十几亿的销售奇迹。

脑白金知名度的直线上升，源于它巧妙地完成了购买人群变位、概念变位、卖点变位、支撑点变位等，实施了由“引导消费模式”向“追踪消费模式”的转变，实现了整体变位营销。

（1）消费人群选择。睡眠与肠道问题一直是困扰中老年人的难题，睡眠与肠道不好可引发很多病症，如精神不振、容颜衰老、脸色灰黄。据统计资料，国内至少有 70% 的中年妇女存在睡眠不足现象，90% 的老年人经常睡不好觉。治疗这类病症的药物市场容量非常大，而安眠药又被公认为有副作用，不便于长期服用。同时，治疗睡眠与肠道问题，消费者普遍关心是否见效快，效果明显。

脑白金以中老年人为主要消费对象，而且主要面向大中城市，这在价格上表现得很明显。68 元/盒，平均每天 7 元的消费水平，正好处于保健品价位的中等层次。一般小城镇、农村以及非富裕地区的中老年人很少会考虑这种层次的消费，脑白金难以再由地级市向县城渗透（江浙一带部分城市除外）。

(2) 品牌命名变位。脑白金的命名，也体现了产品的档次。

将改善睡眠与肠道功能的产品，提升到大脑层面，而且是大脑的白金体，可见产品的价值。直观上，命名给人的印象很神乎。

在商业竞争上，它回避了功效同质化问题，避免了同类产品命名相似的可能，将自己定位成一个与众不同的产品，令竞争者望尘莫及。

脑白金命名直观，朗朗上口，利于传播，有品质感，显档次，也符合本土化特点。

(3) 模式变位。保健品市场往往是“引导消费”。早期的太阳神认为，只要广告做得漂亮，形象做得精美、上档次，即便产品不好，消费者也会争相购买。

脑白金在上市前，策划人员仔细地摸清了国内保健品市场形势，把握了潜在消费者的真实想法，并为特定区域内的准消费者提供产品免费试用，征询服用后的效果与感受。这些重要的一手资料经整理、分析后，为后续的市场策划提供了真实可靠的素材与创意依据。

营销时代在变，社会心理也在变。消费者逐渐变得理性，不再太相信传统广告，特别是在保健品行业。脑白金策划人员经过缜密的市场调查后得出结论：这是保健品信任危机在蔓延，这种危机直接导致了保健品行业的大滑坡。只有从消费者立场出发，投其所好，把握需求脉搏，以“追踪消费模式”启动市场，保健品才会取得成功。“追踪消费”不追求企业形象的完美，而是以新、奇、特的手法，炒出一个个火爆的产品，掀起市场阵阵狂澜。

脑白金的营销策划，完全遵循了“追踪消费模式”，一切以消费者为中心，把消费者的需求放在第一位，在策划产品与市场时，百分之百地按照消费者的需求去创意，在战略上实行了“卖方市场”向“买方市场”的转移。

(4) 产品包装变位。谈到脑白金的包装，很多设计师不屑一顾，认为缺乏创意，尽管加上了洋人的头像，也改变不了土里土气的本色。但就是这个包装，却是历经多次修改，经过市场验证后，才确认定稿的。这就是纯粹美感创意与市场操作实用性的区别。

（5）形态变位。脑白金的形态是由胶囊与口服液复合而成，两者各有功能偏向，而这种复合型的产品在国内不多见。脑白金在形态上，避免了睡眠类和肠道类产品的跟进，同时也可诉求缓解中老年人的多种病态，这也是进口脑白金（只有胶囊）无法比拟的优势。将两种功效反应明显的成分叠加在一起，使脑白金别具一格，创出了自己的特色。

（6）支持元素变位。策划者为脑白金找到了可信的理论支持。

脑白金的主要成分 MELATONION（美乐托宁），1995 年在美国引起轰动，多位专家、学者将研究成果以专著和论文的形式公布出来，即刻引起了 MELATONION 狂热，并迅速风靡中国的台湾、香港，以及日本。这一切都为国内脑白金的面市，提供了充分的背景依据与新闻材料。关于 MELATONION 的专业书籍与上万篇论文支持，为脑白金的产品内涵注入了新的活力，也为产品理论体系的形成提供了重要科学依据。

（7）信任元素变位。史玉柱是一个颇有传奇色彩的人物，在巨人大厦出现信任危机后的二次创业中，他的切入点选择了脑白金。在初期，如果市场知道脑白金是史玉柱做的产品，会难以赢得消费者的信任，所以脑白金以“非史玉柱”的面目出现。在脑白金的销售正进行得红红火火，市场前景一片看好时，脑白金不失时机地推出史玉柱的“借钱还债”真相，不仅消除了以后被动地被媒体“揪”出来的隐患，扫除了前进道路上的障碍，还为自己做了一个大广告，树立了良好的公共形象。同时在面对公关危机时，史玉柱亦能把握住宣传口径，利用机会，独当一面。因此，脑白金在大部分时候都能及时发现公关危机，并迅速采取措施消灭于萌芽。

（8）概念变位。益寿延年，是人类生生不息的追求。衰老是魔鬼，步入中老年的人没有不担心的：女人怕容颜易逝、更年期到来、体态臃肿、美丽不再，老人怕疾病缠身、老态龙钟、卧床不起。脑白金把握住了这个深层次的心理需求，进行概念变位创出了“年轻态”的大概念，何虑中老年人不对脑白金跃跃欲试呢？有了“年轻态”的大创意，各种老年性疾病都可迎刃而解。

（9）产品身份变位。脑白金不像其他同类产品以药品的身份出现，而是以保健食品中的“健康礼品”的身份出现。这就避免了作为药品在营销广告上受限制及销量上难以做大的缺点，反而使其拥有三大优势：由于是健康食品，既可以走药店销售渠道，也可拿到超市等渠道上销售，销售通路更为广泛，有利于大销量；便于广告促销，不必像药品类那样做广告要受药检、工商等部门审批、审查的限制；利润空间更为广阔、自由。

中国是礼仪之邦，中国人一直崇尚礼仪，脑白金作为礼品，正好符合中国的送礼文化，“礼尚往来”确保了产品销量。

这种变位也为脑白金开发了另一个目标市场，即有一定收入的中青年人。这一类人群不关心产品的实际功效如何，只注重产品的品牌诉求点、知名度及档次，只关心产品的大众认可度。脑白金集中火力打出品牌，也就赢得了这个市场，获得了较高的回报率。脑白金“礼品”身份，不仅为自己赢得了市场第一的位置，而且开创了健康品的礼品市场。在当时，提到脑白金，人们就会联想到送礼，实属营销领域的一个成功典范。

（10）品牌诉求变位。脑白金为健康品开创了礼品市场。之后，其他保健品的广告宣传，都能见到礼品诉求的影子，如昂立的“健康迎接新世纪，昂立送礼更有礼”，恒寿堂的“千禧龙年送健康，送礼就送恒寿堂”。

其实，“送礼”并不是脑白金最先提出的。红桃 K 很早就在谈送礼，三株也鼓动过送礼，但“礼品”概念始终没能跳出，脑白金礼品的知名度远远高于其功效的知名度。调查数据显示，脑白金的礼品销量是功效市场的 2 倍。

（11）广告形式变位。脑白金建立了一套行之有效的软文体系，投放市场后，极具震憾力，这就是脑白金独创的营销奇迹。三株、红桃 K 也做过软文，只是没有将软文深耕细挖，做得如此透彻，没有将软文系统化、科学化与分类化，没有充分发挥软文的威力，进行优化组合变位，运用到营销中去。

脑白金采用软文策略启动市场，有其主观与客观两方面的原因。

主观上，巨人危机后，企业资不抵债，一贫如洗，如何重新振作？脑白金很早就在酝酿之中。但以保健品作为第二次创业的拳头产品，必须要有很好的卖点，要找到行业以及营销方面的突破口。况且在目前这个消费市场不成熟的时期，广告是最重要的营销利器，企业必须具备相当的资金，必须有高投入、高风险意识，但巨人没有。而采用软广告，则可以回避这些问题。

客观上，软文策略也是脑白金营销策划的核心内容。

脑白金将软文分为几大类：最早投放市场的是新闻炒作类。5 篇大块文章：《人类可以长生不老?》（连载三篇）、《两颗生物原子弹》与《'98 全球最关注的人》连续见报，如一枚枚重磅炸弹，形成了脑白金的第一轮冲击波。在这轮冲击波中，“脑白金是什么?”已被猎奇的人们所关注，并于大街小巷四处相互传播。脑白金的神秘色彩非常浓郁，但权威性也不容置疑。这种大块头新闻软文以大量的可读性内容，与新闻题材、科学说理、焦点事件等有机融合，收到了极高的阅读率。特别是《席卷全球》小册子，在老百姓生活中迅速掀起了一股强势风暴，成为炙手可热的畅销书，老百姓相互传阅，争相收藏。5 篇新闻软文产生的市场反响带来巨大效益，据不完全统计，直接经济效益就近 2 亿元!

新闻炒作后，紧接跟进的是系列性功效软文，主诉求点分别从睡眠不足与肠道不好两方面，阐述其对人体的危害，并指导人们如何克服这种危害，将脑白金的功效巧妙融于软文中，科普性很强，读来轻松自如，这种广告具有极好的潜在效果。如《一天不大便等于抽三包烟》《女人四十，是花还是豆腐渣?》《人体内有只“钟”》《夏天贪睡的张学良》《宇航员如何睡觉》，等等，这一系列性功效软文以连续性、次第性方式，更加深了产品功能的可信度，投入仅两个月，就收到了意想不到的市场效果。

同时，在脑白金的软文中，还配合季节性的营销策略，在不同的季节，推出了不同的软文广告，如送礼篇、夏季太阳风篇等。

脑白金的软文有其特定的章法、结构与风格，很多企业都在效仿，但很难把握其精髓。脑白金的软文模式，深深影响了保健品、化妆品等行业的营销策略，为中国广大中小企业在开拓业务、发展壮大方面，作出了成功范例。这种软文策略，也是营销史上的一种变位思维。

脑白金在成长期，又积极进行概念转向，媒体重心向电视广告转移。电视广告每天滚动播出，不断强化产品印象。脑白金电视广告分为 3 种版本：一为专题片，二为功效片，三为送礼片。这 3 种广告版本相互补充，组合播放，传播力度不同凡响。

脑白金的电视广告最富有本土化味道。老头版送礼广告“今年过节不收礼，收礼只收脑白金”，土得掉渣。但就是这个“土”的表现策略，正好迎合了国人的人文心理。电视广告中，尽管“大山版”广告片启用了“洋名人”，但表现主题与内容还是从本土习俗出发，依然符合了本土化的营销策略。

脑白金在推出礼品概念之后又一次转向，又及时提出了新的诉求点“好的功效”，使之免除了由成熟期走向衰退期的忧愁。

（12）市场操作手法不断变位。脑白金在产品成熟期，再次进行概念转向，运作了 8 部专题片，每天播放的科普片都不重复。在这一时期，户外广告也成为脑白金新增长的媒体亮点。户外广告主要是根据各区域的市场特点，有选择性地开展以下宣传，如车贴、车身、推拉、墙面广告与横幅。脑白金的户外横幅主要以多为主、精在其次，努力营造一种脑白金氛围，让脑白金随处可见，时刻提醒消费者注意脑白金。

脑白金不仅在广告上适时转向，包装上也紧跟转向的步伐。其包装主色调是海洋深蓝色，体现了产品的科技色彩，以及人类追求永恒、回归自然的心态。包装不求变化、保持淳朴，也符合产品消费群体尤其是中老年人的审美习惯。人物造型既有国人也有外国人，既反映了产品国际化的品质，又不会令人产生陌生感、排斥感。

在价格方面，脑白金也积极配合转向的进展，其定价策略大致是高价战略。在高价战略下，企业对产品的要价相对于价值来说过高。所以脑白金产品在推行自己价格的同时，不断推出“脑白金里有金砖”以及一系列优惠活动。脑白金的市场零售价为 68 元左右，而一盒日常消费周期仅为 10 天，这种价格定位偏高，但作为礼品，消费者反而乐于接受；同时借势造势，夺取烟酒等传统的有害人们健康的礼品市场。

从脑白金的成功运作中，我们可以看出，品牌是一种无形资产，具有联想性。物质方面的品牌联想涉及产品的特点、价格、使用者、使用场合、购买便利性、消费者利益点等；心理层面的品牌联想是指品牌的个性，即品牌人格化，包括年龄、外貌、性格、阅历、籍贯等。选择适当的目标市场并适时完成系列化变位是十分重要的。变位的目的是使品牌在消费者心中形成深刻印象，增强企业的竞争实力。变位要言之有据，说者有理，提出恰当的承诺，同时要有目的地、积极地收集消费者意见，准确反馈，改进产品与调整转向策略的市场信息。

从脑白金整体变位营销的成功看：定位只是抢占山头的号角。离开变位谈战略，漏洞百出；离开变位谈营销，漏洞百出；离开变位谈商战，漏洞百出；离开变位谈商业模式，漏洞百出。

不要从企业内部的角度寻找变位，而要从企业外部竞争的角度寻找变位。变位是基于外部（社会心智）的竞争性思维。

变位（战术）角度选择可以跟产品有关，也可以跟产品无关。

一、企业要通过变位，围绕消费者认为的意义做文章

帮宝适最初的品牌定位中毫无情感要素，只是宝洁公司旗下一款亏损严重的卫生产品。该品牌在关注产品功能性之外被注入了情感诉求的理想，转型为帮助年轻父母让孩子健康成长的品牌形象后，一跃成为宝洁公司首个达到 100 亿美元销售额的品牌，利润率增长了 5 倍之多。

西方的强势品牌，当年起家之时，无一例外都通过变位策略，革新了行

业理念或消费理念。

客户是生活者，会思考，这些人心怀梦想，坚持某种价值观。

早在20世纪，面临同质化问题的饮料业自觉不自觉地运用了情感细分，也就是变位的萌芽。因为同质化，可口可乐与百事可乐曾进行了长达数十年的争斗。百事可乐是后起之秀，毫无优势可言，然而，百事可乐抓住了当时美国年轻人“自觉”“奋斗”“叛逆”的心理，在20世纪60年代发动了以“年轻人的百事可乐”为主题的广告攻势。1961年，百事可乐的广告语是“现在，是百事可乐为那些自觉年轻者提供服务”。1964年，百事可乐的广告语为“雀跃吧，你属于百事可乐的一代”。1967年的广告语则为“请品尝超群可乐，百事蒸蒸日上”。百事可乐的这一系列广告，造成了社会上的一种共同认识：年长者比较喜欢可口可乐，但年轻人更青睐百事可乐，而年轻人为显示自己对传统的叛逆精神，也就自然选喝百事可乐了。

奥妙提出“污渍是好东西”，如果用定位理论来衡量，这简直是扒自己的祖坟。这不是拆行业的台吗？可是，奥妙成功了。“污渍是好东西”击中了母亲的心灵。从憎恨污渍到赞美污渍，这种跨度，如果不是变位思维，是打死也不敢用的。

二、企业要通过变位，围绕消费者认为的图腾做文章

20世纪80年代初，中国国门开放，雀巢和麦氏两大品牌咖啡都急于打开中国市场。麦氏沿用了“滴滴香浓，意犹未尽”这一极富情调的广告语把它直接投入到中国市场，而雀巢采用了浅显直白、富于煽动和炫耀性的广告语“味道好极了”。虽然两者都获得了成功，但雀巢赢得了更多的市场，把麦氏抛在了后面。

后来麦氏咖啡再次对中国市场进行调查，发现中国传统文化里对亲友之情以及社交礼节特别重视，人们购买咖啡不是自己来品味，而是在人情关系方面有更大的意义。消费者对咖啡的理解不仅在于对咖啡的品味，而是把咖啡当成理想生活的象征，把咖啡作为人际交往中的工具，是人与人进行心灵

沟通、表达亲情与友情的一种工具，于是推出了“好东西要与好朋友分享”的广告。

麦当劳懂得变位的精髓，它说：“我们不是餐饮业，我们是娱乐业。”它卖给消费者的，既是优秀的快餐食品，也是清洁、卫生、快捷、标准化所构成的餐饮文化体验。

2003 年 9 月 2 日，麦当劳居然冒险放弃了其坚持了近 50 年的品牌定位，在全球范围内更新了品牌口号。由原来的“常常欢笑，尝尝麦当劳”变为“我就喜欢（I’m lovin’it）”，并将用了几十年的红色标志改成了黑色。麦当劳更新品牌口号主要是因为，之前它一直以小孩以及家庭作为主要目标人群，因此其标志以温馨的黄色和鲜艳的红色为主，应该说在当时是很成功的，但是由于市场的变化，目标消费者也发生了调整，麦当劳将市场营销的目标群体变位重点从过去的小孩和家庭集中到了时尚、活力、另类的年轻一代消费者身上。

华特·迪斯尼可谓变位代表。华特·迪斯尼于 1923 年在好莱坞开始了他的影片制作生涯，5 年后，闻名全球的米老鼠卡通问世。华特·迪斯尼的确有过人之处，他的公司的定位既不是制造卡通影片，也非主题乐园，而是“为人们制造欢乐”——一下子抓住了消费者的娱乐心理！无论是儿童主题乐园、迪斯尼家族的探险学习假期，还是电影和各种品牌活动，迪斯尼给大家的品牌承诺，紧紧地绑住了消费者的期望，正是这点成就了迪斯尼今天的辉煌。

索尼爱立信手机从技术变位为“技术 + 娱乐”；

雀巢茶由西式茶变位为消费者喜欢的茶；

城市越野车从越野车变位为“越野车 + 轿车”；

统一鲜橙多品牌核心价值，从“多漂亮”变位为“更漂亮自信”。

前些年在商业领域一直默默无闻的北京城乡贸易中心，通过业态变位，跳出自身擅长领域，凭借彻底的“跨界经营”，来了一次“咸鱼大翻身”。在业内人士眼中，北京城乡百货涉猎主业之外的领域进行多元化经营，是商业企业在零售领域竞争加剧的过程中，挖掘新的利润增长点的重要途径。

创维及华帝联合变位，进行了营销渠道的创新，试行了渠道共用。一个彩电品牌和一个厨卫品牌联手，共同投入巨资启动了“新农村影院工程”，双方的合作成功实现了“1 +1 >2”。“新农村影院工程”分赴全国600个县4000个乡，为亿万农村居民放映电影，为创维和华帝在三、四级市场奠定了品牌基础。

如今的市场出现从未有过的激烈的“战国时代”，我们在超市里可以看到药企推广的功能性牙膏、养胃饼干、洗发水、化妆品，在肯德基可以吃上安心油条，在便利店可以给手机充值、给家里交电费……各种创新产品的背后是企业产业化的变位。

三、企业要通过变位，围绕消费者认为的产品做得让他尖叫

做出产品没什么，知道按什么卖才了不起。只有通过变位的思路，穿透“想得到”的表面现象去寻找“想不到”的内涵，才有可能真正找到事物的本质。

在欧美发达国家，宜家把自己定位成面向大众的家居用品提供商，有点类似大众汽车。但到中国之后，宜家将消费群做了一定的调整，调整为面向“想买高档产品，而又付不起高价的白领”。这种“舍”的背后，赢得了更多的“得”，充分地满足了中国白领对全球品牌和异国文化的价值期待，为宜家所宣扬的生活方式捕罗到准确的受众人群。

宜家在卖场中设立了若干个独立展示单元，进行家居场景式的“生动化陈列”。这种陈列表面上还原了客厅、卧室等多个家居场景模式，实际上为消费者提供了“梦想”的空间，满足了生活方式中的精神生活方式的需求。但换个角度来想，你是否觉得自己像实验室的小白鼠，在商家设定的卖场路径中被迫参观呢？这就是IKEA高明的地方，把自己的商业目的“隐”在背后，所需付出的代价只是咖啡免费续加的服务。

再看一下POP广告语——“10元也是大财富”。这个口号显然要比沃尔

玛“天天平价”要含蓄得多。在赚了白领的钱的同时，还不忘为他们的颜面保留一些尊严。宜家已经把目标消费人群的心理研究透了。

而平面媒体上，一个家居商人在表白“不卖家居，而是在卖生活方式”的同时，仍不忘告诉你最新的台灯卖什么价格，并且这个价格数字还是夸张的粗黑体！宜家明白物质欲较强的国人是会对诱人的价格感兴趣的。

一个品牌的跨界竞争即代表着品牌的市场高度，如何拥有这种市场高度在于品牌创建精神层面的范围。宜家的“生活方式”显然不同于劳斯莱斯的“生活方式”，却都拥有市场高度。家纺品牌生活方式的创建在于在变化的、动态的生活方式中如何找出差异化特性，从而于此领域独占鳌头，由此突破同质化瓶颈，走出自己独特的“生活方式”！

据说雕爷牛腩花 500 万买下香港食神戴龙的牛腩秘方，但餐馆走红与这牛腩的味道关系并不大。雕爷牛腩在开业前“封测”阶段，非请勿入；开业后，虽只有 12 道菜品，但推陈出新，将松露、分子料理等“高大上”餐饮元素搬上寻常餐桌。

从一开始的封测，到现在每一道新菜的推出，雕爷牛腩表面上我行我素，实则是使尽了力气要招人耳目、引人尖叫。它的目标客户，很明确——那些月收入较高，但又没高到可以每周去五星级酒店或米其林星级餐厅的白领。

食材要尖端，服务要极致，炒作要劲爆，总之就是要将围观人群的肾上腺激素调到最高水平，然后跃跃欲试。

广告大师威廉·伯恩巴克认为，每种成熟产品都产生了一种与人们的心理有着微妙联系的东西，即“发现与生俱来的戏剧性”。这个戏剧性就是通过产品变位，以消费者喜欢的方式，以不卖产品的名义卖产品！

飞利浦的眼里原来只有自己，喊出“让我们做得更好”，但自己的一厢情愿换来的却是业绩的不断下滑，在 2001 年亏损额达 32 亿欧元之巨。遭此痛击，飞利浦才开始将关注的目光从自我转向消费者，提出“精于心，简于型”，到了 2005 年，盈利飙升至 27 亿欧元。

真正的成功变位，是按消费者的核心需要设计产品，而不是按企业资产扩张的思路设计产品。

品牌变位并不是针对产品本身，而是要求企业将工夫下到消费者的内心深处，不单是强化消费者认知或者感知，而是跳开基本问题，建立消费者的新认知让消费者行动。

四、企业要通过变位，围绕消费者认为的“什么”做文章

我们在塑造卖点时不能仅从产品本身出发，更多的时候应该逆转看待问题的视角方式——从消费者的看法出发塑造产品卖点。那么，从自己产品出发与从消费者出发有何不同呢？我们来看看这样一个案例。

请问：婴儿用的纸尿布有什么特别的？

回答：方便，一次性。

是否就可以此为卖点呢？

错！

在美国历史上，纸尿布刚上市时企业就是吃了这个亏的。因为这样的卖点使得当时许多年轻的母亲觉得，买这样的东西会让婆婆认为自己是一个懒惰的媳妇，因而并不太愿意购买。

后来企业经过调查研究，将其卖点确定为：纸尿布舒适、干爽，能很好地保护婴儿的屁股。

这样的“卖点”，大家当然都可以接受，从此纸尿布销路大开。

这个案例告诉我们，塑造卖点时不能想当然，而应该深入调研消费者的看法，然后站在消费者的角度来塑造产品的卖点，也就是将“卖点”“买点”化，这样我们的销售局面将大不相同。

宝洁公司刚进入中国时，旗下品牌飘柔最早的定位是二合一带给人们的方便，以及它具有使头发柔顺的独特功效。后来，宝洁在市场开拓和深入调查中发现，消费者最迫切需要的是建立自信，于是从 2000 年起飘柔品牌以“自信”为诉求，对品牌进行了变位。

中国现代中药的领军企业天津天士力集团累计斥资 5 亿元，于 2002 年成立贵州仁怀茅台镇金士力酒业有限公司，收购了茅台镇一家老字号的酿酒企业，拥有年生产优质酱香型白酒 2000 余吨的现代化酿酒基地，成为茅台镇第二大酱香型白酒酿造企业，并推出金士力酒，目标是打造高端白酒品牌。

硬件上，金士酒业拥有占地 121 亩花园式的厂区，开发了智能品酒机器人，实现了人工品酒与智能品酒的结合，使古老的酿酒工艺从仅凭经验控制，上升到数字化、标准化的科学控制。

在保证酒的品质和口感的前提下，金士力酒业依托天士力集团的现代科学成果，有效降低了白酒中致人酒后头晕、恶心、头痛的杂醇油、醛类等，杂醇油含量仅是国家标准的 1/4。

荣誉上，金士力酒荣获了“布鲁塞尔国际金奖”以及由全国公务接待系统联谊会授予的“全国公务接待健康用酒”荣誉称号，并成为迄今为止唯一获此称号的酒类产品。

营销上，更不用怀疑，单投入的广告费就不下亿元。

但一切的努力之后，金士力酒在市场上表现平平，其内部还曾有一个是下马还是坚持的争论。

最后，公司放弃了金士力酒品牌的差异化打造，实施变位！它采取与茅台“靠近”的策略，将金士力更名为“国台”。核心诉求为，贵州国台酒酱香新领袖。借助茅台的成功元素，它强化自身来自茅台镇 7.5 平方公里核心产区的正宗酱香产品的品质。结果，“国台”开始得到市场的认可，销量 3 年增长 10 倍，突破 5 亿元，创造了中国白酒行业的销售神话。

金士力的教训是，按照“在预期顾客的头脑里如何独树一帜”定位理论，突出自己产品的某些特色以区别于其他同类产品，市场未必能接受，创造出了差异性的品牌个性有差异，消费者未必选择你，不能实现消费者第一选择的定位只是文字游戏。

“国台”的经验说明，传播什么，要看消费者喜欢什么，看重什么。变位的艺术是谋求差异化和广受顾客青睐的平衡。这是变位玄妙的地方，也是体现变位集市场洞察、经验与智慧的方面。

五、企业要通过变位，围绕消费者精神世界做文章

神经科学表明，那些拥有崇高理想的品牌能够深入大脑的活跃区，从而在消费者心中留下更为清晰的影像。

大脑的心智并非客观地记录我们对世界的感受，而是创造了感受，而且其创作还受到大脑其他活动的影响。实际上，我们所有人都活在自己创造的精神世界中。我们将其总结为人性的四层架构。基础是体验层——欲望、本能、情绪和嗜好；然后是亲密层（情感与爱）——感情和习惯；利益层（效果与优点）——认知意识语言和行为；规矩层（规则与价值、身份与自我实现）——信仰、理念与理论。品牌是有机体，是“活生生的人”，有思想、有价值观、言行一致。

互联网时代，物质需求浪潮已经过去，精神需求刚刚开始。

随着信息爆炸、知识提升以及数字化、全球化大背景下的新经济时代的到来，促使消费者不再只是追求商品的“物质层面要素”，而是上升到商品的“精神层面要素”。

人们表现出一种越来越注重通过商品而反映出来的社会地位、审美品味及价值观点等精神领域方面的东西，而对商品的使用价值及交换价值方面的要求则放到了第二位的消费特征。

消费者从原来的“唯物是图”转变为现在的“唯心是图”，一切消费与否的价值判断标准，就看消费商品是否唯我所愿、唯我所想，是否有利于情感的愉悦和精神的健康。

发生在我们身边的消费形式主义、自由主义、个人主义、自然主义、复古主义、表现主义、浪漫主义、唯美主义等消费潮流都是消费唯心主义的表现形式和具体的演绎。而以标榜“我酷故我在，我闪我快乐，我另类我才独特”的所谓“新新人类”的出现，更是这种唯心主义消费者的代言人。

在消费唯物主义时代，决定消费选择的是物质利益，精神利益是第二位

的；而在消费唯心主义时代，决定消费选择的是精神利益，物质利益则是第二位的。唯物主义消费者的购买决策是理性和理智的，而唯心主义消费者的购买决策则是感性和情感的；唯物主义消费者呼吁“给我实惠”，而唯心主义消费者则呼吁“给我感觉”。

消费者物资富饶、精神荒芜的时代，品牌精神将成为图腾和文化符号。

品牌的实质差距就在于品牌的精神内涵，中国企业迄今为止的品牌塑造还没有脱离商品实体，必须突破这一瓶颈。白酒里的茅五剑（茅台、五粮液、剑南春），除了历史、工艺、获奖等一大堆堆砌的说辞之外，还有什么呢？这些品牌费尽心力挖掘的酒历史、酒博物馆，与消费者的生活、精神有什么关系呢？确实，它们的品质是最好的，但品牌的灵魂是什么呢？也就是说，没有经过变位，走出中国，外国消费者几乎不能感受到这些品牌究竟是什么？

反观国外品牌，从小众品牌（哈雷、ZIPPO、Kappa）到大众品牌（耐克、星巴克、可口可乐），从家庭品牌（宝洁、联合利华旗下产品品牌等）到时尚品牌（LV、Channel），这些品牌都在反映其目标顾客的生活方式、生活品位、文化精神（或趣味）。

品牌的灵魂是一种精神，一种文化，具象化会表现为一种视觉风格、一种生活品位、一种生活方式。

中国的品牌，90% 缺乏品牌灵魂！要么是背离品牌商业本质与科学成长路径的投机取巧，要么是不计成本，花费巨额广告费，品牌依然是一个无魂的空壳。

一个超级品牌就是为顾客创造梦想。不断制造向往，并引导受众的向往，构建其非凡高度，让消费者仰视，让消费者追逐，让消费者购买产品的同时心甘情愿地多付钱。

宜家提出了一个重要品牌概念：“销售梦想而不是产品。”在宜家品牌的价值观里，梦想就是一种对美好生活的向往与期盼，而宜家就是这个梦想的舞台，它为全球千千万万的人实现了梦想。宜家没有像其他品牌一样，选择投放电视、报纸、杂志广告，而是采用一贯的宗教式传播方式进行品牌的传播。一直以来，宜家赖以传播品牌的主力就是宜家的产品目录册，不少人把它比喻为宜家的“经书”。宜家很聪明地将家具布置成实景，不厌其烦地设计灯光效果，精心搭建各种布景，让它们看上去完全就是一个家的样式。当人们漫步其中，满脑子都是关乎自己“家”未来样式的甜蜜联想。宜家成功缔造了一场让人流连忘返的精神梦游。

消费者所追求的包括社会性需求的满足。为品牌赋予身份，已经成为赢得高端市场的有效途径。路易威登、奔驰等品牌塑造了象征身份地位的品牌使用者形象，这个定位至今一直没有丝毫的改变，使忠诚于它们的消费者认为，这些品牌是他们最可信赖的朋友。产品或长或短都有可预见的市场生命周期，但著名品牌没有可预见的市场生命周期，支撑品牌的一种产品或服务被淘汰，只要开发出更新更好的产品或服务，品牌仍然会发展。每个人都有自己的个性化生活方式，生活方式也是一种生活梦想，崇尚精神生活、彰显自我个性、追求个人价值的消费心理日趋明显。正因为要建立自己的生活方式，圆自己的生活梦想，消费者才需要接受各种各样的产品或服务。

为什么消费者愿意为所谓的高端品牌付出更多呢？目标消费者心中都有“重要又较未被满足的需求”，如象征性消费需求或者炫耀性消费需求。挖掘出目标消费者“重要又较未被满足的需求”，从而据此创造出产品的利益点并发展出独特的产品概念。品牌的深层次价值就是，它可以拔高消费者的层次，或者让消费者产生一种品牌价值联想——如果他消费了某某品牌，他就置身这个圈子了。世界顶级品牌不断制造向往，并引导受众的向往，占据不在乎价格的消费黄金城。很多国际品牌在发展到了一定阶段后，营销重点就转移到品牌精神价值上，其结果就是培养出了一种品牌崇拜。

让品牌成为消费者心中的图腾，甚至成为消费者的精神支柱，是无数品牌的梦想。这种图腾就是一种价值观体系，是精神性的，超越物质的，商品则成为附着这种精神的载体。

粉丝就是市场，一切行业都是娱乐业。每个企业家都梦想把自己的品牌打造成像《来自星星的你》里的都教授般拥有无数忠诚的粉丝，对偶像不离不弃。为什么韩剧会这么火，为什么明星的粉丝忠诚度会如此的高？购物、消费本来是件轻松休闲的事，何不让用户好玩点？拿娱乐业造星的法则来打造品牌、建设品牌，我们能触摸到这个梦想的机会会更近些。

变位的核心是互联网所倡导的娱乐精神。

六、企业要通过变位，围绕物质与精神的合体做文章

自从 iPhone、iPad、无印良品等进入人们的生活并备受关注，产品中所蕴含的精神因素在产品中的重要性，也从模糊和隐含逐渐清晰地浮现在人们的意识之中。

互联网时代，打造品牌不是调查人们内心的变化，或者寻找产品精神化的方法，而是真切地看到产品的物质与精神的融合。乔布斯说过，苹果品牌所代表的，是那些跳出固有模式进行思考的人，那些想用计算机帮助自己改变世界的人。他们富有创造性，敢于冒险，不惧失败，赌上自己的职业生涯去做与众不同的事情。2014 年苹果市值突破 7000 亿美元的背后，是其持续不断的变位创新精神，无论是产业布局、产品开发，还是渠道推广、品牌传播，苹果都在积极地寻求突破。

随着产品价格的提升，品质属性的需求呈现递减，而文化属性、社交属性等精神层面的需求呈现递增。

品牌在塑造的过程中，品牌价值观与核心消费群体更加吻合、品牌主张更贴合主流消费群体的心声、传播更贴近目标消费群的生活轨迹；在品牌构建、管理、传播的过程中，放弃“自说自话”式的说教，洞察消费者的消费心智，引起消费群体的品牌共鸣，从而在精神层面体现品牌的消费价值。

力波啤酒曾是上海最受欢迎的本土啤酒之一。1996 年三得利登陆上海后，力波因为营销手段落后、口味不佳，在三得利的进攻中阵地屡屡失陷，还曾因攻击三得利水源质量，被三得利告上法庭，既丢了官司，更丢了市场。2001 年开始，力波啤酒开始了自己的抗争历程，力波创作的广告歌曲

《喜欢上海的理由》很快风靡上海，在广告歌的推动下，力波的销量迅速回升。力波啤酒没有直接诉求产品本身的特点，而是将啤酒与本土意识——对上海的感情巧妙利用起来，从而取得了提升销量、增加品牌美誉度等方面的良好效果。

七、企业要通过变位，围绕人性做文章

互联网技术变革，实现了人们的许多梦想，也放大了人性。互联网面前，隐藏在人们心灵深处的许多秘密（包括自我、向往、怀旧、爱慕、尊重、归属、占有、享受、好色、和谐、完美、求知、模仿、安全、逃避和发泄等情感需求）暴露的淋漓尽致。

松鼠最爱吃什么，当然是坚果，所以顾客眼中的三只松鼠当然是卖坚果的。上线 65 天，销售额在天猫坚果类居第一名，2012 年销售额达 1 亿元，2013 年突破 3 亿元。

“萌货、无节操、求包养”如今已经成了三只松鼠的显著符号。但“萌”却不在三只松鼠创立时的字典里。创始人章燎原表示，最初希望品牌能高端点，形象可爱，但不要过度可爱。可是在无数次你来我往的微博互动中，三只松鼠被教育成今天的样子。如称呼客人为“主人”，赤裸裸地将自己化身为小松鼠。

网络公司 Pinterest 的最初表现形式很简单——在网上收集图像，后来它却发展为一种自我表达与获得他人灵感的现象级产品。总部位于加州旧金山市的公司运营负责人 Don Faul 说：“人们之所以关心 Pinterest，是因为 Pinterest 帮他们感受到心灵启示。你可以受到启发开发一门新爱好，也可以在不经意间发现某件闻所未闻的产品，或快速找到晚餐的准备材料。这家社交网站还具备个性化特征——所有内容都是你喜欢的东西。”

与用户的“亲密关系”为 Pinterest 建立了强烈的情感纽带。对此，来自纽约品牌策略机构 Partners & Spade 的联席创意总监 Andy Spade 评价道：“我们喜欢的内容代表着我们自己，所以在网上分享我们喜欢的内容就像在宣告

‘我是谁’。”

Faul 将 Pinterest 的知名度归功于它由用户塑造而成。他说：“Pinterest 起初的方式是帮助人们收集网上图像，却没有马上取得成功。这样我们开始与用户交谈，结果发现它已经发展为人们寻找并保存能激励他们的东西的地方。我们了解到打造一个产品抑或开创一项服务或公司的最佳方法是与用户进行交谈。”

用户友好性也很关键。“自己动手设计是很棒的一件事情，因为那是你在家里一针一线、实实在在地完成的。”Spade 说，“人们理解这一点。”

Pinterest 入围了 Klout 公司评选出的 2012 年最有影响力的公司榜单。根据市场研究机构 Nielsen 的数据，2012 年，该网站的美国本土独立个人电脑访问量超过了 2700 万，增幅高达 1047%，无论在用户数量还是在停留时间上，都创下了社交网络领域内的最大增幅纪录。Faul 说：“我们很幸运，我们社区的人富有激情且乐于参与。他们激励着更多人一路前行。”

八、企业要通过变位，围绕意识形态、文化价值做文章

要求导师背身评审的《中国好声音》火了，突出真实录摄的《爸爸去哪儿》人气暴涨，获差评无数的《小时代》依然有人捍卫，“屌丝”逆袭的《泰囧》能够拿下票房冠军，罗振宇的自媒体《逻辑思维》可以体制外生存……

“90 后”一代呈现出碎片化（他们喜爱的明星已经碎片化到任何一个明星都不能吸引这个群体的 10%）、指尖上的一代（依赖移动互联网）等特征，更重要的是他们是“反馈饥渴的一代”——渴求极致的游戏化体验，每完成一个动作或步骤都渴望得到反馈和激励。

在这场消费文化的大迁移中，用户不会因为功能性满足而选择一个品牌，但能够拥有“选民”的品牌一定是戳到了用户文化价值诉求的痛点，满足了其身份认知与表达的诉求。

现阶段的中国市场存在着两条断裂线，一条是消费文化变迁，一条是互

联网技术演进，小米的崛起在于抓住并满足了断裂期的“选民”诉求。

小米曾在其 QQ 认证空间中放了一张用牛皮纸包装的产品图，请大家猜测是什么产品，随后揭晓谜底是红米手机，并开放预售。结果有 745 万人参与预约，90 秒内 10 万台红米销售一空。这并非只是利用人类的炫耀心理，而是人类自我认知、自我表达的最基本需求之一，炫耀与存在感是后工业时代和数字时代交融期，在互联网上最显性的群体意识特征。

小米抓住了断裂期机遇。

首先，你需要一个品牌“神话”，故事的原材料可以是创始人、产地、工艺或者配方。

有人曾经追问“为何中国出不了乔布斯”，并预言如果乔布斯生在中国，其成功的可能性微乎其微，继而批评中国的文化与创新机制等。如果将发问的角度放在中国本土的消费文化在渴求什么，也许就能发现本土品牌神话的制造密码：在中国依然是金字塔式的层级结构中，人们渴求平等感与参与感，乐见“大逆袭”的神话，雷军以及他的“黄金七人组”团队恰恰是极好的素材。

于是有了这样的故事：一个 40 岁的男人在挨过了苦闷的“IT 劳模”岁月，经历一番在投资圈的折腾，最终站在了一个台风口上，化身“乔布斯”，一击而中。而来自硬件、软件和互联网领域的 7 个低调牛人，以半价的身份加盟小米，集合起来去完成一次神奇的大逆袭。雷军自己也曾这样表述：“小米其实在大家面前演示一个硅谷式的创业，一个巨大的商业机会，一组很彪悍的人，再拿钱堆，一登场就是世界级的玩法。”

其次，要挑战文化正统，激发“选民”的身份认同，企业必须从消费大迁移中攫取和创造文化密码。

文化密码其实是一套符号体系，实际上，跟品牌相关的一切事物都可以是符号，难就难在如何挑战传统文化，并引爆新的文化认同。

比如小米的文化密码可以是一套对互联网思维的七字诀“专注、极致、口碑和快”，以此区别于大工业时代的制造思维；它还可以是一个“高性价比”的产品宣言，比如带有“最快”或“首发”的标签，制造“让用户尖叫”的1999元或799元的价格锚点，从而树立作为行业颠覆者的多项标准指标；它可以用粉丝用小米粒粘出来的手机模型，一份带有小米特色风格的PPT，一个带有特权色彩的词汇“F码”，一次带有跨界或新旧经济对比色彩的对话交锋……

你需要融入社群，通过“真实”“参与感”与社群共生共荣，并从一个细小的利基市场跨越到大众市场。

小米的品牌Slogan是“为发烧而生”，这背后是一种极客消费文化，但小米最大的成功在于实现了粉丝社群与品牌的共同成长，用雷军的话来说，“小米坚持了从群众中来到群众中去，相信群众，依赖群众”。

小米论坛有将近1000万的用户，空间用户过1000万，微博粉丝为300多万，微信粉丝约280万。通过这样的社交矩阵，粉丝们源源不断为小米提供各种产品、服务建议，并自发进行口碑传播。对于如何经营如此庞大的社群，黎万强特别强调培养用户的参与感，由此延伸出来类似“温度感”“直接可感知”“说人话”等方法论。

比如，为了保持温度感，以前雷军、黎万强等几个联合创始人要保证每天在论坛上1个小时，现在每天再忙也要保持在论坛上十几分钟，而所有工程师也被鼓励通过论坛、微博和QQ等渠道和用户直接取得联系，要让“这些宅男工程师觉得他们写程序不是为了小米公司写，而是为了他们的粉丝在做一件工作”。

在小米用户的金字塔结构中，塔尖是可以参与决策的发烧友，比如小米论坛的神秘组织“荣组儿”，以赋予粉丝特权的方式鼓励其参与决策；塔中间是米粉群体，他们信赖和追随小米的价值主张，购买小米产品的意愿强烈；塔基则是普通的大众用户，他们能够从微博、微信、事件营销以及米粉的自发传播中接触小米，继而转化为产品购买者或晋级为米粉。

当企业超越同类产品古板的文化正统，而推动一种更有号召力的意识形态的时候，消费者就会趋之若鹜。

小米将手机视为移动的PC，主要是解决个人移动计算的需求，但移动互联网正在催生的新变革在于万物之间可以直接、实时链接，从而将原本被压抑的需求进行基于碎片化和场景化的及时满足。小米通过进军客厅，推出小米电视与路由器，正尝试满足多屏互动的场景化需求。

新的社会断裂出现之后，消费者对商品的需求随之将发生迁移。企业需要跟上消费者对意识形态、文化价值的需求，并非静止不动。

变位的基本形式是换位思考，改变思维模式，改变人的观念、认知、模式。

好的冰球选手会竭尽全力追赶冰球，但是伟大的冰球选手则会寻找冰球的下一个位置，然后等在那里给以致命一击。

从年龄段来分析，“90后”无可置疑将是社会消费的又一大主力，“90后”的四大诉求特征是品质生活代表的安全感、兴趣为核心的深度自我、独而不寂的个人与社会链接以及善良微光的社会参与。

在个体社会崛起的时代，对品牌而言，获得“90后”年轻人的关注，建立品牌将越来越困难。而要成为有文化领导力的品牌，企业需要具备四种能力或角色，即生活创新、兴趣养成者、关系黏合者以及社会改变者。

九、企业要通过变位，围绕消费者想寄托的情感做文章

在工业时代，定位论强调由外向内看，从传播对象角度出发，是要在传播对象心目中占据一个有利位置。在互联网时代，在产品同质化、人群异质化的今天，在传播对象心目中能站得住脚的自然是情感。我们的品牌需要变位，消费者除了对功能的需求，更注重情感需求和精神表达。

吉庆时分，当然是王老吉！挺巧的，刚好借王老吉的“吉”，把王老吉的“生意机会”对应到“吉庆时分”上。如今王老吉已经上了一个新的台阶，当然不能只满足于“怕上火”这么狭窄的“生意机会”，而应该更近一步，乘胜追击！相比之下，“怕上火”的“生意机会”比“吉庆时分”要小的多！

加多宝推出自己的品牌后，依然打吉庆牌，“过吉祥年，喝加多宝”。

绿箭已经不再满足于“恋人”见面的消费时机，而是扩大至“亲人”团聚的消费时机，提出了“相见亲，才是亲”，倡导亲人间多点见面机会（不应只是电话，亲人间见面的机会越多，绿箭的消费机会就越多）。中国人是亲情重于爱情的民族，绿箭此举算是找到了新的增长点。

但如果绿箭仅仅是倡导“亲人多见面”，而没有那个女儿搂住父亲肩膀的感人画面的话，亲情则完全流于形式。即便我们与亲人见面时，也不可能第一时间想到绿箭，绿箭所倡导的亲情也将无法与我们生活中真实的亲情对接，“亲情”概念也不可能落实到我们的真实消费机会里。

个性化，其实就是情感，因为当消费者对产品的功能无可挑剔的时候，情感是最能体现个性化的。谁能触动他们的情感，谁就能占据最宝贵的资源——消费者的心智资源。

在互联网时代，品牌可以依托产品让消费者体验，也可以逆转从属关系，让品牌的部分高阶功能、“溢价能力”指导产品，这就是品牌“变位”的思想，即品牌的价值，不在产品、企业内部，而需要在外部世界里寻找已经存在的自然、人文、文化、情感的表现形式，让品牌与外部价值关联，通过一定时间，形成固定品牌联想。

在市场上会出现这样两种情况：处在消费价值链后端的消费者会转移消费资源去购买前端的产品和服务；或者处在消费价值链后端的企业模仿或者学习前端企业的产品形态，让自己的消费产生升级的感受。

品牌营销在制造着一个又一个唯我独尊的社会阶层，消费者通过品牌消费进行社会层次的自我归属和自我标榜。因此一个成功的品牌营销是通过变位打造令人尊崇的社会阶层的标志，让受众以拥有该品牌为荣耀。

人们总是需要各种外在的东西表明他们是成功者，更确切地说，标注等级的品牌就是为实现成功人士自我展示而诞生的。成功的品牌，尤其是奢侈品牌，用身份地位构建品牌价值。不管其展现的个性多么不同，它们都不遗余力、自始至终地追求使用者高人一等的身份彰显。

好的品牌就像塑造舞台人物，来源生活，要高于生活，刺中消费群的幻想神经。品牌通过变位营造一个不等式，让消费者感到被抬高了，消费者心甘情愿地为你付出高价。变位于高，往往得其中。变位于富豪的奢侈品大部分被中产阶层购买，大部分茅台酒被不喝茅台酒的人买走，高档服装店卖的最好的是中档服装。

每个人都有说出口的理由，也有说不出口的理由。消费者需要一种身份符号，这种符号是他崇尚的生存意义的象征，而不是简单的与身份对等。如果不解决这个问题，你的品牌打造将打折扣。在中国，品牌核心价值的高度决定品牌命运，品牌要想取得大的成功，必须通过寻找已有的足够的高度。

做产品要直来直去，做品牌要通过变位“拐弯”。

许多强势品牌，不被产品属性所束缚，而是“拐个弯”，营造一种平台，与人们的生活关联，以不卖什么的方式卖什么。比如，卖茶的不说卖茶，卖饭的不说卖饭，等等。这种有效的运营模式，在新的平台上，找到客户全新的价值。

定位理论的源头与变位理论的依据

特劳特时代，以信息传播量越来越大，消费者对信息的敏感度越来越低，商品同质化等作为前提，强调了消费者需求的重要性，强调了进入消费者心智的必要性。其继承 USP 的传统，极度地反驳了情感诉求，同时又建立起 9 种与众不同的方法。其打破了旧理论的工作方式，在出发点上就不同于以往的工作模式。

心智不可改变，心智疲于应付，心智憎恨混乱，心智缺乏安全感，心智会丧失焦点。《定位》是典型的按理性逻辑去表达，而实际上很多品牌特别是高端的品牌往往是需要感性的力量去打动消费者。

变位，以卖货和增值为思考主线，找到消费者大脑中的“主动花钱区”，最终实现成为消费者的唯一选择品牌。因为驱动目标消费者重复购买的“金线”隐藏在人们生活里、生产方式中，你要运用变位思维、转换沟通方式，用消费者听得懂、喜欢听的语言呼唤他们。在人的心弦上最微妙处产生共鸣。

在产品同质化时代，品牌主导舆论及驱动消费者购买的系统理论依据是心理学家杰格迪什（Jagdish Sheth）的五价值理论。

杰格迪什研究发现，消费者的品牌选择行为受 5 种消费价值观的影响。这 5 种消费价值观是功能价值、社会价值、情感价值、认知价值和条件价值。正是这 5 种价值观在不同场合下的整合效应决定了消费者的品牌选择行为。作为驱动目标消费者尝试或重复购买的“金线”，消费者的选择是基于品牌信息的输入和消费者已有经验。消费者根据自己的身份、生活问题、工作需要识别我们的品牌。消费者根据自己的认知、需要、价值观以及生活方式来选择与之相适应的品牌。只有消费者对品牌的感知与自身的价值体系相吻合时，消费者才会做出积极的购买行动。

人类的大脑，远不是《定位》假设的那样简单。现代人类行为学、心理学、大脑解剖学等研究，已经揭示了人类心智的结构。科学家利用功能磁共振成像技术，成功地实现了对人脑运作的观测，由此了解到许多超乎所有人想象的东西。他们不仅找到了人脑的情感区域、理性区域，甚至还找到了负责道德的区域。此外，他们还发现了这些问题的答案：什么使我们更易体察他人的感情，什么使我们更善于学习，以及什么使我们更能够在工作中得到快乐。他们甚至还搞清楚了为什么青少年会把父母气疯。不过，最惊人的发现可能在于，他们描绘出了我们的大脑如何整理感官信息，并形成我们对世界的体会的过程。参与这个过程的不仅仅是人脑的感知区域，还有负责记忆、感情、信仰和灵感的区域。

定位让品牌捉襟见肘，品牌本身不仅仅代表着一个符号，深层次的是品牌所蕴含的精神象征，一种价值理念，是品牌文化。在产品均质化、消费感性化的今天，卓越品牌的魅力就在于它凝结进去的理念、情感、象征等文化内涵。

品牌最有价值、最让消费者着迷的地方，不是它的实体，不是它的功能，而是它代表消费者表达出来的情感、态度和信念。消费者不为你的承诺而买单，却为可能失去的天堂而付钱。

商品满足消费者物理上的需要只是一个方面，有时其带来的符号价值可能更值得关注。而这些符号价值往往集聚于品牌，使品牌成为制造与维护文化象征意义的主要载体，因此准确定位的品牌可以满足顾客的某些精神需求。这种精神沟通以实体商品或服务为基点，又脱离于实体商品之外，为顾客创造了附加的心理价值，比如归属感、美好的希望或者叛逆精神等，进而建立与顾客之间更加牢固、更加密切的情感联系。

让品牌文化与消费者头脑中对品牌文化的要求相一致，才能最大化地引起消费者对品牌的共鸣，使自己品牌的理念、观点、立场、价值主张植根于消费者心中，用创新性的品牌理念占据他们心理认知中的空白处。

品牌的价值，不在于产品自身的质量、价格优势和所属企业的传奇故事，而是这个产品和顾客之间的深层次情感交流。

品牌不等于广告，广告砸出来的只是知名度，品牌是口碑相传的，品牌是带有文化和精神的，品牌的“品”是口碑相传，“牌”是品位、文化、内涵。从“品牌”两个字来看，“品”和“牌”不同，“品”需要思想性，思想的功能是让人找到方向，品牌做得好可以担负起某种价值观的输出，在价值观的招引下，消费者会用人民币去投票。

所以，经营品牌有三种境界。低层次的品牌塑造还没有脱离商品实体，尚未意识到好品牌需要有灵魂，还处于经营“信息”的境界；中间层次是建立与目标顾客之间的友善关系，赢得他们的好感与信赖，经营的是“信任”；最高层次是经营“信仰”。

没有变位的品牌只是“一件未完成的作品”，缺少温度，难以让人心仪。

如果把产品比作硬件，把加入精神的品牌比作软件，二者结合才能运行。变位后低价位品牌的市场效果就不一样了，比如红星二锅头的“年轻就要红”“把激情燃烧的岁月灌进喉咙”“将所有一言难尽一饮而尽”道出了无数年轻人的心声；再比如老村长酒的“简单快乐、幸福中国”“好好生活、天天向上”的质朴表达同样唤醒了民众的心。

变位营销，是在创意营销传播浪潮之下诞生的新营销理论，是针对新营销时代的新生消费人群和新媒体传播的品牌营销新战略，旨在通过创建系统市场营销模型，突破市场营销时间、空间概念，快速有效地建立竞争优势和品牌地位，快速实现转型升级，快速拓展市场空间，避免时间上的后进劣势，超越竞争对手，进而成为市场领导者，打造爆款，实现海量卖货。

定位理论实质是“左脑”营销理论，常用的方式是界定清楚你的产品类别、产品功能，把自己风光打扮一番，等待着消费者来挑选你。可是这种卖法太过漫长，首先你要向消费者解释清楚你的产品是什么、品种是什么、功能是什么、利益是什么，这是纵向的，并且你还得横向做比较，你得对你的竞争对手做分析、比较，由此找出你的独特功能、独特利益。在通过产品自身特性与竞品进行一番“厮杀”后，你只进入到消费者的决策购买圈，还得进行下一轮的决赛。

定位分析了消费者，但还不完全。

定位，发现了消费者喜欢接收简单的概念，自以为掌握了有效的传播技巧，就可以往消费者脑子里灌概念，灌内容。但是，事实上定位往往无效。的确，“心智拒绝复杂，越简单，越有效”。越简单越能产生联系，越简单越能赋予人情感。但简单不是盲目简单，不是为了简单而简单。问题在于，没有弄清顾客的脑子里有什么，简单的信息也依然引不起他的注意和兴趣，简单的概念也是无效的信息。

2002 年获诺贝尔经济学奖的心理学家，发现人面对产品的时候不是出于纯粹经济上的考虑。也就是说，赢得市场可以从非经济因素做文章，这就为弱小企业快速追赶大品牌提供了理论依据，这也是变位的理论依据。

定位与变位的对比

	定 位	变 位
最核心的思想、目的	创造差异性，焦点经营；着眼点是目标顾客的心理感受，占据消费者心智	不在产品本身，而在消费者心底。所有创意都是从消费者角度去看市场，最后决定并落到产品及价值上
途径	针对目标市场确定、建立一个独特品牌形象并对品牌的整体形象进行设计、传播等，从而在目标顾客心中占据一个独特的有价值的地位	利用客户采购标准，走在客户的前面，发现、创造、实现客户的需求，挖掘客户全方位需求，关注客户的深度价值，全面开发，深度开发
实质	依据目标顾客的种种特征设计产品属性并传播品牌形象，从而在目标顾客心中形成一个企业刻意塑造的独特形象	发挥消费者心智购买力

续表

	定　位	变　位
本质（内涵）	“心智”中的与众不同，是“与众”不同，“不同”要鲜明、独特、简单	共鸣与认同
类比	是一颗钉子，借助推广那把锤子才进入顾客心智，才能发挥最大威力	顾客心智中的吸铁石。发动所有的资源，吸到顾客心智中。针对特定受众设计特定信息。不同受众对流行信息有不同的关注点和需求，须提高信息的附着力，针对不同受众设计相应的信息和传播途径
目标	如何使传播更有效，如何发现消费者的心智，如何接收信息，如何忽略信息的艺术，讲究与消费者的心智认知相匹配，更像是去挖一个点	着眼广博的市场基础，在更大的空间去实施，有更多不规范的环境去体现和发展
方法	与主竞争对手建立关系，即与主竞争对手对立，对立定位；避开主竞争对手，通过分化开创新品类	和而不同，避开竞争，或不与第一发生直接竞争
表现形式	简单传播	潜伏式破局
相互关系	定位是变位的子系统，是结果	变位是系统，是过程
结果	心智中占有一席之地	形成文化立足点

变位像什么

道可道，非常道！变位只有“像”，没有“是”！

变位像儒释道。变位思维像是禅的状态，禅是人类最理想的状态，所谓“禅”就是把我们旧有的经验体系断开，自动的、故意的，甚至强制性地断开。断开不是信息的丢失，而是让信息在你的生命小宇宙中自由地漂浮，让心灵时刻处于一种空冥的状态去迎接世界。

变位像篮球卡位与“飞碟理论”。

篮球或者足球比赛过程中，球在空中的时候，优秀球员常能精确判断球的有效落点，抢先占据有利位置，将对手阻挡在最佳位置以外，从而获得控制权，要是对手硬撞的话，就会被弄倒在地，形成有效的“卡位”。卡位的关键在于精确地判断有效落点，并抢先对手占据有利位置。谋事在人，成事在天。篮球运动中能否抢到篮板球，不仅取决于运动员的身高优势，更取决于你所抢占的位置。如果能够顺利抢到篮板球，不仅盯球，更要运动，卡好位。

变位就如同篮球场上的卡位。

飞碟比赛中，运动员拿着枪是瞄着飞碟打？还是在飞碟的前面打？有人说是瞄着前面打。对了，就是要在飞碟的前面打。因为运动员必须要判断飞碟飞的速度、轨迹和方向。而对于我们来说，“飞碟”是什么？飞碟就是消费者的需求，飞碟的方向就是消费者需求对产品需求的心灵方向。

“飞碟理论”告诉我们只有瞄着消费者的心灵方向和梦想轨迹去射击，

才能做好战略定位。

变位像武功。

兵法有云：千招可解，唯快不破！意思是说，所有的招数都可以破解，唯有速度快才能产生奇袭效果、抢先进入心智。这正是商战的精髓。特别对于中小企业来说，随着竞争的升级，绝大部分打的都是侧翼战和游击战。而这 2 种战略形式对速度与灵活性的要求非常之高。

变位像哲学之解构主义。

在建构心理学里，人都是靠自己的经验，来建构世界。世界是你心中的样子。

19 世纪的西方哲学领域，占统治地位的是实证主义、实用主义和意志哲学。20 世纪 60 年代，法国雅克・德里达不满于西方几千年来的哲学思想，对那种传统的不容置疑的哲学信念发起挑战，对自柏拉图以来的西方形而上学传统大加责难，成为解构主义领袖。

尼采重估一切价值和超善恶的姿态对传统哲学的冲击尤其强烈，宣称"上帝死了"，并要求"重估一切价值"。作为一股质疑理性、颠覆传统的思潮，尼采哲学成为解构主义的思想渊源之一。

解构主义及解构主义者就是打破现有的单元化的秩序，包括个人意识上的秩序，比如创作习惯、接受习惯、思维习惯和人的内心较抽象的文化底蕴积淀形成的无意识的民族性格。解构主义对现代主义正统原则和标准进行批判并加以继承，它运用现代主义的语汇，去颠倒、重构各种既有语汇之间的关系，从逻辑上否定传统的基本设计原则（美学、力学、功能），由此产生新的意义。用分解的观念，强调打碎、叠加、重组，重视个体、部件本身，反对总体统一而创造出支离破碎和不确定感。

解构主义最大的特点是反中心，反权威，反二元对抗，反非黑即白的理论。解构主义反对对理性的崇拜，反对二元对抗的狭隘思维，认为既然差异无处不在，就应该以多元的开放心态去容纳差异。

解构主义是一种勇于打破旧秩序然后再创造更为合适的新秩序的一种思

想。在对待传统的问题上，解构主义也并非像一些人认为的那样，是一种砸烂一切的学说。恰恰相反，解构主义相信传统是无法砸烂的，后人应该不断地用新的眼光去解读。而且，即使承认世界上没有真理，也并不妨碍每个人按照自己的阐释确定自己的理想。

解构主义作为一种世界观层次的认识，渗透到了很多自认为绕过了解构主义的思潮和流派里面。在经营管理领域，解构主义能启发我们从另一个视角看问题，产生创新思维，并形成新观点。任何强大的竞争对手的定位都有优势和劣势，而且二者同时存在，从一面看是优势（如经典），从另一面看必定是劣势（不时髦或不年青），正所谓“优势即劣势”“劣势即优势”。在激烈的竞争中，当你久攻不下时，通过变位策略，可脱颖而出，击中消费者的心，在其心中占据阵地。

变位强调企业要超越行业竞争，跳出自身束缚，在更广阔的空间寻找可利用的软资源，低成本做出高价值的产品，达到消费者最佳采购标准。你的营销，如果不能提升产品价格，那你的营销就是无效的。变位，是一种将对手的体能和力量为己所用，借力打力，击败对手而获胜的武术，它使弱者或体重处于劣势的人能够战胜身体方面占优势的对手。

变位主张企业避开对手锋芒，放弃硬碰硬的思维，以巧取胜，四两拨千斤。

变位，像军事谋略家。

品牌变位就是与时俱进的战略调整。《淮南子·道应训》记载，有一次，齐国进犯楚国，子发率军迎敌。交战三次，楚军三次败北。子发旗下不乏智谋之士、勇悍之将，但在强大的齐军面前，简直无计可施了。

这时神偷请战。之前，楚将子发爱结交有一技之长的人，并把他们招揽到麾下。有号称“神偷”的人，其貌不扬，也被子发待为上宾。

神偷在夜幕的掩护下，将齐军主帅的睡帐偷了回来。第二天，子发派使者将睡帐送还给齐军主帅，并对他说：“我们出去打柴的士兵捡到您的帷帐，特地赶来奉还。”

当天晚上，神偷又去将齐军主帅的枕头偷来，再由子发派人送还。第三天晚上，神偷连齐军主帅头上的发簪子都偷来了，子发照样派人送还。

齐军上下听说此事，甚为恐惧。主帅惊骇地对幕僚们说："如果再不撤退，恐怕子发要派人来取我的人头了。"于是，齐军不战而退。

神偷采取的策略就是变位攻心。

春秋战国时期，鬼谷子教他的学生，也主要是教变位思维如何变换方式影响对方的心智，打开对方的心灵之门。

他的学生孙膑导演了多场惊心动魄的战争，围魏救赵也好，马陵山之战也好，都是攻心胜于攻城。追溯智慧之源，可从孙膑的毕业答辩看到形迹。传说，鬼谷子出的毕业试题是——把在屋子里的老师请出去。孙膑的同学庞涓用赶的办法，鬼谷子给了他零分。庞涓用的是攻城术。

而孙膑则对鬼谷子说：老师，你如果从屋子里出去，我就能让老师进去。鬼谷子想，进不进屋子都由我，你是没办法让我进屋的。鬼谷子放松了警惕，结果乖乖地走出了屋子。孙膑的成功，在于找到了鬼谷子的感受密码，设计了新的注意点，让老师在新的注意点下思维。孙膑用的是攻心术。

鬼谷子通过这道题告诉学生，战争的较量，不仅是武器的较量，也是调控对方观念的较量。攻心胜于攻城。

战争是在对方神不知鬼不觉的情况下，牵着对方的鼻子走。往往不是我们做不到，而是因为我们想不到！很多事情，堡垒都是最容易从内部攻破。任何人对于事物的判断都是有迹可循的，更是相互关联的。通过信息链上关键信息点的准确建立，你完全可以让消费者的判断标准转移到对你的产品最为有利的方面，为你赢得最大的价值回报。

鬼谷子教学的理念和套路核心是自我心智调整，为影响对方而改变自己，是最好的变位范例。

变位是人类智慧的 DNA。

变位思维作为一种普遍性谋略理念在人类的智慧武库里已经闪耀了数千年。

庄子也是品牌变位高手，他在《逍遥游》里讲了一个不龟手药变位的寓言。宋国某人有一祖传的防止手冻裂的药（类似于冻疮膏），有了这个药膏，冬天手就不会被冻裂，所以他家就世世代代以帮别人漂洗作为职业。后来有一个客人听说了这件事，就说愿以一百金买他的药方。宋人于是召集全家人来商量，说："我家世世代代从事漂洗丝絮的职业，所得到的不过数金而已，现在卖出这个药方就可以得到百金，卖给他吧！"客人得到了药方，就去游说吴王。此时越国正出兵侵犯吴国，吴王就派他带兵抵御越国。到了冬天，他就和越国进行水战，大败越军，越王于是用土地来封赐他。

从古到今，基于"竞争与策略"的变位思想无处不在。中国古代，以蜥蜴变色而名，出《易经》。《易经》是变经，不变的是"变"，除此之外，一切皆变。而道家则讲究"见山是山，见水是水""见山不是山，见水不是水""见山只是山，见水只是水"。《老子》里另一句名言是："上善若水，水利万物而不争。"其实不是不争，而是不摆出争的态势，因为"夫唯不争，故天下莫能与之争"。核心点以"不争"来回避同质化竞争，同时开创"无争"的商业蓝海。道家认为："天下柔者莫过于水，而能攻坚者又莫胜于水。"老子有"柔弱胜刚强""天下之至柔，驰骋天下之至坚"的话。

"道家"衍化出中国禅修。禅是颠覆我们已经固化的陈腐观念的方式，本质是在绝望中寻找希望，在斗争中获得智慧，能从无办法中想出办法。禅师说，山不过来，我就过去。

换句话说，有竞争的地方就有变位的存在，因为变位是基于竞争的策略。

策略的特点就在于靠"软实力"不靠"硬实力"。弱者，没有硬实力，只好靠变位赢得主动权。变位是一切智谋策略的"总原理"。水无常势，兵无常法，诠释了变位思想。从"空城计""减灶诱敌""围魏救赵"到"瞒天过海"，从"欲擒故纵"到"调虎离山""田忌赛马"等"三十六计"无不体现了变位思想。中国的太极是变位思维，帝王的驾驭术也体现了变位思维，变位作为一种普遍性谋略理念，已融入中华民族血液里，闪耀在人类的智慧武库里。

两千多年前，中国大文学家司马迁就在《史记》一书中借西楚霸王项羽之口说出了这样一段不无哲理意义的人生之道：“学剑，十人敌；学兵，万人敌。”其意为：剑术学得再精，至多也只是打赢十个人；而如果精通兵书，则能指挥部队打败万人敌军。你败了，与你的优秀无关，与你选的平台和作用点有关。

对于营销人来说，靠精湛的“剑术”（如具体市场一对一的营销成功个案）在特定的市场建功立业，当你准备更上一层楼时，才终于发现仅有这些已远远不够了，必须修习“兵书”才行。

变位思维是从消费者的心智变化与游移或者多维出发，从而“建构基于应变”的新营销思想。

任何人对于事物的判断都是有迹可循的，更是相互关联的。

品牌是操控消费者思维的伟大工具，品牌规则是决定品牌成功与否的关键。毫无疑问，这种能够形成思维定式的品牌规则，绝不是一个漂亮的标志，或者是几条苦思冥想的品牌理念所能带来。它由一个目的明确的、相互佐证的、环环相扣的体验式链条形成。这是一种心理博弈式的营销方法。

德国《镜报》常驻亚洲记者坦尚尼写了一本类似游记的书——《算命先生告诉我》。这是一本很有趣的书。有一天，坦尚尼碰到一个算命先生跟他说，1999 年对他来说将是不吉利的一年，做事要小心，不可以搭飞机，否则会因飞机失事而丧命。一开始他不以为意，但等到日子逼近的时候. 他内心总是觉得怪怪的，于是在 1998 年年底下定决心，跟公司打报告，未来一年出差只搭乘火车或轮船。

算命先生不会算命，但往往是控制人意识的大师。

当消费者自身的消费经验和认知成为关键选择标准，他们可能没有产品生产厂家和分销商以及广告代理商们那样对产品和服务悉数了解，但这并不影响他们对品牌作出喜好、漠然或抗拒的选择。为能够长期提供利润的消费群提供独特的价值，当这个消费群，也就是消费者产生相关需求时，便会将该品牌作为首选。

品牌战略的最终目的就是为了在消费者中制造“品牌控”。“品牌偏好主宰着消费者购买动机，它是一种潜伏性的心理意识。”

基本上，在消费者的意识里，对为什么会偏好某些品牌是一无所悉的，甚至采取购买行动了，也无法说出他们偏好的真正动机何在。“消费者动机调查”是了解他们潜意识渴求的方法，而建立消费者品牌偏好的唯一方法，则是刺激他们的潜意识动机。因此，广告传播信息必须完成两项重要的任务：以适切的文字与符号激起消费者的期望与动机，所提供的产品或服务必须转化成“促使行动的触媒”，让它潜植于消费者的自我意识中。因为，消费者内心深处的动机与期待，并不会透过自己本身直截了当地表达出来，但可以借由购买产品或服务完全显露出来。

几乎所有的传世的艺术作品都是枯燥的内容经过变位，以人们喜闻乐见的形式来控制人的意识；几乎所有被人广为传唱的歌曲都是将不成韵律的变成朗朗上口的；几乎所有被人记住的图形都是将散乱的视觉梳理变位成简单和谐的形式；几乎所有被人们广为运用的都是一开始就获得广泛认同的事物……

变位，就是由攻城变为攻心，发现消费者心中的灵犀，并一点触动。

变位，就是重新思考业务，不断地突围，主动突围。

|第3章|

变位点：消费者心中的灵犀

俗话说，遣将不如激将！

从品牌运作的角度看，

遣将是定位，激将是变位。

消费者任性的根源——选择感

很多企业家，特别是技术出身的企业家，说起自己的产品如数家珍，认为自己的产品这里好、那里好，流露出的神情一点也不亚于父母替大龄儿女出席某个相亲会，介绍自己宝贝孩子时的那份执著、认真与自豪。这时，我往往会不客气地打断他的话，反问他：王老吉真的能去火吗？六个核桃真的有六个，真的能补脑吗？农夫山泉，真的有点甜吗？

消费者只能从有限的、模糊的信息中，对某个产品形成一个约定俗成的认知，消费者的“认为”常大于事实。这个结论不是让我们不讲事实，而是告诉我们要务实地顺势而为，低成本、高效率地利用人们心智中已经形成的、固有的历史认知，把这种不花钱的“认为”强化为“事实”。这样，我们就在人们购买决策的瞬间，抢先于其他竞争对手，优先进入他的品类思考范围与品牌选择视野。

征服市场的不是产品，而是通过对品牌变位，演绎出消费者的梦想、期望和追求。消费者之所以选择品牌，是因为单靠产品满足不了他的心理渴望。人追求理性，却永远受情感的制约。

大多数人认为，顾客选择过程是理性判断的过程，但其实，人们作出什么选择，在某种程度上要看在大脑中情感冲动神经中枢和理性思考神经中枢的斗争中哪一方获胜。

现代心理学研究认为，情感因素是人们接受信息渠道的“阀门”，在缺乏必要的“丰富激情”的情况下，理智处于一种休眠状态，不可能进行正常的工作，甚至产生严重的心理障碍，对周围世界表现为视而不见、听而不闻。

上帝把理性赋予人类，让人类无坚不摧；上帝又把感情赋予了人类，专门用来摧毁人类的理性。

一、品牌也是一种消费者的直觉

消费者通过包装、VI 系统、海报、DM、报纸杂志等平面广告的风格、影视广告的画面的质感等综合形成的品牌气质来判断是不是认同一个品牌。所以，品牌气质有时候也能决定品牌的命运。

很少有人完全按照提前准备的购物清单进行购物，消费者在超市和商场中非计划的冲动购买甚至高达 60%。消费者在超市中对每种商品的平均注视时间至多只有 20 秒，因此商品的包装就成为吸引他们目光、诱发他们潜在购物欲望的媒介，在看到令人产生某种遐想和欲望的包装时，就情不自禁地将商品放入了购物车。

消费者购买商品，如同开启"价值选择雷达"，投射到哪里，哪里才是被选择的区域。消费者的"选择雷达"，投射到的最直接的地方，是消费者接近和认识的第一要素。

消费者的采购标准有两个，一个是"信号标准"，一个是"使用标准"。客户在决定购买某个商品的时候，总会有意无意地权衡两方面的因素：一个方面是该商品的外在形象，包括品牌形象和知名度，以及影响品牌印象的重大事件。品牌形象是指某个特定的品牌给客户产生的印象或联想，比如 IBM 电脑意味着高质量、诚信和可靠，这种印象或联想的产生如同输出了某种影响客户购买决策过程的"信号"，因此称之为"信号标准"。另一个因素是该商品能够为客户创造的实际价值，包括商品的质量、稳定性、（配套）服务，等等方面，因此称之为"使用标准"。

当顾客的信号标准和使用标准感觉到与品牌同步，形成品牌共鸣，这类心灵共鸣会使消费者在接受品牌宣传或使用品牌过程中被品牌感染，融入该品牌所建造的特定的品牌氛围中，在心理上和该品牌产生同样的感觉和情绪，就容易被消费者选择。

消费者的“信号标准”什么样呢？此前，我们过多地研究了消费者的信息接收机理，但很少研究选购机理。其实真正起作用的是选购机理。

我们的企业在顾客的“使用标准”上比较重视，而在“信号标准”上往往处于盲区。

二、消费者有信息接受的盲区

在20世纪的某个年代，美国《读者文摘》杂志曾经做过这样的读者调查：“请你给美国最好的大学地理系排名。”大概60%的应答者认为是哈佛大学地理系，但是哈佛大学根本没有地理系。

在美国，多数消费者认为沃尔玛的价格是“最低的”，一项针对沃尔玛和它的3个主要竞争对手的一系列常用商品的定价研究却显示，在核查的1/3的商品中，沃尔玛的价格要高于它的竞争对手，而在沃尔玛价格低的商品中，有1/3节省的金额仅为不足2美分。但这有什么关系呢？对价格的印象比价格本身更重要。

20世纪80年代中期，有人对搅拌机做了一次认知调查。顾客被要求说出他们记得的所有搅拌机品牌，结果通用电气排在了第二位。令人惊讶的是，通用电气已经近20年没有生产过搅拌机了。

三、消费者情感造成消费敏感区

在人们的情感中，母子情、男女之情，是最敏感的。

80年代初期，一营销员到农村集镇摆地摊营销军绿书包。一中年妇女来到摊位前，营销员就和她闲谈起来。从谈话中得知她今天到镇上用鸡蛋换钱买柴米油盐过日子，鸡蛋已卖掉，随便转转就回家。攀谈中他又知道她有两个儿子正在上中学。

于是，营销员就说道：“你真有福气！”这句话使这位妇女丈二和尚摸不着头脑，就问："我有什么福气?"营销员说道："你看，你两个儿子上初中，初中毕业上高中，高中毕业升大学，大学毕业参加工作，你这辈子不就享福了吗?"这番话十分中听，让这位妇女笑逐颜开。营销员话题一转说："要是你儿子知道你用卖鸡蛋的钱买书包供他们上学，他们该不知道怎样孝敬你才好呢?"最后这位农村妇女买了两个书包和一个金色的希望，高高兴兴地回家了。

营销人员没有围绕书包特性占领消费者的心智资源，而是通过变位，将书包演绎成实现母亲梦想的道具。

营销员启动了望子成龙的文化消费敏感区，哪个母亲还在乎书包钱呢?

四、企业家"自以为是"形成消费误区

很多企业家常常发出这样的感慨：我们的产品这么好，怎么没人买呢?竞争对手的服务比我们差远了，可为什么却总是胜过我们?

宝洁经过研究发现，意大利妇女总是把屋子打扫得非常干净，她们每周平均在家务上要花费 21 个小时，还不包括做饭时间。相比之下，美国妇女在同样的家务活上只花 4 小时。

宝洁的经理们很可能为掌握了这个市场信息而兴高采烈。因为他们认为，在这个即将进入的市场里，意大利的顾客会使用和购买多于一般水平的清洁用品。于是宝洁在意大利推出了被视为公司最成功的产品之一的"速易洁"（Swifter）湿拖把。结果，宝洁的速易洁湿拖把却在意大利碰了钉子。

为什么呢?宝洁通过进一步研究发现，通过统计数据去认识意大利顾客是远远不够的。宝洁没有意识到，在其他地方都普遍适用的销售卖点——产品可以节省人们的劳动时间，在这里却完全行不通。

意大利妇女想要的是经久耐用的清洁产品，而不是美国妇女所要的可以节省时间的产品。宝洁最终意识到，要在意大利取得成功，其产品必须是可以顺利完成清洁工作的用品，而不是可以节省劳动时间的设备。宝洁为此推出了一种带蜂蜡的产品，专门用来给地板擦亮上光。意大利顾客把这个产品

用来给地板抛光，而不是当作拖把来用，因为他们不相信它有那么结实耐用。通过变位，这种产品在意大利取得了成功。

问题之所以有价值，是因为它能使人们明白自己。

五、消费者本能形成不等式

弄懂消费者是不容易的，你熟悉你的客户吗？很多人认为，我天天与客户打交道，怎么不熟悉呢？其实不然。

女性消费者对于“美丽”都有些什么看法呢？

通常，我们会直观地认为，所谓“美丽”不外乎就是鲜艳、新颖、典雅、华贵、合体……但这些就是全部吗？不！消费者潜意识中还有一种对美的诠释。这种“美”不是存在于一般意义上的物质性审美中，而是蕴藏于一种与消费能力和形象改变有关的意识集群之中。“百丽”鞋品牌透过“消费者洞察”发现了这一隐藏点后，就说出了“百丽，百变所以美丽”的诉求。

的确，我们不妨回到生活中去感受一下。你觉察到了许多女性有时会不经意地透露出这样的意思吗——“每天都要不一样；老穿那么几双鞋，别人还以为你只有这几双呢。”再去看一下各家的鞋柜你又会有新的发现，80%都是她们的领地。

变，就是女性对美的“人性真理”。这就是女性消费者的“美丽不等式”。从女人对美的理解我们看出，不同的人隐含着不同的心理活动和思维活动方式。

不同的消费者，具有不同的选择观。彼得·圣吉认为，根深蒂固的假设、概况，甚至图像，影响着我们如何理解世界以及如何采取行动。人们的思维方法、思考方式和思维观念，是一种隐含很深的心理活动和思维活动方式，它决定着消费者心理活动路径和消费者是否接受以及多大程度接受这个品牌。

我们是什么不重要，客户认为我们是什么才重要。

消费者不会直接说出自己的真实意图，我们往往拿自己的视角看问题。

消费者的真实意图像云像雾又像风，不仅藏在你的背后，甚至藏在消费者背后。

消费者的“认为”与商家的“心”是不同的，甚至是相反的。消费者只相信心中的判断。所以，我们不是“请消费者注意”，也不是“注意消费者”，而是要明白“消费者怎么注意”和“消费者怎么选择”。

消费者的“认为”非常难捉摸，没法推理和分析，对产品信息的注意并不是面面俱到的，而是有选择、有侧重地关注的，最后只是凭借片段的信息来识别产品，通过主观认知进行判断的，你只能用心洞察。

心理学家蒂莫西？威尔逊（Timothy Wilson）做了一个实验，实验中两个小组要选择一些艺术作品带回家。一个小组的成员仔细分析了他们的选择，然后列出原因。另一小组的成员只选择了他们喜欢的作品，没有阐述理由。几周后，当问及两组成员是否对自己的选择满意时。令人惊讶的是，没有为选择提供理由的小组满意度更高。这表明我们内心深处知道自己想要什么，而当别人要求我们阐明理由时，我们对实际问题的关注被分散，结果带来了错误选择。

消费者的“认为”也很难改变，你的品牌诉求只能进行转折铺垫与消费者的“认为”对接，在消费者与品牌之间形成紧密的心理联系，产生品牌共鸣。

多面的消费者

诺贝尔经济学奖获得者、心理学家卡尼曼带给人们的“前景理论”启迪人们：从心理学角度研究经济学，客户回归到“人”的角色，承认人的七情六欲、喜怒哀惧，通过情绪影响，达到创造和挽留客户的目的，从而实现利润倍增、业绩提升。

情绪联想不是要你把产品或服务跟“满足需求”捆绑，而是要你将品牌名称贴上一种生活上的享乐主张，如休闲、娱乐、轻松、幽默、成就感、呼朋引伴之情境与氛围，为产品或品牌个性赋予愉悦的情绪及感觉，将品牌及消费者的情感拉到同一交集点上。

情绪联想仍是“经常性购买”的产品或品牌最常使用的方法，如啤酒、软性饮料、休闲食品、贺卡，或是一些服务性产品等。事实上，现代的传播手法已进化到品牌口号不单只是品牌口号而已，你还必须将情感放进去，透过广告和消费者做情绪认同的沟通。

科学家利用“功能磁共振成像技术”，描绘出了我们的大脑如何整理感官信息，并形成我们对世界的体会的过程。参与这个过程的不仅仅是人脑的感知区域，还有负责记忆、感情、信仰和灵感的区域。大脑的心智并非客观地记录我们对世界的感受，而是创造了感受，而且其创作还受到大脑其他活动的影响。实际上，我们所有人都活在自己创造的精神世界中。

人类大脑至少有 5 条轨道——图像、声音、嗅觉、味觉和触觉。这些轨道所包含的数据庞大到你无法想象，而且它们会立刻定位在我们的情感中。

它们还可以任意地快进或回放，甚至固定在一个非常精确的点位上。

对于某一次经历来说，你能“录”下的轨道越多，你的回忆也就越丰满。除了本能因素、心智因素，还有感觉因素、道德因素、习惯因素。人头脑对信息的处理过程是分为“感官登陆”“短期储存”和“长期记忆”。你忘了的事情是被淹没到长期记忆仓库里了，当遭遇诱因的时候就会把它从仓库调取出来，并与眼前的信息混合发生作用。影响品牌选择的是人的整个大脑。人的大脑分为左右两个截然不同的半球，左半脑主管语言表达、逻辑和分析性思维等活动，而右半脑主导视觉感官、感性和整体性思维。右脑决策的最大特点就是不讲理性、感情用事、冲动购买。当顾客的右脑进行购买决策时，相比左脑的决策程序，快了很多。“如果我们不用感性分析来研究市场，根本就无从理解。”

通过大量研究发现，只有消费者对品牌的感知与自身的价值体系相吻合时，消费者才会做出积极的购买行动。品牌战略或品类战略之所以成功，是因为该品牌或该产品所包含的信息与消费者心智共识的品类信息价值度高度吻合，而这就是变位点。

一、人们不喜欢改变原有认知

消费者有一种跟从认知的习惯。

消费者脑海里有一种“恒常认知”，我们又可以称之为“幼鹅效应”。所谓“幼鹅效应”是个形象的比喻，比喻幼鹅从蛋壳里出来后，会把第一眼看到的活物看做是自己的母亲，如果它第一眼看到的是狗，那么这只幼鹅会一直跟着狗，把狗当做自己的母亲，如果它第一眼看到的是人，它会把看到的那个人当做自己的母亲。

研究表明，当人们面对熟悉的事物时，往往用右脑进行模糊、感性的判断；当面对陌生事物时，往往用左脑进行精确、理性的判断。消费者的拒绝，实际上源自对陌生事物本能的左脑反应！也就是说，尽量找到人们熟悉的事物，先用人们熟悉的事物作为媒介进行沟通，认人们放弃怀疑和抵抗。

人们对待信息的处理方式是不一样的，并不仅仅像定位理论提到的那样注重简单、简洁。所以，有人说，广告是旧有元素的组合。利用人们熟悉的东西，通过组合，表达商家要表达的内容，让消费者自然接受。

二、改变认知总是困难的

美国知名的DSS公司，曾在亚特兰大做过一次著名的调查，发现电视投放中25%的跟进者广告，被认为是同行居领先地位的竞争对手所做。

亨氏在英国以及整个欧美都是以番茄酱闻名的，但进入中国后却在婴幼儿米粉行业开了先河，反而成了婴幼儿米粉的代名词。位于英国的总部虽然仍抱持着回归番茄酱的理想，但是实在是拗不过中国消费者的认知，以至于要告诉中国老百姓亨氏是番茄酱，反而让他们觉得别扭。于是，亨氏在中国被定义成了“婴幼儿食品”。消费者的认知是极难改变的，既然由于亨氏米粉一路领先，把亨氏这个品牌贴标成了婴幼儿用品，那最好的办法也只能是顺水推舟。亨氏开创中国米粉第一品牌后，开始考虑转战奶粉市场。它转战奶粉市场是有明确市场意图的。亨氏被中国老百姓认知成婴幼儿产品的国际品牌，所以亨氏具备做一切婴幼儿食品的品牌基础，而调查也发现，有很多老百姓竟然已经认为亨氏是奶粉。

从众心理是典型的非理性的心理，心理学上把从众行为叫做“羊群效应”。比如你在下班路上发现一家枣糕店门口有人排队，你会想这家枣糕一定不错，于是你就在后面排上了。又过来一个人，看见你们都在排，心想，这家枣糕一定很棒，于是也加入到队列中。而又过来一些人，他们也是如此。

基于他人的行为来推断某事物的好坏，以决定我们自己是否效仿，这就是“羊群效应”。

当问及顾客：“你觉得使用海飞丝洗发后头屑洗得干净吗？”顾客回答：“还可以吧。”调查者穷追不舍地继续问：“是你洗完后照镜子看见干净，还是让别人帮忙看到干净了？”顾客说：“感觉上还可以吧。”“那么是什么感觉啊？”调查者接着问。顾客答：“洗完头后比较清爽一点吧。”“那么你认为感觉清爽就像头屑被去掉了一样吗？”调查者问。顾客说：“唔，好像有这样的感觉。”

原来顾客检验海飞丝去头屑是否有效的标尺除了洗完后照镜子看见干净，以及让别人帮忙看是否干净了之外，“感觉比较清爽”竟然也是重要指标。获取该心理敏感点后，海飞丝便推出了“去屑更清凉”的诉求，以强化顾客使用后的“感觉比较清爽”，其实它在产品上的改进就只是增添了薄荷成分而已。

紧接着，海飞丝品牌的管理者据此再次进行深入发掘，又发掘出了新的“宝藏”——要想让顾客检验海飞丝去头屑是否有效的接触点标尺感觉“更清爽”，需要“解决五个而不是一个问题——头干、头紧、头痒、头皮发油、刺激”。

消费者对事物的看法具有强烈的主观性。消费者认为正确的东西不一定是真实的和正确的。驱动消费者尝试或重复购买的“金线”是最原始的购买冲动本能选择、习惯选择、感觉抉择。

里斯说，消费者以品类思考，以品牌表达。消费者的敏感区实际上是一种精神缺失。品牌是以时代的声音表述这个年代的精神缺失。变位就是利用消费者的直觉，作用于消费者的直觉。

三、理智经常斗不过感性

当“法式小面包，还是盼盼好”开始唱响中国大地的时候，当达利、泡吧等争相进入的时候，我们不得不承认法式小面包火了。但是法式小面包的率先引进者三辉麦风却只能在夹缝中苟延残喘，除了运营的高下之外，也与三辉麦风改弦易辙去做日本面包有关。

法式面包为何会火起来？是人们突然对面包情有独钟了吗？好像不是，哪一个超市没有面包卖呢？那么，法式面包市场突然火爆的核心驱动力在哪里？既然不是面包，那自然是“法式”了。人们真的觉得法式小面包好吃吗？如果把“法式”去掉，看还有几个去购买的？

在消费者“价值选择雷达”区域，显然“法式”浪漫生活方式的体验才是消费者购买法式小面包的核心驱动要素。盼盼、达利、泡吧等都在紧紧围着“法式”这个核武器转，三辉麦风却转向去抓“脆弱”的面包。

人是“理性的卫道士”，也是“情感的俘虏”。

四、充满期待和怀有梦想

随着消费者消费观念的成熟，消费者购买一种产品已经不再停留于仅仅追求产品功能的阶段，消费者更希望这些产品能够满足其某一方面的愿望或者是梦想。分析一下成功的品牌，我们也不难发现，它们已经超越了消费者的简单的需求本身，它们帮助消费者实现了某些梦想，或者引导消费者追寻一些梦想，在消费者心理上形成期待。

从消费者心理的角度来讲，在购买行为产生之前，消费者一般都会根据自己已经具备的经验和知识对准备购买的商品在心理上有一个基本的预设，例如质量、样式、功能、价格、服务等方面。如果产品或者服务的“实际情况”比消费者原来设想的要好，消费者就觉得有一种“物超所值”的意外惊喜，就会愿意购买。而“物超所值”的“差额”部分，才体现出真正的“顾客价值”。因此，你的策略，也就是要尽量使“产品表现”超过顾客的“心理预期”，从而使消费者感到意外的惊喜。“产品表现”高过“顾客预期”越多，消费者就越会以为“合算”，购买行为对他来讲也就越“愉快”，他也就自然越满意。

五、消费者有一套自己的“购买决策评价体系”

顾客买 2 号钻头，是因为需要 2 号钻头大小的孔！

化妆品卖的并不是瓶子里膏状的东西，卖的是美丽和希望。如果把这个问题搞错了，就会只见树木，不见森林。

当年李奥·贝纳在为万宝路塑造一个形象载体的过程中，曾先后使用了马车夫、潜水员、农夫、绅士等形象。经过反复调研，他最后选定消费者普遍喜爱的牛仔为形象载体，从而使之风靡全球。万宝路到了香港后却市场业绩不佳，到 1977 年，才好不容易排到第 10 名。李奥 · 贝纳公司与生产厂商联合进行广告效果跟踪调研，终于摸清了问题的症结。原来西方人看做是男子汉的牛仔形象，在港人心目中的地位却很不高。不少人觉得牛仔外表污浊、愁容满面，是失败者的形象，吸万宝路烟要倒霉。广告公司根据调研结果对牛仔形象进行了重大调整，将他扮成一个英武俊秀、衣着整齐的牧场主人，身边有助手前呼后拥，并乘私人飞机视察牧场，与亲朋好友分享万宝路，共度好时光。这样，新牛仔便与港人心目中的人物合拍，受到大家的欢迎，香烟销量也节节攀升，到 20 世纪 80 年代初，已稳居香港首位。

六、消费者“心不由己”的选择观

“顾客就是上帝”是很多企业信奉的格言，所以传统企业坚信“要以顾客为中心，满足顾客一切需求”。可是，让顾客来主导，你就很可能被径直导向困境。

最大的问题是，你知道消费者的需求，却不一定知道消费者的选择观。

在某药业调研时，其营销总经理给我讲了一个例子。他要求一名设计人员设计一种新产品的包装。当这名设计人员拿着精心设计的包装兴奋地向他汇报时，他却问了两个似乎与设计毫不相干的问题：“你知道公费医疗单张处方的标准是多少？你知道这种药一个疗程要多少粒？”这名设计人员傻了眼。

营销总经理解释说，不搞懂这两个问题，包装设计就不能适应市场的要求，就不可能成功。

消费者主导一切的时代，单纯依靠产品质量和口碑就能卖好的时代，已经过去，随之而来的时代则是洞察人心的营销时代。

在同质化竞争已经白热化的今天，企业竞争的本质已经变成影响利用消费者的选择观。这是一种有限的资源，它决定了企业所有的收入和资源配置方向。

影响利用消费者选择观既是企业经营的起点，也是终点。因此，企业家首先一定要弄清楚，目标群体的消费者选择观有什么特点？它是如何分布的？竞争对手如何利用消费者选择观？企业还能如何影响利用？

“选民”成就了品牌特权。在大变迁的时代里，变化是唯一的不变，唯有找到、满足、跟上“选民”，才能成就品牌的奇迹。

在互联网 2.0 时代，企业应该重新认识广告模式，向消费者硬性、单向灌输品牌理念的手法已经不能奏效；消费者已经披挂上了厚厚的黄金甲，对“push”产生了免疫功能。

未来的品牌是半成品，一半将由消费者体验、参与来确定。主动邀请、诱导消费者参与到互动的对话之中、品牌体验与构建之中，才是品牌制胜王道。当然企业必须寻找到巧妙的办法来主导和引领这样的对话。

绝大多数固执的厂家，在第一关这里就摔了大跟斗。很多商家，做了很多工作，投入了很多经费，依然不见效果。中国企业的市场营销，表现为过分重视广告、促销、销售技术、推销方法等，其实这都是在营销的基本战术层面做文章，没有深入到真正的战略层面，因此无法形成营销的最高境界：消费者自动购买。

知道消费者需求容易，知道消费者的选择观很难，决定购买的正是在需求基础之上的选择观。

七、人们不喜欢改变习惯

最有代表性的案例是可口可乐，在百事可乐加入战争并日益壮大后，为了应对竞争，可口可乐认为应该改良产品配方，于是推出了新可乐。新可乐经过大量的口味测试，证明其口味确实比原可乐“更好”。但新可乐的推出是一场悲剧，甚至在推出当天就有无数人打电话要求归还原可乐。结果大家知道了，可口可乐依然是全球第一可乐，新可乐乏人问津，也没能起到对抗百事可乐的作用。新可乐是口味更好，但它输了。

雀巢公司曾经推出飘蓝矿泉水，但投入巨大，收效甚微。2001 年改用雀巢作为矿泉水的品牌，结果未做很大的广告投入，产品就很快占领了市场。

如果雀巢公司没有及时果断采取措施，那么，成千上亿的费用就会白白流走。

也许，消费者认为，雀巢公司能生产咖啡，难道还生产不出好的矿泉水？但对飘蓝来说，也许消费者认为，飘蓝是一个不出名的陌生公司生产的，不值得信赖。

品牌的烙印一旦打在了顾客的心智中，基本就不可能再变化了。施乐曾经想要生产复印机之外的产品（电脑），尽管投入了大量广告预算，但是消费者视若无物。

八、消费者只相信心中的判断

消费者只相信品牌在他们心灵中的投影，他们只相信心中的判断——不管你究竟说的是什么！

西南航空只提供一种舱级服务：经济舱。而美国其他的主要航线都有经济舱、商务舱和头等舱。这似乎也意味着其他主要航线的盈利应该是西南航空的数倍，但事实也并非如此。四大航空公司（达美航空、美国航空、联合航空和全美航空）都已破产了，而西南航空自运营 43 年以来，从未出现过财政亏损年。

在过去 8 年中，李施德林漱口水的种类增至 3 倍。这意味着李施德林在漱口水市场中的份额应该大幅上升，但事实也并非如此。在过去 8 年中，李施德林的市场份额已经从 59% 下滑到 44%。

成为消费者的首选产品，关键是要知道消费者的“认为”，也就是选择观。不同区域，消费者的“认为”也不同。对于品牌诉求来说，“我是什么”已经不重要了，重要的是消费者在想些什么？更重要的是社会在想什么？

要知道消费者是怎么选择的，就需要先了解和洞察顾客所想、所需、所用和所爱。关注人们的消费行为，不断向他们发问，以挖掘消费者内心的想法和感受，揭示“消费者真相”。消费者心中藏着一张无形的采购清单，它是驱动着消费者重复购买的神秘力量。

成功的品牌广告一定是与目标受众（消费者）产生了共鸣，广告让消费者（受众）唤起并激发起内心深处的回忆，产生难以忘怀的体验经历和感受，同时广告也赋予品牌特定内涵和象征意义，并在消费者心目中建立起移情联想。

有效的说服策略要有从目标消费者本身引发一个情感上具有说服力的元素，而不是向人脑（类比电脑）输入一个信息。产生共鸣的元素涉及消费者价值观、需要、欲望、渴望等信息，而不是仅仅听起来是正确的信息。

那么经营者如何从消费者那里获得有情感、有说服力的信息呢？关键是要使广告产生的情感体验与产品的有关活动相联系。如消费者购买并驾驶一辆时尚跑车时，可能产生各样的感觉，而感觉又会导致舒适感或不舒适感。若引人注目的广告中，把这种情感体验激发出来，并在整个广告过程中与消费者产生共鸣，消费者就会像被广告“触动了一根神经”或所谓“有家一般的亲切”一样。这时，品牌形象才能在人们心目中建立起来。

九、消费者凭什么优先选择您的品牌

消费者有自己的决策系统。我们当然不能强迫去改变消费者的思考模型，事实上没有谁能改变消费者的思维惯性，我们这里讲的也是顺应消费者的思维惯性，利用消费者的思维惯性。

“没有最好的商品，只有最适合的商品”，那么如何成为“最适合的商品”呢？我们必须改变我们的焦点，把焦点从商品身上转移到消费者身上，帮助消费者进行“自我判别”。当消费者能确信自己是某种人、或者处在某状态时，他自然知道哪个商品更适合自己。

打败自己的不是别人，也不是技术不过硬，恰恰是对市场的误判。

在每个人的内心，都希望自己过得更好，这是一种在人的内心中自然存在的一种希望、一种向往，是伴随人始终的。通俗地说，是人们的希望产生行动的指引。人们的希望早已存在，只是我们没能激活和发现它。

一个有效的品牌应该在感官上能感染人的情绪，能激活人的记忆并触发人的思维，能使人的思维进入活跃状态。品牌存在于人的意识之中才能体现其价值。

品牌要达到有效性，争取达到让人产生有所“心动”之感，需对人的信念、价值观、审美观、风俗文化、时尚文化、语言修辞等加工提炼，在此基础上还要与现代影像技术、数码技术、声、光、电等加以整合。

品牌感官的加工、提炼、发掘与整合是个复杂的过程，必须要在感官上认认真真地、不厌其烦地下足力气，既不能牵强，也不能浮躁，要耐心地从目标群体的角度反复推敲，反复调试，下足工夫吊足目标群体的胃口。如果在感官输入上是生涩的、不润滑的，那么后续的品牌推广传播将是不畅的，因此，人们的意识空间也不会出现活力、活跃、兴奋、兴趣、愉悦等心理活动和心理体验。

消费者在做购买决策时，会受到个体价值观念、生活方式及其生活环境等因素的影响，通常是既感性又理性的——本能的首想让他自觉地消费，生活经验教会他们理性，而内心的那份激情却时常使他们做出超越理性的决策。

很多人认为消费者重视产品和服务的品牌、质量和价格，货真价实才是实的。那么，为什么销售员的一句暖语就会让顾客毫不犹豫地掏出钱包，而冷语却适得其反呢?

我们的所作所为是受情感支配的，而我们的情感非常脆弱，很容易受到外部的影响。研究表明，握着一杯热咖啡的人比握着一杯冷饮的人表现得更有爱心，而阅读富有攻击性的文字可以使一个人在数分钟后表现得更没有耐性。我们潜意识里的情感会感受周围所发生的一切——温度、颜色、语调、气味等。

一项针对 2000 名美国人所做的调查显示，2/3 的受访者反应，如果某个品牌的主张让他们认同，他们会考虑放弃原使用的品牌，改用这个有主张的品牌。

通过采取与品牌价值相结合的公益活动，可以使消费者脱离仅从商业利益的角度来看待该品牌。

雅芳集团注意到消费者需要的不只是口红，她们会选择能够象征某种意义的公司的产品。在这种认识基础上，雅芳公司开始以每条 2 美元的价格出售红丝带，并把所有收益用于乳腺癌的防治教育和早期诊断，取得了意想不到的效果，增加了消费者的好感，使其感觉到雅芳确实“比女人更了解女人”，引起了消费者的品牌共鸣，提升了品牌形象。

十、意识让人理性，潜意识让人非理性

我们都认为，顾客清楚地知道自己想要什么，我们只要投其所好就行。那为什么他们在购买大件商品前总想得十全十美，但在购买时却出于对商品某一点的心动，就毫不犹豫地掏腰包，而将其他缺陷彻底忽略掉呢？

顾客往往看不清自己的真实需要，他们任由需求埋藏在潜意识之下，而是被理性的表面完美所困扰。但当他们的潜在需求被商品唤醒后，自我的谎言也就不堪一击。

我们知道，人的一切行为都来自思想，而人的思想来自于意识和潜意识。意识是通过学习、观察、教育形成自我认知；意识所接受到的外部信息来自数字、文字、重量、体积和功能，这是可以观测和度量的。而在接触产品时，意识所接受的信息是当下的，考虑的是产品功能和技术的实用性，是自己需要或不需要。

潜意识是由过往的经历形成对当下的反应，也常称为习惯或本能，人在现实中的大部分思想都受潜意识的影响和作用。潜意识是通过感应到的图形、声音、环境等无形且无法量化和度量的信息，依靠眼、耳、鼻、舌、身所接受到的外部信息来感知产品。潜意识在接收到信息时，会立刻从过往的经历中搜索并找到过往细胞的记忆，并按照当时的反应和情绪引导思想进而影响行动。

如果某一品牌的商品曾经在消费者的潜意识层面塑造了一种很好的感觉，当这个品牌的产品再次出现在消费者面前时，就会唤起消费者已经形成于内心的喜悦，使其产品的价值超越产品本身的功能和技术，而使消费者愿意花更多的钱去购买这件产品。

很多产品之所以不能做到溢价，主要原因就是往往只注重产品的功能和技术这个意识层次，却忽略了对人的思想起着主导作用的、以感觉的形式来接收信息并产生回应的潜意识层次。

无论自知或不自知，个人意识的 95% 以上都是在潜意识层面完成的，我们所表现出、感受到的无非只是冰山一角。在美国，有研究人员做过这样一个实验。他们在电影院里免费赠送爆米花。这种爆米花并不是新鲜出炉的，而是 5 天前做好的，所以口感也不会太好。研究人员在免费派送前设计了 2 种包装，一半的观众拿到的是小桶装的爆米花，另外一半拿到的是大桶装。当然，事先都没有告诉观众爆米花并不新鲜。电影结束的时候，研究人员观察观众对爆米花的食用情况。他们发现，尽管人们并不喜欢这种爆米花，但是平均来看，拿大桶的观众所食用的爆米花总量要比拿小桶的观众多 53% 。

研究人员用“无意识选择”来解释这一现象。简单地说，就是尽管观众并不喜欢这种爆米花，但是在影院里，爆米花并不是观众注意的焦点。在消费的过程中，观众并没有去积极有意识地去评价产品，因而给他们提供了大桶，他们就多吃一点，提供了小桶，他们就少吃一点。这也反映在消费者的购买过程中，最初的一些营销安排（如包装）对于他们的选择影响很大。

变位是发现消费者共识的过程

定位，研究的是个体消费者。

变位，研究的是社会化的消费者。

一、变位是发现和利用消费者共识的过程

“困了、累了，喝红牛!”“怕上火，喝王老吉!”“经常用脑，多喝六个核桃!”这些广告语、定位的输出语俗气吗？——没关系，关键是产品畅销了!

幕后的策划报告告诉我们，王老吉利用了凉茶去火的历史认知，勾引、强化了购买需求；六个核桃利用了传统药食同源、核桃以形补形的历史认知，勾引、强化了补脑需求。

你的产品满足了消费者什么样的需求，就要大胆、直白地依据消费者已经形成的、不需要教育的历史认知（而不是事实，请注意!）大声地说出来，不要羞羞答答，更不要转弯抹角!

人的大脑对应着产品，也对应着品牌。

消费者共识是消费者心中藏着的一张无形的采购清单，是驱动着消费者重复购买的神秘力量。弄清采购清单里都有什么，就找到了走出市场迷宫的出口。

二、消费者怎么看待品牌

人们普遍认为，产品竞争是在消费者的心智中展开的，心智反作用于竞

争，竞争与心智这两个基本点有机结合，共同服务于打造品牌，最终的“裁判”是消费者。

企业并非营销竞争的主体，主体是代表客户想要购买的产品的那个东西，人们称它为“品牌”。

品牌是表征意义上的载体，是人心弦上的乐符。品牌是各路“人马”的身份识别旗。如果大脑是战场，心理是地形，争夺的是选择，各种进入客户大脑的信息是军队，品牌就是军旗。没有品牌，我们输入客户大脑的各种信息（军队）就是无主幽灵，客户分不清敌我。品牌代表了我们属于哪路军队，品牌才是竞争的主体。

建立品牌就是在客户的大脑中圈一块地，插上我们的品牌旗。当客户产生这块地所代表的价值需求时，首选必定是我们，因为在客户心里我们代表了这种价值。

营销是场认知之战，强调的是如何想法让消费者接受。简单原则也好，聚焦原则、不变原则也好，说的都是消费者接受信息的规律。

三、变位，在“似是而非”和“似非而是”之间走钢丝绳

借现有品类之力无需向消费者解释，但另立门户则需要对消费者共识进行研判。新企业和新品牌如何与垄断品牌分得一杯羹，不同的操作方式，市场效果有天壤之别，即使像巨头娃哈哈，也面临着借品类之力还是另立门户的两难战略选择。品类创新成功了，开辟一个新品类，可能缔造一个品牌传奇，传为佳话；而失败了，不仅无法开辟一片新天地，更可能从一开始就是个错误或者笑话，到最后甚至会威胁到企业的生存。娃哈哈的营养快线成功了，相反，啤儿茶爽砸了几亿广告费，最终只是在饮料市场的“悲情英雄”名单册上留下了个身影而已。

品类创新不是站在产品的角度，去强行挖掘出某个新概念，形成新品类，然后强行推销给消费者，而是借力于消费者既有认知，顺水推舟地让消费者接受新品类。

让消费者接受新品类是考验品类命名艺术的关键点。消费者不懂真相，他们只会按照自己的既有认知和常识来解读自己认为的“真相”。我们在构建品类利益的时候，必须深刻地分析消费者的基本认知，而不能去挑战他们长期固有的“心智防御体系”，也就是一些最基本的固有认知。

新企业和新品牌，不论是借品类之力还是另立门户，关键一点是“似非而是”。好的品类名都是简洁、清晰、容易理解的，是“似非而是”。

“非茶6+1”听名字貌似很不错，其实，是不符合品类创建规律的名字，是一个似是而非的怪胎。

如果叫“六行茶”，消费者马上会产生正面联想，而叫“贵养饮料”，则寓意“贵族精英的养生饮料”，开门见山即传达顾客利益，让目标顾客产生对号入座的念头，就能立即启动消费。

品类创新一定要基于消费者的需求，甚至大部分是消费者的潜在需求，致力于打造消费者所真正需要的品类，才能够赢得消费者的认同，创造一个独特的品类。

四、社会集体共识的力量

人们通常将品牌看做一种心理现象，而这种心理现象源于个体消费者的感觉。

实际上，真正使品牌富有竞争力的是所有消费者的集体感觉聚合形成的整体特性。超级企业，不仅研究消费者的需求，更研究人们的普遍心理，而不仅仅是消费心理。没有社会的整体认同和追捧，哪来的超越产品和品牌的满足？

集体共识是市场的特征，是区分品牌强弱成败的裁判。

强大品牌可以分为两类，一类是触摸人们基本的消费心理，如品质、功能、安全等；一类是触摸人们的“集体人格”，即在满足基本消费心理的基础上，挑动人们内心深处的那根神经。

变位，就是发现“消费者共识”，用品牌与产品的元素对接，形成价值共鸣。

耐克是希腊最崇高的胜利女神，据说宙斯将她送到人间来，目的就是为胜利者加冕。耐克有一对能飞的翅膀，充满活力，从天上下凡为胜利者吟唱胜利之歌，并且献酒及戴上王冠。而超越自我、赢得胜利是每个运动员内心的渴望，因此成为耐克品牌核心理念的最好诠释。从 20 世纪 80 年代到 90 年代，有 200 多名 NBA 球员、275 位美式职业橄榄球员和 290 名职业棒球球员全部穿耐克鞋。18～25 岁的美国男孩，有 77% 认为耐克是最理想的运动鞋。

五、消费者的共识是文化

人面对产品的时候不只是一个纯粹经济上的考虑，也就是说，赢得市场可以从非经济因素做文章。

我们不是把消费仅仅看成是有人去选择一个产品，而是看成他是具有特定的文化色彩价值的个人，而消费是这种文化价值实现的方式之一。

文化因素是影响购买决策的最基本的因素。一个人来到这个世界一出生直至其成长与发展的全过程，他都处于被“文化”的调试、改造、加工的过程中。世上主宰与支配人与社会的最终不是权力，不是金钱，也不是我们人本身，而最终是文化。

消费者对一种品牌的认可，首先取决于一种心理的认同和文化的认同。其次，才是产品属性、价值的高低、购买感知风险度、品牌信息的多寡、预想情感收益的高低、购买决策影响者的影响力。

文化，就是对事物的意义的理解。因为文化是经由社会发展过程代代相传，且由社会成员共享的一组信念、态度和行为形态，它是决定一个人的欲望与行为的最基本因素。消费者的需求是由社会文化和科学发展相互作用产生的，并非一定要与科学发展的轨迹相一致。在中国，文化传统无比深厚，文化因素尤其影响品牌。在俄罗斯人眼里，玉石只是一块石头，没什么价值。当中国商人从俄罗斯用火车运玉石时，俄罗斯人认为中国商人疯了，可以说，俄罗斯人没有玉文化。而在中国，玉石文化历史悠久，有黄金有价玉无价之说。孔子曾赋予玉石“十一德”的文化，中国人对玉达到了骨子里的认同，不用广告引导，也超过行政命令。

文化是什么？文化在我们的血液里，自己体会不到，但它能激起消费者的情感共鸣和消费欲望。许多成功的项目运作，都是通过挖掘隐含在消费者心中的文化，从而丰富了品牌文化内涵。文化因素是打造品牌的最基本因素，对于消费者的购买动机和行为有非常大的影响。文化是品牌永恒的沃土，没有文化，品牌就大失光彩。品牌文化与消费者内心认同的文化和价值观一旦产生共鸣，这种力量就非常强大。因为它是品牌所赋予产品的无行附加值，正是这种无形的附加值影响了消费者对同质化产品的选择。

六、消费者共识需被导向

企业行为整合成为对外的营销行为，作用于客户的大脑，形成客户认知。客户认知的形成是被动的，企业行为是客户认知形成的基础和原因，客户认知源于企业的事实行为，是企业画上去的。同样，从某种程度来说，客户需求也是被动的。没有汽车的时候没人需要一辆汽车，没有可乐的时候没人需要一瓶可乐，没有电脑的时候没人需要一台电脑。客户也许存在一些潜在的希望，比如人们都希望自己的汽车更安全，但如果沃尔沃不发明三角形安全带，人们不会需求自己的汽车里有这么一条安全带，来保证自己更安全。

人们不会对不存在的东西产生需求，所以，不是客户需求导出了企业行为，反过来，是企业行为引导出了客户需求。这是一个重要的思维转变，需求不是本身存在而被企业发现的，而是企业行为导致了需求的存在。因此，企业的思维不应该是根据客户需求来制造产品，而是着眼于如何引导客户需求企业的产品。“引导需求”才是企业至关重要的课题。

按“客户需求导向”的思维，企业在投入某种新产品和服务前通常做详细的市场需求调查。这种调查实际上缺乏意义。可口可乐在推出新可乐前做了大量的市场调查，过半的人回答愿意接受一种口味更好的可乐，结果新可乐的推出是一场灾难，推出当天就有无数人致电要求归还原可乐。今天，可口可乐依然是全球可乐第一品牌，新可乐乏人问津，也没有起到原本对抗百事可乐的作用。

客户需求导向的另一问题是，竞争对手也能轻易得到同样的信息，导致企业行为趋同，无法形成持续的竞争优势。比如客户希望免费的网络资源，结果各个网站都提供免费资源，而以广告费作为网站主要收入，但有谁凭借提供免费资源赢了呢？客户希望手机上网，现在几乎所有手机都能上网，谁凭借提供手机上网服务赢了呢？

这并不是说企业可以把客户丢在一边，自行自为。客户永远是至关重要的，营销的战场在客户的大脑里，客户的心理是营销的地形，所有企业传达的信息都经过客户大脑解读，才转变成客户共识里角逐的军队，但是客户不是导向。

所有的企业家都有一个头疼的问题：最近产品不动销！他们反复沙盘推演：我这个宝贝产品是举全企业之力精心研发多年的产品，质量一流，价格也很合理；包装是请专业公司设计的，印刷很精美；广告是 4A 公司策划的，代言人请的还是大牌明星；媒介计划也经过专家用大量的图表、数据分析过，已经精确到花的每一分钱，有多少收视率了；试销、试用反馈的意见很好，经销商很有信心，销售团队的绩效考核设计也不错。可是，产品摆上货架了，一周、一个月、三个月过去了，要说纹丝不动，倒也不是，但就是没有像流水线一样，流动得很快、很顺畅。一句话：不畅销！于是，老板去请教营销专家。专家说："找准需求！"

可是，北京雾霾够大，清肺的需求够大了吧，那个啥啥清肺饮料也并没有畅销起来啊。反过来，你看看女人那一柜子的衣服，哪件是因为有明确需求而买下来的？不能说专家"找准需求"的建议不对，而是要明白，除了需求，消费者在购买一件东西的时候，头脑中一闪而过哪些问题？这些问题，在购买决策时的顺序是怎样的？哪个问题最有决定性作用？

战略是否成功，归根结底在于顾客对你的品牌具有何种共识。

如果“客户需求导向”是错误的，营销应以什么为导向呢？“让客户明白，为什么选我的而不选其他”，有了告诉客户“为什么选我而不选其他”的需要，也才出现了营销。

营销的胜利从理论上讲，是“比较”的胜利。我们并非因为做到了最好或完美而被选择，而是因为和其他可供选择的相比，我们具备了某种客户想要的独特价值，从而被客户选择。选择，在“比较”的基础上产生，营销战略及一切营销行为都是为了完成“比较”，取得“比较”的胜利。“比较”的对方就是我们的竞争对手，所以，营销以竞争为导向。

营销的胜利从实践上讲，是“心的共识”的胜利。通过搅动顾客的共同心理赢得首选。

定位时代的模式是 AIDA 模式，即注意、兴趣、渴望、行动。

变位时代的模式是 CSDAA 模式，即发烧、扩散、渴望、注意、行动。

能找到消费者心中的灵犀？

消费者自动购买是营销的最高境界。综观世界上的成功品牌，无不实现了自动购买。

消费者自动购买的首要条件是，品牌通过变位能与消费者心弦上最微妙处产生共鸣。实现消费者自动购买的前提是，知道消费者自动购买的灵犀。

人类是有情感的动物，情感共鸣是人们情感交流的一个高级阶段。

马斯洛的需要层次理论，认为人们有 5 个层次的需要，依次为生理需要、安全需要、社交需要、尊重需要和自我实现需要。品牌共鸣使消费者与品牌之间，消费者与消费者之间真正达到情感交流和互动。使消费者产生共鸣的品牌可以满足消费者的社交需要、尊重需要和自我实现需要，从而更容易打动消费者。消费者与品牌之间、消费者之间的交流满足了消费者的社交需要，由于有共同的感情体验，消费者会感觉到在这个群体中找到知音并受到尊重。另外，消费者经常感到使其产生共鸣的品牌的价值观念和自己的价值观念不谋而合，因此，该品牌成为消费者表达自己的理想的一个象征物，在一定程度上，符合了消费者的自我实现需要。

广告大师威廉·伯恩巴克认为，每种成熟产品都会产生一种与人们的心理有着微妙联系的东西，即“发现与生俱来的戏剧性”。发掘产品“与生俱来的戏剧性”，目的就是用“与生俱来的戏剧性”，触动消费者心中的“灵犀”。

寻找到消费者心中的“灵犀”的变位，才具有战略意义。

顾客决定不购买，可能有很多不购买的理由；但是顾客决定购买，大部分情况下，只需要一条理由——一条触动顾客“情感快捷键”的理由，一条让顾客冲动、感情用事的理由。

一、触动消费者的灵犀才能成为“消费者必选”

畅销的第一个条件是产品定位与消费者产生共鸣。畅销品全都在围绕共鸣点整合营销，合理运用理性和感性共鸣点。只有共鸣，才使市场一触即发。

任何销售的实现，都是因为购买者的心头一动而产生的交换，所以营销的关键就是触动，触动顾客的心弦。

rose only 专爱花店的“一生只送一人”，触动了顾客最敏感的神经。谁不想与一人牵手，恩恩爱爱，白头偕老，而这种理想往往被现实的生活击的支离破碎。rose only 充分抓住了个人的理想与生活的现实之间的强烈反差造成的巨大失落感，倡导一人只爱一人，玫瑰一生只送一人的理念，把这一失落感充分弥补。同时，rose only 用看似“霸王条款”实际却愈加感性的举措保证：如果顾客更换收花人的姓名，那么将不予发货。这样触动顾客，让每个人的理想不再仅仅是理想！

“如果你真的很在意，请送去最好的。”豪马贺卡赢得了顾客的品牌共鸣。顾客信任豪马，豪马帮助他们赢得情感，并分享情感。在电子邮件盛行的今天，豪马公司仍拥有数目可观的忠诚消费者。

在传统营销模式下，仅仅考虑目标受众的经济层面，把所有的人当作消费者来处理，推广和传播形式紧紧围绕消费者展开，忽略了在人们的生活中，消费仅是诸多行为中的一项，人们的完整生活还包括社会、政治、宗教、文化，等等层面，每一个层面都不是孤立的，消费行为自然受到其他行为及生活价值观的影响。

在这样的前提下，企业的营销活动和传播推广以硬性的说教强制灌输为主。就算在大喊“以顾客需求为中心”的年代，也不过是将产品的功能利益结合消费者需求强加给他们。对于生活来说，广告就像是罪犯一样破坏了生活的和谐。

随着营销的不断进步，随着竞争的加剧和生活质量、品位的不断提高，人们的价值观、生活观越来越多地影响了人们的消费行为。在消费中，对品牌的追求成为购买的主要动力。品牌已经融入生活中，成为人们追求生活品质和品位的象征。消费行为已经不单纯是产品的购买行为，它已经上升到对品牌的消费上；消费者也不再是单纯的商品购买者，而是一个有血有肉、有着自己生活习惯和价值观的生活者。

通过与品牌的情感互动，消费者会感觉到该品牌能够反映自己的情感并且可以通过该品牌为媒介与其他人进行交流，因此会增强消费者对品牌的认同和依赖，获得较高的品牌忠诚度。品牌所有者与品牌消费者、品牌消费者之间以品牌为媒介所产生的不同心灵之间的共同反应，会形成品牌共鸣。

消费者会对广告中的品牌理念分享、形式欣赏、人物认同、场景相识产生共鸣，从而影响消费者对品牌的购买意愿。

广告中的场景对消费者影响最大，如果消费者觉得广告中的场景或情境越真实，就越能引发消费者对该品牌的关注。消费者品牌共鸣本身就是一种情感互动，而品牌理念也是满足消费者情感需求的一种主要途径，经典的品牌都有消费者持久信奉的理念信仰。

情感对心理的刺激比普通思考对心理的刺激快 3000 倍。在许多情景中，在理智有机会采取行动之前，情感已经开始工作了。另外，情感影响的行动比那些只是建立在理智思考之上的行动更深切、维持得更长久。与注重功能动机的购买行为相比，建立于情感联系基础上的购买习惯很难被打破。

新加坡一家做面包的企业就通过成功地与消费者建立情感联系获得了成功。这家叫做面包物语的企业，生产的面包与其他企业大同小异，但其具有创新之处在于给每种面包取了非常好听的名字，并撰写了动人的故事，使消费者购买其面包不仅是为了满足一般的营养需求，还感觉沉浸入一种特定的氛围中，并与其产生情感共鸣。

消费者心中的“灵犀”存在于右脑。定位更多强调的是左脑思考，而变位更多地强调的是左右脑一起思考。定位强调“我是谁”，而变位强调的是“别人认为我是谁”？定位是一相情愿，变位是创造流行；定位是种树思维，变位是移树思维……

有效的营销往往采取情感引导和启动，也就是右脑营销。科学的营销规律证明：客户90%的决定是由感性的右脑决定的。

顾客在做购买决策时，往往是感情用事，然后在逻辑上将其合理化，以获得内心的安宁和平静。也就是说，顾客是先用右脑做出购买决策，然后，再用左脑将这个购买决定合理化，以求得心理上的安宁。

好的营销，是先与对方进行右脑交流，获得认可后，再向对方的左脑传达理念。有些终端导购，有时很不解，“我没怎么介绍，顾客怎么就痛快地买了呢?”其实，很多情况下，是顾客在用自己的右脑进行购买决策。所以，在营销活动中，最好是启动顾客的右脑程序，让顾客用右脑购买。让情感战胜理性，冲动淹没理智，这样，就能促成快速成交，大幅提升成交率。

触动消费者心中的“灵犀”是最经济、最直接的。改变消费者的心智是造成营销资金白白浪费的最大根源。谁违背消费者的心智，谁就将受到消费者的惩罚。

6个调动右脑的策略，分别是：互惠、承诺和一致性、权威、喜好、社会认同、短缺。

互惠——你的产品首先要让消费者感到实惠，感到物有所值，甚至物超所值，比如说，良好的服务就是互惠策略的运用；

承诺和一致性——你对顾客的承诺一定要落到实处，而不是“只刮风不下雨”，流于形式，而且这种承诺要贯彻在营销过程的售前、售中和售后中，让消费者能亲身感受到，比如顾客征文就是承诺和一致性策略的运用；

权威——产品的研发人、讲座的专家、协会推荐、名人代言，等等，都可使你的产品彰显权威性，但一定要做到真实，忽悠的企业一定不会做长久，比如与xx协会合作、专家必要的包装、领导现场发言等，都是权威策略的运用；

喜好——在营销过程中，要一切以消费者为中心，所作所为要投消费者所好，方能最大限度地引起消费者的共鸣，比如顾客转介绍就是喜好策略的运用；

社会认同——你所推广的产品，要想方设法获得顾客及其周围人的认同，认同的人越多，你的销售越有利，比如老顾客发言、会销现场购买氛围营造等，就是社会认同策略的运用。

对于品牌而言，每天都唱着信念的高调不见得有什么效果；然而，一旦缺失，却会产生本质性的差异。就像维生素，多了无益，少那么一点点，问题就大了。

信念，就是品牌所奉行的核心价值。信念被认为能够为态度提供认知基础。

消费者心中有一种“信念系统”。你的信念是什么？你希望别人对你产生什么信念？你的目标又是什么？这些都不是容易回答的问题。因此，所谓信念，就是你希望人们深刻相信的概念。人们不容易改变态度，因为信念不易被改变。要想改变一种态度，就要对此态度所依赖的信息做更改，因此通常就有必要改变一个信念，删除旧的信念或引进新的信念。

福特的信念是“让每一个人都用得起汽车”，因而放大了美国社会的汽车梦；苹果的信念是“Think Different”，基于此，苹果推出的产品从 iPod、iTouch 到 iPhone 总是令人耳目一新，创意十足；美体小铺（The Body Shop）坚持自然、不用动物做化妆保养品测试；来自神户的牛肉坚持选用经过啤酒喂饲与按摩的牛只；可口可乐则坚持一贯的配方并不允许公开。这些坚持，无论只是草创初期的一股傻劲，还是有计划的布局，如今已塑造成企业根深蒂固的形象，让消费者朝圣般地坚信不疑。

有一些企业，在什么都不变的情况下，干脆直接聚焦于信条广告，将所有的传播资源集中到针对目标人群而设计的信条与规范上。譬如有国外某女性用品的品牌，在广告中向目标人群输出了一个信条：女人，永远不能失去自我！这个带有暗示性质的广告信条，直接引起了整个国家关于女权问题的大辩论，从而形成了一个刮起全国的营销暴风眼。

信念定位你的特质与存在的理由，让品牌获得持续冲击消费者心灵的能量，进而形成磁石的一极。

人人心中都有信条。企业的信条就是要把你希望赢得他人信任的东西告诉别人。

诞生于1984年的非营利性组织TED举办的会议可谓卓越不群。该会议要求所有与会者都必须凭请柬入场。在这里，来自全球的科技、娱乐及社交界的重要人物汇聚一堂。现在，TED已成为美国最知名的品牌之一，更为重要的是，它被视为一场为全球范围内的创新思想家传播创意的活动。

媒体执行制片人June Cohen将TED的增长归功于它对高智商内容的求贤若渴，和该组织安排的那些灵感丰富、18分钟长的上乘讲座。但她很快补充说公司的成功与其所持的激进开放理念有着直接的关联，这种理念赋予了TED品牌全球社交内涵。

当2006年TED开始在网上公开内容时，公众的反应像炸开了锅似的——此举极为冒险。Cohen说："当时它或许会倾覆我们的商业模式。当你可以从网上免费得到内容的时候，为什么还要付费呢？"

但TED赌赢了。目前，网上共有超过1400部TED的演讲内容可供查阅，且每周都会出现新的内容。来自世界各地的人们浏览这些演讲文件的总次数达到了10亿次左右，每日浏览率的统计也达到了150万次（相当于每秒钟有17人次浏览这些文件）。

如要获得标准会员待遇（包括出席会议的资格），消费者每年应缴纳7500美元的会费，但高昂的价格并没有让消费者望而却步；相反，TED通常会将围绕相关活动所进行的销售指标提前完成。

Brand Against the Machine一书的作者John Michael Morgan表示，TED从单一活动举办者成长为成熟品牌，是与人们一起营销的结果，而非向市场进行营销的结果。他说："他们关心客户在谈论什么，并会把所涉及的谈话内容推进下去。”

那些谈天的内容也已成为 TED 品牌的外延，包括 TED Active、TED Global、TED Fellows 与 TEDx 等。为了让这些外延品牌不管怎么变化都忠于母品牌，公司已出台到位的相关措施。例如，TEDx 活动的组织者可以免费使用 TED 的名称和视频内容，但它必须遵循 TED 指导方针，以确保 TED 品牌的正确使用。

Cohen 强调，TED 全球社区能进入该品牌的方方面面，是以各种形式继续为品牌提供动力的体现。“对大多数公司来说，追求‘开放’策略是很难的事，但是从 TED 的发展轨迹来看，开放为 TED 带来了非同寻常的回报。”

Bert Tito Beveridge 是 Tito 公司的创始人与所有人。1995 年，他自己提炼了配方，创立了这家企业。不过一开始他制造瓶装伏特加的目的仅在于与朋友分享好酒。他的经商理念是制造卓越不凡又平易近人的伏特加，这个目标自那时起从未改变过。“我制造特别清澈爽口的伏特加酒，以合理价格出售，大部分人都能消费得起。”Beveridge 说，“这个品牌也是我本人的延伸——它就是一种我自己酿造并喜欢喝的伏特加酒。”

Emotive 品牌公司的 Lloyd 评论：“品牌背后的这个男人为产品引入了可爱、人性化的一面，这正是竞争对手所缺乏的。”她表示，良好品牌的诞生背后存在拥有非凡视觉的领袖人物，且这种视觉肯定能经过时间的洗礼，为消费者所欣赏。

要将真正的个性延伸至推广平台的方方面面，才能让消费者知道这个品牌值得期待与信赖。“当一个产品每次互动都传递出了真诚，它就会建立信誉。”Lloyd 说，“他们的网站、社交媒体和活动都能带来相同的体验；这就建立了信任，让人们成为回头客，驱使他们向其他人宣传这种产品。”

人们肯定会谈论 Tito。过去一年来，Tito 在 Facebook 上的忠实用户数量增长了 93%，约 26200 人；同时它在 Twitter 上的忠实用户增长了 70%，超过了 18800 人——实际上已经超过了 Tito 所有核心竞争对手的忠实用户数量。

Beveridge 认为，他的酿造厂之所以有望从全球最大的酒类玩家手中分得一杯羹，皆因社交媒体起了作用。他说："对于口碑品牌而言，社交媒体是一个伟大的平台，这里不光属于那些有地位的行业大佬。对于像我们这样要与 Diageos、Bacardis 等巨头形成竞争的人士来说，社交媒体就是一个评比舞台。"

但是，推动 Tito 忠实用户数量增长的最大原因是其产品的质量与价位。在 Wine Enthusiast 的百大酒业生产商排行榜中，Tito 名列第 95 名，将顶级竞争对手 Ketel One、Grey Goose 以及 Belvedere 通通打败。就 750 毫升的瓶装酒而言，Tito 售价为 20 美元左右，比不少排名靠后的竞争者的售价最多便宜了 10 美元。

即使 Tito 已经取得成功——去年共计销售了 50 万箱，且最近两年的销售增幅都达到了 50% 左右，但是像更换包装（Tito 的瓶子模型与纸质标签是 Beveridge 自己使用 Corel Draw 软件设计完成的）之类的玩法，在 Beveridge 看来却只是华而不实的改进而已，他不会这么做。

"干吗为了华丽的粉饰而让消费者多花上 5 美元呢?"他说，"瓶里的酒才是王道!"

营销是以顾客为中心的，营销就是在顾客大脑中寻找对自己最有利的位置，而寻找一个不存在于顾客大脑中的位置是无意义的。

使一个公司强大的并不是产品或资金，而是其品牌在公众心智中的地位。战略是否成功，归根结底在于顾客对你的品牌具有何种认知。

二、洞察品牌稀缺元素

不论你怎么想定位，实际上你的品牌已被消费者心智中的"灵犀"所定位。只不过你要把这种定位找出来而已。

著名化妆品商店波蒂透过"消费者洞察"发现，其实通过广告宣传和赞助策略传播"天然环保"的品牌诉求并不是最好的办法，因为顾客认为这不能排除"作秀"的成分。其实这些喜欢使用"天然环保"产品的人在潜意识中希望能够获得实实在在的体验。于是，波蒂意识到了这才是品牌传播的关键。随后，波蒂制订了每个商店就是一个可以获取环保信息和体验环保氛围的地方，生动地传达了波蒂品牌的“可感知的质量”，终于使得大批顾客趋之若骛。

德国生物学家 Carl Philipp Sprengel（1787－1859）第一个在农业化学领域提出了“最小化定律”。Sprengel 指出“植物的生长被最小浓度的养分所限制”。德国伟大的农学家李比希（1803－1873）被称为“肥料工业之父”，他发现了氮对于植物营养的重要性，提出了李比希最小定律。这个定律指出农作物的生长速度，不是取决于在其种植所在土壤中肥料的总量，而是取决于土壤中最缺乏的养料。

植物生长过程中的短缺元素定律如下：任何一个植物的生长都需要一定元素；在某一个时期植物只是缺少某一种元素；只要增加这个短缺元素，植物会有一轮新的生长。人们不必去做任何其他的事情，植物就能依靠自己的自我组织能力成长。不缺少的元素即使增加再多也是没有用处的。

应用短缺元素理论，人们造出了化肥。而化肥的产生使人类生产粮食的能力在短短 10 年时间增长了 10 倍。而在之前，人类用了 1800 多年才达到同样的效果。李比希最小定律农业革命开创了人类控制生物资源的新时代，使得人类逐步减少对自然因素的依赖。

品牌发展像植物生长过程一样，关键元素不能短缺。同理，经营者最重要的任务，就是去发现自己企业在某一个时期内的短缺元素，并集中所有的力量补充它。如果你能创造本品牌特别具有的，而其他品牌所不具备的“差异价值”，你也就创造了品牌的“稀缺价值”。市场上很多企业产品或企业制造的规模能力、综合竞争力十分接近，但表现在产品溢价上的差距很大，这最终是品牌的“稀缺价值”决定的。

三、消费者洞察的五大洞察原则

变位战略非一蹴而就，须实施变位战略的五大洞察原则。

（1）基于品类属性的洞察。此洞察，在于确保品类化路径的精准性。六个核桃核桃乳是以核桃为原料的植物蛋白饮料，具有健康营养的品类属性。同时，核桃原料具有益智健脑的属性，这对健康营养的品类属性进一步具体化了。

（2）基于对竞争的洞察。此洞察在于发现市场机会。

（3）基于对需求的洞察。此洞察，在于发现品类化的机会。品类的形成以需求为基础，品类大小由需求大小决定。

（4）基于对企业战术运营能力的洞察。此洞察，在于确保品类化进程的顺利推进。企业内部组织管理能力及运营能力是保证品类化进程顺利推进的必要条件。一个好的战略机会，如果企业没有能力把握及占据下来，也就失去了战略意义。

（5）基于外部条件不断变化的洞察。此洞察，在于确保品类价值的持续性及前景。外部条件的变化是指社会政治经济结构的变化、社会舆论思潮的变化、政策法规的变化、社会人文的变化及商业业态的变化等。这些变化因素，将对社会民生和大众生活带来潜移默化的影响和改变，从而影响到企业行为。因此，企业决策者需对这些外部条件具备敏锐的洞察力，顺应时势，确保品类价值的持续性及前景。

| 第 4 章 |

变位，就是拨动消费者的心弦

《周易》上说，

圣人洗心，

小人革面。

消费者大脑中的“主动花钱区”

任何企业都缺少不了营销，而营销不是简单的4P（产品、价格、渠道、促销）或是4P的组合，更多的是每一时段、每一空间中营销元素的变革与创新。

我们往往从自身的优势上寻找品牌的突破口，但常被碰得头破血流。实际上是因为我们不知道“消费者眼里的我们”。不是消费者买不起，而是消费者看不起。

康庄酒业的市场突破，经历了一个从不自觉到自觉的过程，其经历会给很多企业一点启发。

半死不活，是诸多区域性白酒企业的生存状态。白酒作为内蒙古呼和浩特康庄酒业的核心产品，已经存在14年，但是因为自身的发展思路和竞争对手的强大，很难再有大的发展。对于一个区域性中小酒业品牌来说，上有“茅五剑”，前有其他区域性强势品牌，后有众多中小品牌，不要说发展壮大，就连生存也是艰难地挣扎。

虽然康庄酒业也常年做公交车广告和报纸广告，其“陈年金康窖，黏稠挂杯香”的广告词也让很多人耳熟能详，但是其整体品牌形象推广不力，并不能形成有效的品牌资产，而只能徘徊在城乡结合部的餐饮小店，成为农民工兄弟的最爱。就拿对手来说，高端的有河套老窖和奥淳，中端的有宁城老窖和蒙古王。由于这些品牌推广攻势的强大，消费者也认可它们的定位。河套主做高端，指名消费率非常高；蒙古王主打文化牌，在餐饮终端，特别是内蒙古餐饮终端基本是包打天下；而奥淳也不示弱，在婚宴、包桌市场有着强大的号召力。

正当康庄酒业在传统白酒行业碌碌无为的时候，2008 年秋，康庄酒业发现了一个值得注意的现象：一直没有投入多少的奶酒产品销售却在上扬。原来，作为区域性跟随品牌，康庄酒业除了在白酒市场艰难作战之外，还有奶酒产品线。奶酒产品作为区域性的特产品牌，因为口感的原因，一直作为小众市场存在。当地区域龙头企业河套老窖以及专业奶酒品牌也混战不已，而康庄酒业自然也作为跟随者一直有销售。

经过调查，康庄酒业发现自己的奶酒在火车站、汽车站和机场周边的民族用品店的销售出奇得好，而且基本都是被外地的游客买走！

难道是“有心栽花花不开，无心插柳柳成荫”？康庄酒业无意中从消费者的大脑中寻找到市场的突破口。

康庄酒业对市场的敏锐在此显露无遗：立即着手进行市场调研和数据采集。收获是众人皆知的，内蒙古近年旅游产业空前发展，而作为旅游消费市场重点组成部分的旅游商品（包括纪念品、工艺品及其他地方特产）也水涨船高得到发展。顺其自然，作为内蒙古草原特色的旅游纪念品除了绒毛、皮革制品外，使用功能较强的奶酒也成为外地游客的抢手货。更进一步调查发现，被买走的奶酒，其作为“酒”而自己消费的功能几乎被忽略，而其“草原特色”的“礼仪”“文化”功能深受认可——去趟草原，总要给亲朋好友带些具有浓郁民族特色的土特产品，而代表蒙古民族传统饮食习俗的“奶酒”，无疑成为首选。

这个发现，让康庄酒业忐忑加纠结：奶酒产品在推广和营销的时候，是将“品质、口感、健康”等作为产品的使用价值和功能价值来进行诉求的，但让站在自己角度考虑市场的企业大跌眼镜的是，消费者看重的却是其带有“虚拟价值、情感价值”的“民族的、特色的”旅游纪念品属性。

这真叫“山重水复疑无路，柳暗花明又一村”。

既然找到一个被市场推动的战略方向，那何不顺势进行转变，开辟一条新的道路呢？康庄酒业这家在区域市场没有掀起过波澜的白酒品牌，顺着消费者认同的价值概念，就像非洲草原上躲避狼群的驯鹿，突然发现了一条通往安全和有丰富水草地带的道路，迅速展开了一场区域细分和顾客细分结合起来的“游击战”，开始了新的寻宝之路。

一是品牌塑造。找到固定的顾客群体后，要采取有针对性的策略和计划，以便满足细分市场客户的需求，是康庄面临的首要战略问题。从品牌名称上，“康庄”显然不是外地来草原旅游顾客心中具有“草原特色文化”内涵的旅游纪念品。所以，康庄酒业通过精心筹划，重新启用了一个全新的、面向旅游消费群体和旅游纪念品产品品类的品牌名称——“草原部落”。草原部落更能符合上述顾客对产品属性的要求，这样就以“奶酒＋民族旅游工艺品”的黄金组合，展开了巧妙的游击战，打开了市场，扭转了市场颓势，脱离了传统白酒竞争的泥潭，开辟了一个全新的天地。

二是包装创新。如果一个代表草原文化特色的、叫“草原部落”的奶酒，包装还是白玻璃瓶，加上常规的纸盒，就好比一个少数民族健儿穿着西服纵马驰骋一样，不但不符合一般的审美观，还可能极大地影响到草原部落这个品牌的概念和意境。所以，为了从外观上匹配，康庄酒业创新性地采用蒙古族传统的皮囊、马头琴、蒙古包为酒瓶的皮质外包装，并进行了相应的设计，很好地体现了产品视觉形象的属性化。

三是渠道拓展。之前奶酒只是作为企业的“鸡肋”产品，并没有专门的渠道策略、渠道定位，重新包装后，康庄酒业坚定了将草原部落奶酒打造成专业民族特色旅游纪念品的决心。自此，康庄根据目标消费者——游客的接触点，从到来和离开的关键接触点——车站、机场，升级为所有游客能接触的渠道和终端，加大了产品曝光力度，成为渠道占有率第一的产品。

四是整合推广。对于草原部落的营销推广，康庄酒业采用有针对性的推广策划，保证了这个新的品牌，在面对新的客户群体时，在新的渠道里面成为独一无二的选项；并极力营造终端氛围，在大型终端组织身穿民族服饰的促销员，进行现场品尝的活动。

五是品牌联盟。与当地的几家民族特色用品厂进行合作，采取联合促销，形成一个“民族特色”旅游纪念品套盆，包括草原部落奶酒、某品牌的皮画、某品牌的奶制品，既让消费者简化了选择，也达到了销售的目的。随着旅游市场的旺盛，草原部落还会迎来新的销售高潮。

奶酒的意外畅销说明，企业的一切事实行为是达成共识的基础和原因，而客户共识，则是营销战场的真实结果。一言蔽之，我们是什么不重要，客户认为我们是什么才重要。

科罗娜（CORONA）是墨西哥家喻户晓的啤酒品牌。多年来，科罗娜从文化、营销策略、渠道设置、口味等多方面着手，成功塑造出了时尚、浪漫的品牌形象，赢得了一大批忠诚的支持者，成为全球最受欢迎的高端啤酒品牌、全美进口啤酒销量冠军，创造出了一个个惊人的销售佳绩！

当初，该公司于 20 世纪 70 年代向国际化企业的方向发展时，曾探路美国市场，但业绩很不理想，美国消费者不喜欢科罗娜特级啤酒那深色的酒瓶。

面对营销窘状，公司并未一味埋怨“美国酒客太挑剔”，反而以“顾客的需求就是最高标准”为准绳，潜心研究发明出了“长脖颈 + 透明”的曲线优美酒瓶新品。这一啤酒瓶新品，瓶体的粗细让人一只手就可牢牢握住，充满了人性化的设计，不仅让人在舒适中尽情体味时尚与浪漫，而且成就了科罗娜特级啤酒极为独特的品牌标志。

经过市场调查，公司发现，到墨西哥海滩度假的美国人常常喜欢带科罗娜啤酒回国，作为留念。于是，公司决定改变以往“低价促销”的战略，针对美国中产阶级的市场需求，把销往美国的科罗娜定位为“高档价位”啤酒，并营造了“科罗娜啤酒 + 柠檬”的经典饮用方式。

其形象是这样的：一支纤细、透明、瓶口处插着一块柠檬的透明长颈瓶，握在一位年轻时尚的都市白领手中，背景中闪烁着斑斓的灯光。

经过市场调查，公司发现，20 世纪 90 年代人们对双薪——加班的工作模式带来的无休无止的压力感到厌倦。

科罗娜很快推出了放弃压力寻求休闲的概念性广告。当沙滩桌子上响个不停的寻呼机被人像鹅卵石一样扔进海里的时候。很快，科罗娜啤酒开始出现在美国的酒吧和餐厅里，人们一边品尝科罗娜，一边回忆在沙滩阳光下度假的美好时光。该广告犹如灯塔般成功地引领着一种其他品牌所无法替代的时尚风潮，满足了年轻人的猎奇心理和个性消费习惯。

科罗娜啤酒在美国的销量飞速攀升，尤其是在 1985 年和 1986 年，增长速度达到了 170%，使得美国大小媒体惊诧不已——“墨西哥啤酒开始抢占世界啦!”

2000 年，为了应对美国在公众场所（高尔夫俱乐部、露天运动场、游泳池）禁止使用玻璃容器的全新规定，公司专门为美国市场制造了罐装的科罗娜特级啤酒，随机应变地进一步扩大了销量。

国际啤酒酿制业界将此不凡现象称之为“科罗娜现象”，这是发展中国家啤酒征服世界头号经济强国酒客的一个成熟案例。

1995 年，科罗娜特级啤酒进入中国，把消费群体主要锁定在年轻一族，将中国东部沿海地区作为扩大市场份额的首选战场。

基于产品和目标消费人群的特点，科罗娜自从进入中国市场后，没有开展大规模的广告攻势，而是针对 18 ~ 35 岁的有文化、懂生活、讲品味、收入较高的年轻人，以高档酒吧、KTV 等为基地，以具有深度的软文和图文并茂的折页、支架为媒介，传播其“最富有情调的情人啤酒”的产品卖点和浓郁的拉美气息，逐步向高档西餐厅、高档零售企业渗透，在渠道、知名度、营销经费等各方面都没有优势的情况下，以较低的营销费用，逐步实现了市场的开拓。

为了时时、事事、处处给科罗娜特级啤酒造势，不断提升科罗娜特级啤酒在中国消费者心中的知名度，历届访华的墨西哥总统均选用科罗娜特级啤酒作为官方宴会的唯一指定啤酒，并心甘情愿地充当“义务促销员”。在历年墨西哥驻华使馆的国庆招待晚会上，科罗娜特级啤酒总是充当唯一的美酒佳酿。

“欲动天下者当动天下之心”

按照国际发展的一般规律，当人均GDP达到6000美元时，个性化精神消费将明显上升。互联网时代，消费者个性化精神消费将成为主体。

古语云：攻心为上，攻城为下，心战为上，兵战为下。而攻心为上，对营销来说关键就在于抓住消费者的心。

人类的情感是很微妙的东西，你的一曲愁肠抑或满怀豪情，能使他人感同身感。因此，品牌要想通过精神诉求打动“上帝”的心，首先就得把清“上帝”的心脉，了解当前消费者心里最关心什么？什么容易触动消费者的心弦？然后再结合新闻、事件、引人注目的社会动态等“佐料”来为消费者“煲”一锅“心灵鸡汤”，相信“上帝”是会笑纳的。

哈佛大学的杰若德·查尔曼（Gerald Zaltman）教授认为，“用话语表现出来的、必要的需求只有5%”。相关调查也发现，客户有90%的需求隐藏在“冰山”底下，只有10%的需求露在“冰山”外面。你可以通过寻找消费者的采购轨迹发现隐藏在“冰山”底下的90%的需求。

真正的营销战略要到客户大脑里找，传奇品牌和热销产品都是从发现消费者的“心动点”切入的。

某果冻品牌针对少女推出新的产品，结果发现购买这些产品的消费者不仅有少女，还有很大一部分人群是少妇，于是该品牌用某当红中年女歌星做形象代言人推广这款产品，结果广告投放不久，发现产品销量急剧下滑，那些少妇开始不购买这品牌产品了。原来，少妇的隐性需求是通过食用这个产品“寻找年轻的感觉”，而这个产品的形象代言人冲击了她们的这个隐性需求。

研究消费者需求背后的“故事”，要特别注意区别消费者隐性需求与显性需求。如果在进行品牌战略规划前，不能有效地了解消费者的隐性需求，品牌就容易做些“费力不讨好”的工作。比如，高档白酒目标消费者的显性需求往往是“社交”，而其隐性需求则可能是“尊重”。如果不能有效理解消费者的隐性需求，则很难让消费者认可你的品牌。

性别不同，心动点不同。有人曾经观察过 5 ~ 10 岁孩子的玩耍模式，他们将各种积木、花、球、小车、卡通人、塑料指示牌等分别摆在男孩和女孩的面前。结果发现，大多数男孩喜欢用这些玩具来砌成高楼大厦，并摆放各种小车、卡通人来制造一种生活状态。他们在玩耍过程中气氛较活跃，也喜欢制造各种人物和角色上的冲突。而女孩子却不喜欢这些堆砌，她们喜欢装饰一个美丽又温馨的空间，努力营造浪漫的生活情调。类似的其他研究也表明，男性天生好动，不甘平静，喜欢创造和统治一切；而女性天生爱好和平，喜欢温馨的气氛，更喜欢充当养育者的身份。

美泰创始人之一露丝 · 海德有一次看到女儿玩当时流行的纸娃娃，由此产生设计新型娃娃的念头。她把这个念头告诉丈夫，起初没有得到支持，但她并没有退缩。1959 年 3 月 9 日，以露丝女儿的名字芭比命名、美泰制造的娃娃玩具问世，随即便受到女孩的欢迎。

后来，出身推销员的约翰 · 阿曼担任总经理，他到零售市场调查，细致观察到，小女孩对玩具比男孩更固执，兴趣更持久，并灌注更多情感，从中看到芭比的市场潜力大，于是给予更多的投放。他利用广告，树立起芭比拟人化和情感化的形象，以销售额 25% 投入广告开支，在电视、报刊上开辟“芭比乐园”“芭比信箱”，拍摄芭比卡通片，组织芭比收藏会，芭比的形象就这样叩开女孩的心扉。

如今，芭比娃娃已 60 多岁了，但依旧长盛不衰，至今在全球 140 多个国家和地区都有销售。

如何取得主流消费者的认同，是品牌打造面临的一个非常重要的问题。要取得认同，就必须要抓住消费者的想法：消费者的价值观是什么？消费者的生活消费方式如何？消费者的偏好兴趣是什么？消费者的购买动机是什么？消费者的购买决策是如何形成的？

只有透析了消费者的真实想法，品牌变位才能正确。所以说，正确的品牌定位不一定是最好的，但一定是找到“满足消费者需求和想法”的心动点，一定是消费者最喜欢的。

洞察消费者心动点的关键不是仅仅从浅层次的行为去理解消费者，而应该从消费者生活和工作体验中与需求与欲望有关的“心智数据库”入手，去洞悉消费者的真实想法。

“得人心者得天下”，建立在心智基础上的战略成功率必然增大。相反，一厢情愿的战略脱离了顾客心智这个基础，往往劳而无功。

营销是以顾客为中心的，但是传统的营销中的定位就是在顾客大脑中寻找对自己最有利的位置，即心智的定位。

许多营销者往往脱离了心智这个基础来给自己定位。如和其正凉茶跟风王老吉提出“清火气，养元气”，问题是在人们心智中，这个位置早已被王老吉牢牢占据了，在人们看来，和其正的广告做得再多，也只是一个二流品牌。和其正如果不改变它的定位，注定不可能取得多大成功。

变位的开拓者根本不以竞争对手为标杆，而是采用完全不同的一套战略。在这种战略的指导下，企业不是把精力放在打败竞争对手上，而是放在全力为买方和企业自身创造价值飞跃上，它压根不是从竞争对手那里抢生意，而是扩大了市场，开创无人争抢的未知空间。

有一次，福特公司请人类学家去洛杉矶的凡奈斯大道进行实地考察。在那儿，人类学家发现，每逢星期四晚上，当地的年轻人都会驾着小货车在大道上来往穿梭。奇怪的是，他们对这些小货车做了五花八门、形态各异的改造。可以说，它们都不是传统意义上的交通工具了。为了找出缘由，人类学家和这些年轻人交谈，倾听他们的想法，试着理解他们的行为。最终，人类学家找到了蕴藏在年轻人行为背后的意图，为产品开发灵感的萌发创造了条件。最后，福特采纳了人类学家的调查成果，将货车生产线打造为个性生产线，完全重塑了货车的概念，开发出运动型多用途车。

找到了消费者心动点，就找到了品牌符号价值的源泉，达到品牌价格超越使用价值，产生溢价。

比如，湖南电视台定位为“中国第一娱乐品牌”，把电视最强的娱乐功能和有最广泛群众基础的快乐主义文化作为品牌文化内涵，与普通老百姓内心“开心就好”的心理巧妙吻合。湖南电视台的这一品牌文化使它迅速在全国范围内得到人们的普遍认可。

如果你的思维没有在顾客的角度，那么变位不可能成功。

我们如果跳不出自己的小圈子，跳不出产品，跳不出竞争，跳不出现有的各种羁绊，从事物的本质、消费的源头、竞争的趋势，等等，以宏观、微观、俯视、仰视等各种视角，就不可能去探究消费者的真实内心，捕捉不到他们的真实需求。

消费者在一个开放的社会生活环境中不断被刺激、塑造与萌发出来的模糊而新鲜的那类未成熟的欲求，它既不是企业人员的个人想象力，也不是消费者的所有感觉与意识，它是半隐蔽的、朦胧的、仿佛的、不容易简单表达清楚的需求萌芽。当企业把这样的需求不断呈现为产品、服务措施与传播创意的时候，消费者会会心地说：“对了，这就是我要的那一个！”

变位的关键是发现需求萌芽，释放自己，忘记所学，尽量试着让你从过去的习惯与既有的知识里挣脱出来。

忘记所学引导我们质疑，质疑从过去到现在所有能视为理所当然的事物与观念，用不同的方式来处理事情，并且拒绝接受显而易见的解决方案。

当你试着找出需求萌芽的时候，要先想到一生中许多人共有的反应与常见的习惯。一旦发现了一个共同的态度或行为，我们就应该赶在竞争对手之前，好好利用这个想法来找到变位的种子。

我们应该问自己：为什么成年人不喝牛奶？为什么标榜美国精神的牛仔

裤比较受欢迎？为什么啤酒言辞总要标榜男子气概和男人聚会的情景？

想把传统找出来，就必须睁大双眼，观察入微。如果你不断问自己问题，终会发掘一种甚至多种需求萌芽，然后可以选择一个最具潜力的加以变位。

从消费者身上找到“瓦解”其秘密武器

定位相对于自以为是、分散的诉求推广来讲，迈出了历史性一步，但是离完整的“人性”还有相当一段距离。只有抓住“人性”才能设计一招致命的武器。变位，本质上就是认清人性，抓住人性。

一、特洛伊城的大门在哪里

在信息爆炸和共享便捷的时代，任何领域都不乏有见解的观点，但往往在这个时候，我们容易掉入习惯的陷阱中。

据传说，古希腊人攻打特洛伊城，陷入长达10年的僵局。就像当今那些训练有素的管理人员一样从定位的角度想问题，希腊将领阿伽门农一定曾在很多夜晚挑灯搜集整理各种数据，并进行仔细严密的推理分析：军队士兵的数量和素质、队形阵列、粮草补给线、特洛伊城墙的高度、水文气候和地貌状况等。但希腊军队运用这种战术围攻了10年还是一无所获。阿伽门农的战略思考点是以自我为中心，着眼于解决进攻问题，所以阿伽门农的战场态势分析只能在标准的围攻战术里面兜圈子。

后来，将领换上了奥德修斯。奥德修斯想，要打败特洛伊人，就要另辟蹊径。

奥德修斯发现特洛伊人喜欢骏马，心想，为什么不可以用骏马作为礼物赠送给他们呢？为什么不制作一匹巨大的木制骏马——让一些士兵藏在里面，一旦进入城内，就可以设法打开城门呢？结果，木马计让希腊在一夜之间就取得了战争的胜利。

毫无疑问，在这场史诗般的战役中，雄才大略的奥德修斯运用的战略在于，围绕对方的特点来思维，充分利用“人性弱点”，找到了特洛伊人的灵犀，切入点是从敌人内部攻破，从而在一夜之间就扭转了战局，赢得了最终的胜利。军事格局的转变，来自对特洛伊人灵犀的洞察——喜欢木马。内心首选，正是一个令人叹服的精妙战略。

奥德修斯的战略思考点是要如何瓦解问题，而不是在传统的军事分析方法后的交战。

在战略制定过程中，提出问题并收集有关市场、竞争、客户和技术等信息是必要的。但在大多数情况下，数据、电子表格和分析工具只是对过去情况的被动反应，据此往往不能制定出应对未来的正确战略。虽然据此能够很好地确定问题之所在，找到打开实物之门的方向，但这不是打开对方心灵之门的方向，不能形成伟大的创意和强有力的解决方案。

各级管理人员似乎都信奉这一教条：只要能够做好分析，只要能够花几个月的时间进行 SWOT 分析，处理各类数据和制作战略运作图，只要请很多咨询专家来研究解决组织的各种问题——只要我们这样去做了，伟大的创意和行之有效的长期战略自然就会在隧道的那一头出现了。但在大多数时候，这只是一相情愿罢了，因为战略不仅仅是分析，其内涵要广泛复杂得多。

我们来回顾一下特洛伊战争，木马计的基本路径是先打开对方的心灵之门，再打开实物之门，核心是变位，形式是潜伏式破局，关键是先改变自己的心智模式，方向是找到与对方的灵犀，与其呼应共鸣，里应外合。

人们往往把侧翼战当成了“挑战者”的法宝，其实侧翼成功的前提是变位到敌人的角度看优势、看弱点、看突破口。

木马计给我们的启示是，任何城墙都有突围的缺口。当像特洛伊城一样顽固的市场久攻不下的时候，这就需要思维的创新。当对方使用定位时，你就需要变换方式，至少在思维上和手段上不能雷同。思维和手段变换了，就能从强大的敌人身上发现可攻击的弱项，关键是找到化解点和办法。

传统营销者是满足顾客需求，变位营销者是满足顾客认知。满足顾客需求和满足顾客认知是营销中的一体两面，区别在于在竞争不激烈、信息不拥堵的时代，关注顾客需求，依靠更好的质量就可以更好地满足顾客需求；但在一个竞争异常激烈、信息异常拥堵的时代，更好的质量只是一个基础，更好的认知才是关键，只有把更好的质量（随着技术的快速扩散和竞争对手的模仿，更好的质量本身在大众认知方面趋于没有）用一个顾客容易解读和接受的方式进入顾客认知，更好的质量才有效。

不是从公司内部看竞争对手，而是站在公司外部看顾客或用户心目中的竞争对手。第一考虑的其实是用户，只不过不是用户的需求而是用户的认知、用户的心理。

营销首先是从顺应顾客、顺应用户的认知、观念开始。在新时期，营销者重新演绎顾客至上的含义，以顾客之心为心。

为何在买菜的时候，我们斤斤计较，而在高级餐厅里却挥金如土呢？这跟我们在不同环境下启用的思考模式有关。在菜市场我们启用的是“过日子”式的理性评价系统，而在某些高级餐厅，我们启用的是感性的“面子”“排场”等感受下的决策。

事实上，不在于我们卖什么产品，而在于我们打算启用消费者什么样的决策系统。

为何没有什么实用功能的德芙巧克力可以卖到几十元甚至几百元一盒？为何充饥功能强劲的方便面涨两毛钱消费者就生气了？德芙启用的是消费者的感性思维浪漫感受，而方便面启用的是消费者较真儿的思考方式。德芙之所以卖得这么贵，首先并不是巧克力的成本比方便面的成本贵的问题。

这就如同我们跟人讲理和讲感情，当我们试图用道理说服某人时，我们就启用了对方的理性甄别系统，但往往我们很难说服对方，因为对方也有很多自己的道理。而当我们跟对方讲感情的时候，启用的往往是对方的感性感受系统，你跟他讲情分，他不好意思跟你讲道理，却往往被你打动。这就是我们通常说的，情商往往比智商更有用。

二、创造超越消费者的心理预期

从消费者心理的角度来讲，在购买行为产生之前，消费者一般都会根据自己已经具备的经验和知识对希望购买的商品在心理上有一个基本的预设，例如质量、样式、功能、价格、服务等方面。如果产品或者服务的实际情况比消费者原来设想的质量更好、数量更多或价格更便宜，消费者就觉得有一种物超所值的意外惊喜，也就愿意购买。而物超所值的差额部分，才是顾客潜意识中希望得到的超额价值，正是这一部分价值，才真正创造出消费者满意。

所谓变位策略，也就是要尽量使产品现实超越顾客的心理预期，从而使消费者感到意外的惊喜。产品现实超越顾客心理预期越多，消费者就会认为越合算，购买行为对他来讲也就越愉快，他也就自然越满意。

因此，消费者满意与产品实际的质量、服务或者价格没有必然的关系，有关系的是消费者对此产品的心理预设与感受到的产品实际之间的变位程度。真正洞悉变位策略的商家都会事先尽量控制或降低顾客心理预期，然后故意提供超越顾客心理预期的产品现实，以满足消费者获得更多“超额价值”的心理。

在企业大力宣传品牌的定位点之外，还要雪藏一个秘不示人的、超越消费者心理预期而又有待于消费者自己去发掘的满意点。例如，对于在广告中宣称“驾驶感受”的某种轿车品牌，消费者在实际驾驶中却发现了广告宣传中并没有提及的“后轮随动转向系统”，自然会感到意外的惊喜，正是这个做了好事不留名的变位策略，反而在产品定位点之外创造了消费者满意点，这才是顾客潜在的购买点和口碑营销的传播点。

品牌变位 5S 模式理论

“以消费者为中心”比“以产品为中心”在思维方式上改进了一点。要成为首选，赢得品牌的胜出，关键是“进入消费者心中”。

变位的方向是，从心智变到心灵。

我们提出了进入消费者心中的 5S 模式理论，即——

Solutions——消费者寻求解决问题的方案；

Supreme-Information——消费者寻找的关键信息；

Super-Values——给消费者带来的超级价值；

Selected-Access——消费者解决特定问题的入口。

Stop Thinking，Start Feeling——暂停思考，启动感觉。

这是一种从外到里的思维——变位的关键是要明白不是企业要卖什么，而是消费者想买什么，相信什么，什么最重要，什么最动心。

变位同传统定位一样，也需要分析行业环境，也需要寻找区隔概念，进而找到支持点并进行传播和应用，不同的是，这种变位分析和寻找，需要打破传统界限，站得更高，看得更广。

一、Solutions——消费者寻求解决问题的方案

战略的背后是机会，只有机会才能创造价值。那么，什么是机会？通常情况下，现实社会条件下出现的弊端、冲突就是战略机会。缺什么，什么就可能是个好的机会点。放到企业身上，你要做的就是明确企业产品的价值，

或者新品开发的方向。了解消费者，了解市场竞争，了解产品，了解现实情况下是否留下机会。

二、Supreme-Information——消费者寻找的关键信息

消费者只向那些符合自己心理需要的品牌微笑，只向那些能满足自己心理需要的品牌敞开心扉。假如有人强迫你喝一杯 H_2O，你的反应很可能不好，但如果有人请你喝一杯水，你可能会觉得味道不错。口味，无论是属于审美还是味觉，只是消费者头脑中的想象。消费者的眼睛只看他想看的，消费者的舌头只按照他预期的方式做出反应。二者的差别不在味觉上，而是在消费者头脑里。卖 H_2O 还是水，要根据消费者头脑里愿意花钱的区域来设定。消费者要的是 H_2O，你就要变位，给他一个生活概念。

你要知道能引起消费者注意和感兴趣的概念是什么，这才是关键。

《功夫熊猫》的成功让国人高兴地认为，好莱坞帮着推中国功夫与中国熊猫，其实它只是利用了“功夫”“熊猫”与被世人广泛认知的中国功夫、中国熊猫的联系能力，并在此基础上投其所好。

好莱坞面对中国市场采取的策略是，中国消费者喜欢什么，就往电影里加什么元素。好莱坞懂得，只有加了中国消费者喜欢的元素，才能保证中国市场票房收入。而好莱坞绝没有什么弘扬中国功夫的兴趣、使命和义务。

只要是一件天下人尽知的东西，且该物特别吸引人、特别讨人喜欢，它就具有特别的联系能力，就具有容易让人产生认知度的能力。这样的东西经过提炼、加工、嫁接、融通后，通过现代媒体一传播就会被受众迅速接受。这就是《功夫熊猫》成功的必然。

三、Super-Values——给消费者带来的超级价值

你要变位成功，就要在消费者心理细分方面提出自己的主张、策略和操作办法。

美国消费忠诚度最高的机车是哈雷机车。

哈雷摩托车无疑是为男性打造的专门产品。因为哈雷拥有硕大的体积、沉重的重量、强劲的马力，没有强健体魄的人根本谈不上驾驭它。

哈雷车金属的质感、优美的线条和令人迷惑的颜色搭配以及电镀和黑漆的对比，甚至那烫人的排气管、震耳欲聋却“如音乐般”的轰鸣声，无一不符合一个男人在梦中对力量和自由的物化想象。

哈雷品牌的核心价值无疑是满足所有男人对“狂野之心”和“狂野之形”的渴望。

既然是满足“狂野”之性，就不得不上溯到美国男人骨子里残存的对于西部拓荒时代牛仔精神和形象的向往。显然，牛仔们是不会有那么好的耐性和心情在充斥着形形色色商业广告的浪潮中去寻找他们的“狂野”的。因为这些现代牛仔们都渴望如同他们的祖宗一样跑马圈地，在自己拥有的领地上“为所欲为”。

请注意，由品牌意念引发的传播媒介接触点出现了——“在自己的领地里”。此时，关键的媒介接触点的价值区域就出现了。剩下的事情就是发现和创造对消费者适合的媒介载体了。既然牛仔们是不会有那么好的耐性和心情在充斥着形形色色商业广告的浪潮中去寻找他们的“狂野”。那么，传统的媒体显然没用。那就创造属于他们的“私人领地”吧！

于是，1916 年，哈雷 · 戴维逊创刊了哈雷车迷们自己的领地之一《狂热者》杂志，以此作为和目标对象沟通的媒介。至今，该杂志已经是连续发行、现存历史最悠久的摩托车杂志，目前在全世界的发行量近 90 万份。借助媒体，哈雷不断倾听客户的意见，并就产品关键部位和质量改进与消费者保持互动，倾心倾力实践为忠诚于哈雷品牌的家族消费者提供最佳外观和最优质量的产品承诺。

哈雷为现代牛仔们提供的第二个重要领地（媒介接触点）是哈雷俱乐部（H. O. G）。这可以说是哈雷品牌史上最具有独创性和决定意义的一环。哈雷俱乐部的成立，形成了一张遍布全世界的巨大的网，牢牢地维系着哈雷车迷的品牌忠诚度，于是人们得以看到激动人心的一幕。为迎接哈雷摩托车诞辰

100 周年，从 2002 年 7 月开始，哈雷公司举办了长达 14 个月的世纪辉煌纪念活动。哈雷车手齐聚亚特兰大、纽约、东京等世界十大城市，并将从美国的西北、西南、中南和东北 4 个方向分 4 路驾车共同驶向一个目的地——哈雷的家乡密尔沃基，于 2003 年 8 月 27 日汇合，开始为期 3 天、规模空前的庆典。

好马配好鞍，买车仅仅是开始，有属于自己的、展现自己身份和个性的行头才是最重要的。于是，哈雷为现代牛仔们日提供了第三个重要领地（媒介接触点）——“牛仔”的行头。

印有哈雷标志的外套、皮靴、皮夹克都是精选上等牛皮经过特殊工艺磨旧而成，令世界各地的摇滚歌手乐此不疲地模仿。其他如哈雷刀具、打火机、钱夹、牛仔裤，甚至哈雷 T 恤、内裤、大量可以拆装的哈雷配件，这一切形成了坚固而庞大的哈雷文化系统。

于是，骑哈雷车的现代牛仔们“酷毙了”。身上、手上有抢眼的飞鹰标志，牛仔裤、黑皮靴、头发如乱草，骑着一辆高大威猛的摩托车，在震耳欲聋的轰鸣声中绝尘而去。酷，真的酷呆了。虽然购置一身行头的价格并不比购置一辆哈雷车便宜，但是他们并不在乎。因为这是在他们的专用领地的“身份证”。

四、Selected-Access——消费者解决特定问题的入口

百度，以搜索这个入口争取消费者；搜狐，以输入法这个入口争取消费者。

今天的耐克营销战“蒙”了很多人。人们以为耐克是一个广告大师——其实你又错了！

耐克最早的成功，和它产品的专业性和相对欧洲品牌的低价格形象是分不开的。耐克的创始人之一鲍尔曼是美国历史上最著名的田径教练之一，是他主导了耐克第一批运动鞋的设计，确切地说，是第一双。而耐克的另一创始人奈特则主导了从亚洲寻找廉价的生产者以及在美国的整体营销活动。但

是，很遗憾，早期的耐克营销活动除了那个 logo 的诞生之外，没有太多的可圈可点之处。

但 20 世纪 60 年代至 70 年代，美国人在紧张的工作压力和生活压力下，有感于医疗成本的升高，开始普遍重视通过锻炼来降低患病风险和医疗支出，于是都开始寻找各种锻炼的方法。

他们发现市场上有一本书，这就是大众运动史上的名著《慢跑》（Jogging）。于是纷纷购买这本书，通过这本书开始接受慢跑健康的理念，并在《慢跑》和耐克鞋之间产生直接的联系——毕竟这位作者同时也是耐克公司的联合创办人鲍尔曼。

这里有个问题：人们为什么要相信鲍尔曼？

其实所有人都可以相信他，也应该相信他。他一生中训练出 31 位奥运会选手、51 位全美运动会选手、12 位美国纪录保持者和 24 位全美大学体育总会冠军。

他从新西兰的一次旅行中发现了慢跑对身体的益处，并在返回美国后写了大量文章来推荐大众慢跑运动，最终编写了一套简单实用的慢跑锻炼方法，并成为全美健身运动的一套标准模板。这套模板可以归纳为简单的 3 页，公开出版，风行全国。而他后来系统论述的《慢跑》一书，则在短短一年内销售 100 多万册，被称为“慢跑圣经”！

你现在是否已明白到底是什么在帮助耐克鞋做推广？

不是广告，是基于专业人士参与营造的一场有关“大众运动”的全民运动。

当然，这不单纯是一个人或一本书的功劳，但它的整个发起模式与运作模式，跟公众接受商业广告信息的过程完全不同。

说到底，在建立一个新品牌或推出一种新产品时，让人们最容易进行主动的理解、对比和记忆的信息，往往来自扎实的公关活动，甚至可以更聚焦地说是公益活动——让顾客真正认识到该品牌或产品的价值、承诺和丰富内涵，这是单纯的广告做不到的。

耐克，找到了这个入口。

五、Stop Thinking，Start Feeling——暂停思考，启动感觉

人们会忘记你说过什么，但永远不会忘掉你带给他们的感觉。此段不再细说，请日后慢慢感觉吧！

6A，成功品牌的变位步骤

变位的主线是搅动消费者心灵。

商业竞争的本质是选择之争，定位只是一种策略，只是营销活动必须考虑的一环。赢得选择之争，取决于变位的系列铺垫是否有效。

真正的战术、策略与战略，就是能够成就消费者主动购买的战术、策略与战略。

（1）战术层面：通过策划创意吸引人、打动人，产生尝试购买。

（2）策略层面：深入研究消费者，更好的（更优或更低成本）为消费者解决问题，创造价值，让消费者自动回头购买。

（3）战略层面：专注聚焦一个行业、一个品类，持续创新，引领品类的发展，形成可持续发展的自动营销循环。

一、寻找消费者心中灵犀（Achieve）

在糖酒会或者产品推介会上，有品牌态度的单品越来越引起经销商的关注。一款个性口香糖的品牌态度“禁止平淡”直接作为副品牌，而一款牛肉直接叫“一块有态度的牛肉”。其命名给人一种独辟蹊径的意外，却又在情理之中。

网易做为元老级门户网站，率先变位——“有态度的门户”，并随之推出一系列“有态度”的文化产品。

在物质丰腴的互联网时代，市场发生了深刻变化，消费者不是简单地购买产品，同时也在选择一种观念和态度。当越来越多的“85 后”“90 后”群体成为消费市场的主力，品牌拥有鲜明的品牌个性、明确的品牌态度，对于他们做出购买决定变得非常重要。这是因为衣食住行只满足生活所需（即物质满足），而内心空白还待填补（即精神未得到满足）。品牌态度切中的是消费者的心理需求，而不是产品功能和物理层面的需求。年轻人不再喜欢看起来“高冷”而“端庄”的品牌，“有态度”“有个性”才能带动他们的情感和情绪。不论品牌历史多么长，有明确品牌态度的品牌，促使消费者形成良好的品牌感知，影响消费者的品牌购买意图和购买行为。这为“资浅”品牌逆袭提供了很好的契机。

品牌态度是品牌人格化的重要元素，是品牌的信仰和追求，是一种主张，也是一种价值观，是一种需要表达和分享的思想，有时候更是一种生活方式的表达，一旦与消费者态度对接就很容易形成共鸣。

老村长酒靠历史、工艺、原料等很难与资深品牌对抗，但通过诉求“简单生活、快乐幸福”的品牌态度，迅速赢得了目标消费者的共鸣，冲出东北，成为近年酒类市场的黑马。

菜缘香油深刻洞察了城市居民的情绪和生活态度，提出“选菜缘，过真味小日子”的品牌态度，其品牌态度符合消费者态度，在市场开拓方面起到了很好的拉动作用。

好的品牌态度让消费者觉得你懂我，而品牌态度的提炼关键是你得懂消费者，从社会情绪中发现消费者的向往和渴望，着眼于与消费者建立积极的正面的联系。比较经典的是百事可乐，“突破渴望”口号在中国宣扬了 10 年，但从 2009 年开始转变为“百事我创”，这是因为百事可乐在调研后发现“突破渴望”不能再满足“90 后”这样一批敢创造，并且敢把创造表现出来的年轻人，于是，果断变位改用“百事我创”来宣扬这一代年轻人的生活态度。定位都市白领为主要消费群体的春旺果仁，则提炼出“闯出男人样”的品牌态度。

品牌态度还包括意象，可以是真实的也可以是想象的，它代表一种境界、一个主张或意向，天生就需要认可和回应。消费者对于水的品质越来越关注，农夫山泉为应对需求，从水的生产者变位，提出了“大自然的搬运工”的品牌态度。其传播品牌态度的方式，不仅限于简单的几十秒的广告，还通过讲述其员工去深山老林里寻找水源的故事纪录片来表达，从而建立了从认知到情感、到倾向的一致性。

在建立与消费者的关系、打造黄金单品和品牌建设传播过程中，品牌态度是比较实用的变位策略。品牌态度像USP（独特的销售主张）一样，需要精心提炼。

总之，品牌态度的变位可使“资浅”品牌赢得消费者选择，但需大胆清晰地说出消费者态度，并用聚合目标消费人群的平台，巧妙地传播出品牌态度。

变位，就是找到以一当十的环节。

乔布斯的营销观当中有一句话，我们需要在我们的客户的情绪当中找到共鸣。然后他举了一个例子，就是耐克鞋。我们想到耐克鞋的时候，就感觉和其他鞋给我们的感觉不一样。因为他们运营营销的核心不是告诉大家他们的鞋多么好，而是打出了“纪念伟大运动员”，这一变位核心。所以我们也要找到我们客户的共鸣。

在消费社会里，生产和消费的主从关系倒转过来，决定采购的是消费者心中的“木马”。所以你的品牌核心价值标准也要倒转过来。寻找消费者心中的“木马”，就是为了找到一种接受方式，直接跨越“品牌鸿沟”。用在外部市场竞争中界定能被顾客心智接受的元素，回过头来引领内部运营，使企业产生的成果（产品和服务）被顾客接受而转化为业绩。

变位，就是发现消费者心中的“木马”，是那些需要成长的企业、需要在短期迅速积累的企业、需要在不平等资源下竞争的企业，摆脱竞争、快速发展、迅速致富，成为那些令人瞩目的大品牌的必经之路，是品牌战略的原点。

生活中人们面对的是一个大千世界，面对这个大千世界人们心理活动的顺序和规律是，与未知的、新生的、陌生的世界相比较，人们更关心和关注的是已知的、熟悉的、传统的世界。因此说，品牌的种子是不需外人播种的，这粒种子往往是由个体在与文化和社会的交互过程中自己埋在自己心田上的观念，这粒种子主要是人们在文化和社会的作用下自己建立起的定式、图式和符号构成的心智及由此衍生的观念。因此说，品牌之种的播种往往是由人们自己完成的，而不是靠外界的力量强加的。否则，品牌的种子若不是自己埋在自己心里的，定位就无从谈起，定位就失去了依据。

所以，变位思维比提炼概念的技巧重要。

在欧洲市场，在玉兰油的一条广告里，一个女人宣称："是的，我 36 岁了。当我看到任何一个貌美如花的 18 岁女孩对我推销除皱霜时，我会受不了而尖叫！女人在各种年龄都可以美丽……我觉得我自己就很美。"广告结语是："给你一生一世的美丽肌肤。"这触动了化妆品广告的禁忌。

在传统的广告中，从来没有人敢表现岁月对青春的损伤这一主题。这一变位主张使玉兰油探询到女性的真实需求，女性们多数不敢正视自己逐渐苍老的容貌，甚至不愿与自己的女儿走在一起，但这是旧时代女性们的心理，容貌老化在她们眼里，是生活逐渐黯淡的象征。而随着时代的发展，随着女性生活地位的逐渐提升，随着女权主义的日趋流行，原有的心理发生了变化，女性们挖掘到属于自己的成熟、自信的美丽。玉兰油发现了这一点，走出了化妆品市场的格局，让玉兰油不再仅仅代表了年轻美丽，而是在任何年纪都显得美丽。

品牌变位不是把你所想的告诉给受众，而是把受众想要的、想选择的提供给他们。

二、潜入心灵（Arrive）

心灵，极易受到理性化的报警。

随风潜入夜，润物细无声。变位是"曲线救国"（兴趣 – 注意 – 愿望 – 记忆 – 行动）——通过"传播"达到"营销"的目的。

一个替人割草打工的男孩打电话给一位太太说："您需不需要割草？"

太太回答说："不需要了，我已请了割草工。"

男孩又说："我会帮您拔掉花丛中的杂草。"

太太回答："我的割草工也做了。"

男孩又说："我会帮您把草与走道的四周割齐。"

太太说："我请的那人也已做了，谢谢你，我不需要新的割草工人。"

男孩便挂了电话，此时男孩的室友问他说："你不是就在陈太太那割草打工吗？为什么还要打这电话？"

男孩说："我只是想知道我做得有多好！"

用对方的思维和元素，解决对方认同的难题，这就是变位的智慧。

与青岛啤酒比，雪花啤酒是一个资浅品牌。在产品同质化严重的情况下，雪花啤酒除了保证产品品质优良，适合消费人群外，在宣传推广品牌和促销产品的过程中，更认真考虑品牌发展战略，为雪花啤酒品牌进行变位、建设一个良好的品牌形象，让品牌本身含有丰富的内涵，并体现出一种独特的雪花啤酒品牌精神和文化，而且使这种雪花啤酒品牌精神和文化与消费者所渴望和追求的精神和文化产生共鸣，甚至形成一种情感上的交流，让自己的雪花啤酒品牌文化成为消费者的一种精神的寄托。

雪花啤酒成立之始，就埋藏着强烈的社会责任基因，低调而扎实的履行社会责任履行。

从 2005 年开始，雪花啤酒首次创造性地组织开展了基于体验营销理念的"雪花啤酒 勇闯天涯"探索活动。雪花啤酒探秘雅鲁藏布大峡谷、探源长江、远征国境线、极地探索和挑战乔戈里等多项活动，让雪花啤酒品牌的营销道路日渐清晰和坚实，并率先到达了"成为一个有故事的品牌"的营销境界。

雪花啤酒活动以其对人迹罕至的自然地理的独特挑战方式和对自然、人文环境的探访、科研、环保等举动，引起了业界的广泛关注和社会各界的高度评价。雪花啤酒勇闯天涯活动已经成为业界最具原创精神和持续时间最长的品牌推广活动。

“勇闯天涯”意在让久困于城市之中的人们摆脱繁杂的工作和生活压力，远征到遥远的自然环境中，探索发现新奇的东西。“勇闯天涯”举办了 6 年，参与活动并分享经历的人不计其数。活动本身并没有与雪花啤酒有多大的关联，雪花啤酒并没有把活动和促销绑在一起，并没有把雪花啤酒绑在活动的字面上和口号里，而是通过活动带给了消费者一种全新的生活观，更带给了大家很多的快乐，在这个过程中，雪花啤酒自然而然影响并融入了消费者的生活。活动充分昭示了雪花啤酒想要传递给消费者的积极进取的拼搏精神，不仅对年轻一代的消费者充满了吸引力，也配合了当今时代锐意进取、开拓创新的主流精神。

如今，雪花啤酒的销量节节攀升，已成为中国第一大啤酒企业。究其成功的原因，从其原创性品牌推广活动“勇闯天涯”中即可看出，它的成功与他坚持不懈的探索、敢于创新的精神是分不开的。

在商品十分丰富的今天，企业要使自己的品牌在消费者心智中打造一个烙印，就应当更多地关注如何使自己的品牌及包装上的文化品位与消费者紧密地联系在一起；如何让消费者牢记你的品牌形象，用什么样的文化品位去征服消费者。市场调查告诉我们，只有更好地满足消费者对于包装日益强烈的文化与感情诉求，才能赢得广大消费者的青睐。

三、抓住心灵（Apprehend）

据有关研究，现在家庭购物决策，小孩（尤其是独生子女）的发言权更大，在三口之家，小孩的表决权接近 50%。所以，在当今，在形式上，我国弱小企业可以模仿“新一代的选择”进行变位。当然，据我们的研究，“形”上的模仿不是重点，在“质”上（如思维层面）的模仿，才是关键。

知易网的用户都是企业主，用户的共鸣在哪里？他们创业只为兴趣，是自我证明，是一种人生态度。

知易网就从这种生活态度，从指点江山、从人生梦想、从这种追求上面来做文章，引起他们的共鸣。首先，给每一位客户发注册证书的时候，都附送上一封信。信的内容介绍的就是知易网创始人的故事，讲他本是社科院研究员，可为了自己的梦，为了把知易网打造成知识产权界的航母，做着坚持不懈的努力奋斗，并讲述知易网创业的艰辛与欢乐，希望知易网能与客户共进退。其次，每一位客户都会得到知易网三次法律援助。定期给客户发送一些有价值的东西，主题当然是有梦想的企业家的成长史，讲他们是如何成长的，这一切都是为了让客户更贴近自己的梦想。最后，知易网定期举办用户交流会。由于客户都是企业主，他们有和其他人交流的要求，所以把这些有梦想的人聚在一起，就可分享更多的经验，分享更多的项目。

如果要想我们的企业有更多的发展空间，那么就要找到企业跟用户之间的共鸣。然后以这个共鸣为点，经过一系列的操作，来表达出、形容出这个共鸣来。这种共鸣一旦建立，坚定的客户群就建立了。

四、打动心灵（Arouse）

品牌，是靠征服消费者心灵成功的。

要想成就一个成功品牌，在产品质量、形象和概念无法突破的时候，需要从品牌精神上寻求突破，推出首倡精神丰富品牌内涵是非常重要的选择。可口可乐的“开启快乐”、奔驰的“唯有最好”、通用电气的“梦想启动未来”……无一例外，伟大品牌的都向世界喊出首倡精神。从某种程度上来说，一句体现品牌精神的广告词可以成就一个品牌。

品牌表达（即传播策略）必须能够触动消费者的心灵。农夫山泉以水源地孩子充满渴慕、单纯、明净的眼神，准确击中消费者同情、爱悯的心灵层面。

改变对方的最佳方式是顺从对方。你只有顺从他，才有可能改变他。因为没有人愿意被别人改变，在面对直接的指责和强硬的说词时，对方即使认识到自己错了，但是他的反应往往不是承认自己的错误，而是不惜犯更大的错误来掩盖以前的错误，从而证明自己一贯没有错误。因此，想要改变一个人，策略一定要是变位的——不是直接劝说，而是顺从对方，保全对方的面子，对方才能心悦诚服地改变自己。

耐克最成功之处，在于它了解到运动与生活之间的关系。运动鞋的基本功能是帮助运动员在球场上完成最佳的表现，但耐克提出“Just Do It”口号。“Just Do It”不单是运动场内挑战自我的体育精神，这个精神更可延伸出运动场以外而作为一种生活哲学。对于千万青少年来说，“Just Do It”代表的不仅是运动精神，更是现今青少年的生活态度。于是，耐克成了青少年的时尚潮流，成了他们的代言人。

在中国，耐克近年推出了一辑广告，里面有一些新近中国足球员的奋斗片段。广告末段打出口号“不以成败论英雄!”。这个广告在题材处理各方面十分切合今日中国青少年的心态，但广告最成功之处在于捕捉了中国青少年视奋斗向前为己任的态度。针对现实社会一切以功利的角度来衡量成就，广告提出“不以成败论英雄!”，使他们特别感到认同。

Lululemon 公司成立于 1998 年，其总部位于加拿大不列颠哥伦比亚省的温哥华市，是一家高端瑜伽和运动服装制造商。除了瑜伽和健康，Lululemon 同样也热衷于帮助客户创立一种他们会一直喜欢的生活态度。通过这种方式建立了一个让消费者希望能将其长期留在心中的品牌。除了喜欢该品牌的瑜伽修行者和运动员数量大幅提高之外，那些希望不断获得灵感、拥有愉快生活的社区群体数量也有了飙升。因为人们觉得他们与 Lululemon 存在着联系，他们关心它并在乎它所代表的立场。

Lululemon 成功的秘诀在于赋予功能性和情感性元素的品牌承诺与当今购买者形成了共鸣。

人们将该品牌视为一个群落，购买了这个品牌的产品后，他们收获了更重要的东西。它不仅事关健身或运动服，还关系到身心交融的发现之旅以及积极人生的践行之路一类的内涵。

为了扩大这一类群体的影响力，Lululemon 公司自 2011 年起已经开设了 60 多家专卖店，发展了一批新加入的宣传大使——运动员、教练员或角色模特，并在学员中宣传该品牌，向公司提供产品设计的反馈意见。同时，2011年以来，这家公司在 Twitter 上的追随者数量增加了 621%，在 Facebook 上的追随者数量也增加了将近 200%。这些数据的增长得益于一项综合策略的推动。在该策略之下，品牌信息被植入到几乎每一个消费者的接触点内，特别是印有“Lululemon 宣言”内容的购物袋的广泛使用与重复使用。

“Lululemon 宣言”是一些鼓舞人心的口号，譬如“每天做一件让自己感到惊奇的事情”等。对于那些还没有能力像成熟品牌商那样建立营销预算的创业者来说，这种战术可能特别有用。“几个月之后，那款购物袋就跟消费者购买的裤子或上衣没关系了，不过它却是对公司品牌故事的善意提示。”

不论它们是已经存在了几十年，还是在最近两年间成立，这些品牌似乎总有一种魔力。当然，这种“魔力”不会自发产生，而是有清晰的营销轨迹可循。

与 Lululemon 所倡导的社交归属感不同，Warby Parker 以合理定价与乐善好施博得客户的欢心，让客户铭记在脑海中，并让客户愿意打开钱包进行消费。今天，消费者希望他们购买的品牌给予产品内涵更多关注，他们将支持那些与他们的价值观吻合且对他们富有意义的品牌。总部位于纽约市的 Warby Parker，是一家时尚眼镜零售商，以追求精致、新潮、有趣为经营理念。公司于 2010 年成立，其名字分别选自美国“垮掉的一代”代表人物 Jack Kerouac 小说中的人物——即 Warby Pepper 与 Zagg Parker。公司开展了“买一送一”的活动以帮助低收入人士创业筹得资金，同时它还是世界上只生产低碳眼镜的制造商之一。

Warby Parker 的存在是为了证明人们可以一边盈利，一边大规模地、不计回报地做些好事。这一定位已经在消费者中引起了共鸣。Warby Parker 这种回馈顾客的心态确实引起了人们的共鸣。公司快速增长的部分原因在于让很多类型的消费者（如时尚专家、具备社交意识的消费者等）看到了丰富的品牌意义。品牌在不同的领域与形形色色的社会团体产生了共鸣。客户认知度稳步提高，销售业绩每年都以几倍的速度节节攀升。

五、充满心灵（Abound）

消费者的心灵由一个一个的信息抽屉组成，它们形成庞大的抽屉群。而消费者的心灵接收信息的过程好像整理大师，把一个类别的信息都归于一个抽屉中。广告主的传播诉求，如果不能充满消费者心智网络上的类别抽屉中，将使消费者总是充满狐疑，不能被充满的那些角落总是使他们嘟囔不已，难以真正购买产品。

雕牌洗洁精的新电视广告片深受好评：一个年轻的女主人用洗洁精在厨房洗盘子，盘子发出清爽的嗞嗞声，女主人轻松愉快、满脸欢喜，边干家务边跳舞。“会唱歌的盘子才是干净的盘子”，一句画龙点睛的配音，把产品的超强洁净功能特性和广告传播目的生动形象地传达。用手摩擦干净的盘子会发出声响，这只是一个生活细节，但“唱歌的盘子”带给观众潜意识里的微妙暗示，并直达消费者内心深处。

雕牌的这个广告就成功应用了变位，不直接说洗洁精去污力强，而拐了一个弯，说能把盘子刷的怎样干净，然后再拐了一个弯，以“会唱歌的盘子”来间接说明盘子的干净程度。就是这两次拐弯，迎合了中国消费者说话做事绕弯子的心理，以两个迂回引起消费者的无尽联想，从而超越了消费者的预期，取得了成功。

六、覆盖心灵（Adore）

覆盖心灵的英文词语是 Adore，意思是崇拜、爱慕、喜欢，甚至有敬重的意思。

品牌变位的最高层次即在此：不但为广告主带来销量上的丰收，更以强大温厚的力量覆盖消费者的心灵。所诉求的信息，完全覆盖住目标受众的类别心灵层面。消费者产生了对品牌的喜欢、爱慕、崇拜，甚至敬重。

一直隐居修炼的韩国前总统朴正熙的女儿朴槿惠，于 2012 年竞选总统，一路过关斩将，直至成为现任韩国第 18 任总统，也是韩国历史上第一位女总统。

这是一次空前激烈的政治角逐，批评者说她是“冰公主”“冰山女王”，不具亲民魅力。而她说：“冰是坚硬可信的水，结水成冰，是一个痛苦而美丽的升华过程。”

她至今未婚，竞选时她说：“我没有家庭，没有丈夫，没有儿女，国民就是我的家人，让大家幸福是我参政的唯一目的。”

朴槿惠用一系列变位赢得了国民的赞同。

| 第 5 章 |

变位法则与技巧

不是把你所想的告诉给受众，

而是把受众想要的、想选择的提供给他。

借力思维

研究发现，消费者的购买决策过程，无论其购买决策时间短至采购日常消费品的几秒钟，还是长达购买汽车、房子这样大宗物品的半年一年，其心理机制是一样的，即：以认知为基础，以需求为动念，以品类做思考，以品牌做选择，以价格做决策。

一、借助消费者的历史认知

消费者获得某个商品信息，都有初步直接或者间接的认知。每个老板制定战略前，都必须花点心思，调研一下：我的产品，在消费者心智中，是一个什么样的认知？我如何利用这种认知？

认知分为多年自然形成的“历史认知”，与经过企业投广告、做公关后形成的“教育认知”。许多词汇和购买理由被反复教育后，会约定俗成，成为人们的潜意识。发现并利用潜意识，就会使品牌成为消费者首选。

排毒，是几千年人们形成的潜意识。盘龙云海利用这一历史认知推出了以“排出毒素，一身轻松”概念为主诉求的排毒养颜胶囊，在市场上攻城略地，所向披靡。芦荟排毒胶囊紧扣盘龙云海的“排出毒素，一身轻松”的产品概念，进行概念切分，祭出了“深层排毒”的概念，在消费者心智中进一步深化和强化了“排毒”的概念。“深层排毒”，一举在消费者心智中建立起独特的价值。一个“深”字建立了有别于排毒养颜胶囊的市场区隔，在消费者心智中进一步强化了“排毒”的概念——比排毒养颜胶囊排毒更彻底，也在市场上打出了一片天地。

在王老吉凉茶火遍大江南北之时，顺牌凉茶选择跟进。作为饮料产品，王老吉的“怕上火”已经为凉茶贴上了标签，意味着任何凉茶如果不具备“怕上火”的功效，就不能称之为凉茶。可是顺牌为了追求差异化，品牌命名为“顺”，传播诉求也一切以“顺”为基础。但你既为凉茶品类，却不提上火，怎么会“顺”？这不符合消费者自动划分品类的原则，自然其市场表现不好也就不足为怪了。

消费者购买凉茶就是为了“怕上火”，顺牌凉茶既然走上了跟随路线，如果通过概念细分，打出“睡觉前上火”或者“吃完大餐上火”等概念，或许还真的会顺便获得一些市场份额。

二、借社会之势

盼盼防盗门，采用 1990 年北京亚运会的吉祥物“盼盼”作为商标和代言物，取得了空前的成功。“盼盼到家，安居乐业”的广告语响彻全国。

2003 年，中国“神舟五号”载人飞船成功发射，这是中国一件振奋人心的大事。蒙牛敏锐地意识到这件大事的社会意义和商业价值，通过公关赞助成为“中国航天员专用牛奶”，在“神五”成功返程之日全面出击，运用电视、路牌、POP 等先后发布“蒙牛牛奶，为中国喝彩”和“蒙牛牛奶，强壮中国人”的系列广告，取得了极佳的营销效果。

2003 年之前，润滑油的高端一线市场被跨国公司和中国石化旗下的几个品牌所占据，统一润滑油只能算“小不点儿”。然而，在 2003 年 3 月伊拉克战争爆发期间，统一润滑油抓住了央视空前大规模直播报道的机会，推出“多一些润滑，少一些摩擦”的经典广告，迅速成长为润滑油行业内消费者第一提及品牌，销量也扶摇直上。

三、借助竞争对手进行概念细分

领导品牌早已通过市场活动，对消费者进行了品类扫盲，凝聚了大批消费者。对于98%的挑战者来说，需要的是借助竞争对手的扫雷痕迹，转化成为自己的消费者。所以，变位，一是要界定竞争对手；二是针对竞争对手强势背后的弱点切实变位，攻其不可守；三是为变位提供信任状；四是围绕变位创建内部的运营配称，在某些方面要比竞争对手做得更好。

2002年，汇源在鲜橙汁这个品类，在市场上处于绝对领导地位。汇源花了很多的广告费，大概不下于几千万，让消费者知道，“喝汇源果汁，走健康之路”。汇源的主要卖点是健康，那句广告词也家喻户晓，让汇源在果汁市场的第一把交椅坐了许多年。

汇源建立健康的卖点的时候，统一集团发现，中国的消费者的认知中，果汁是好东西，喝果汁是时髦的行为。于是，统一大胆地推出鲜橙汁——鲜橙多。统一用漂亮时尚的新卖点，争取到了年轻的消费一族。

液态奶市场原本有伊利、光明两大品牌，蒙牛傍着“老乡”伊利大打“草原”牌、“自然”牌，两者均发力迅猛，几年内便树立起了内蒙古的乳业声誉。反过来，借助这种区域心智资源优势，蒙牛实现了迅速崛起，并能继续保持高速狂奔。

预期客户早就了解使用各类产品的好处了，要想登上他们头脑里的梯子，就得把你的品牌与早已在那儿的品牌挂起钩来。

恒大冰泉一瓶350毫升的矿泉水，终端零售价4.8元，这是一个很贵的价格。究竟是什么人会喝恒大冰泉水，或者这群人在什么情况下饮用恒大冰泉？在所有恒大冰泉的传播推广轨迹中，我们看不到它是想卖给谁的。

恒大冰泉盯错了竞争对手。我们看看农夫山泉的广告语：“我们从不生产水，我们只是大自然的搬运工。”再看看最新恒大冰泉的广告语：“不是所有大自然的水都是好水，我们搬运的不是地表水，是3000万年长白山的原始森林深层火山矿泉。”

恒大冰泉明显是针对的农夫山泉，不知道为恒大冰泉做咨询服务的营销公司有没有研究过，恒大冰泉的消费群和农夫山泉是同一群人吗？一瓶380毫升的农夫山泉售价1.5元，而同样一款差不多的350毫升的恒大冰泉售价

4.8 元，贵了 3 倍都不止。

推广策略的错误，消费人群的缺失，无效的品牌标签，以上这三大原因会让恒大冰泉的营销彻底陷入困境。这三点还不改变的话，接踵而来的渠道布局，又是恒大冰泉的软肋。不懂变位，而又错误看目地定位，失败是注定的。

真功夫则与麦当劳、肯德基跳起双人舞，真是又联合又斗争。

真功夫遵循了相同、相似、相反的“三相”的变位原理。

（1）相似。相似的“经营风格”，真功夫在选址上专门开在麦当劳、肯德基的旁边。

（2）相同。与洋快餐有相同的“标准化”。

（3）相反。麦当劳、肯德基是以炸为主，真功夫叫卖的是“营养还是蒸的好”。

更具体地说，真功夫的成功核心因素在于和洋快餐的“相反”上，真功夫的成功不是因为它的标准流程接近麦当劳、肯德基而成功，而是靠“切分”洋快餐而成功的。

支点思维

市场中有很多小鱼，成群地在它们渴望超越的品牌领导者周围游动。面对资源不足、影响力越来越弱、竞争对手的挤压、消费者的退却等市场环境，这些二线及三线品牌的营销者在市场中苦苦挣扎求生。为了能够生存并与市场领导者展开有效的竞争，除了观察、模仿大鱼的每一步行动外，这些“挑战者”品牌还需要建立自己的一系列市场营销规则。

在有限的资源条件下，挑战者品牌要取得快速增长，并获得良好的声誉，必须采用不同于传统的思考方式才能生存，摆脱大鱼的阴影，并最终成为大鱼。

一、我们无法改变问题，只能改换看问题的角度

从前有一位独眼国王，令画家给他画像。第一位画家不敢把他画成独眼，而把两眼都画得炯炯有神，国王以为画家戏弄他就把画家杀了。第二位画家如实画下独眼，国王恼羞成怒，又把画家杀了。第三位画家经过苦心经营，把国王画成狩猎姿态，闭起一只眼瞄准猎物。这一开一闭正好巧妙地掩盖了瞎眼的弊端，又宣扬了国王的威武，使国王大喜，画家因此获得了重重的奖赏。

变位角度的选择有 8 个思考方向：从自身优势的角度选择变位，从竞争对手弱点的角度选择变位，从品类弱点的角度选择变位，从分化品类的角度选择变位，从聚焦品类专长的角度选择变位，从产品属性的角度选择变位，站在竞争对手对立面的角度选择变位，从非产品属性的角度选择变位。

从不同的角度描述一个产品，这个产品的价值也是不同的。改变不了产品，那就改变消费者对产品的看法。

看产品的角度不同产品就会不同。要从不同角度诠释产品，不同的角度将获得不同人群的认同，这就是品牌的角度。绝大多数不成功的企业不是因为产品不如竞争品牌，而是因为没能找到恰当的角度来实现同质化产品的品牌价值差异化。从不同的角度描述一个产品，这个产品的价值也是不同的。角度选得好，能够降低消费者认知产品的成本，能够有效地凸显产品与众不同的价值。我们要找到一个阐述产品的角度，这个角度要有利于实现消费者对我们产品的认知，有利于规避竞争。不要试图向大众完整阐述一个产品，完整阐述就是没有角度，没有角度就没有差异，消费者的购买决策就变得非常困难。消费者总是试图找出产品之间的差异，或者是他们自己认为的差异，因为消费者必须给自己找到决策的依据。

成功品牌产品从某一角度凸显了某一个差异，实现了产品的“与众不同”，从而引起消费者的关注和信任，而不一定是产品本质上有什么不可逾越的优劣之分。独特角度能引起消费者对产品的关注，使产品在众多的同类产品中更容易被识别。“差异”被不断地放大，才能引起消费者足够的关注，“差异”被不断地重复，才能使得消费者“坚信”。

角度选得好，能够降低消费者认知产品的成本，能够有效地凸显产品与众不同的价值。我们要找到一个阐述产品的角度，这个角度要有利于实现消费者对我们产品的认知，有利于规避竞争。

二、我们无法改变身份，就改变规则

毕加索初到巴黎，谁都不认识他。在巴黎夹着一块画布为生的年轻人实在是太多了，而画店的老板却大多数只是附庸风雅，在大堂中摆放当时的名家名作。尚未成名的毕加索四处碰壁，贫困潦倒。他身边只剩下了 15 个银币，如果再不能卖出自己的画，那他只能离开巴黎回到老家。在巴黎最后的日子里，毕加索孤注一掷，做出了他人生之中最具有转折意义的一次策划。

他非常明白，“佛要金装，人要衣装”“人靠衣妆，马靠鞍”。人们一掷千金购买名画时，极少考虑它的实用价值，而是以能否占有名家的画为精神支点。因此，耗资千万元买画的行为实质上体现了一种精神上的占有和对画家身份的认可。

在这之后的一个月中，整个巴黎的画廊老板都快发疯了。每天至少会有一两个人来画廊转悠，左看右看，却什么都不买，可是临走之前，他们都这样问道：“请问，这里有毕加索的画吗？”无数次的询问使得毕加索的名字犹如明星般在画商的圈子里炸开了。“谁是毕加索，有谁看过他的画？”人们按捺着激动的心情，四处打探着。直到一个月之后，毕加索带着他那些许久无法卖出的画出现了。他的出现好比是一场旱灾之后的及时雨。画商们很快将他的画一买而空——于是，这个被巴黎主流画界一直拒绝于门外的艺术家一举成名。原来，毕加索用那 15 个银币雇佣了几个大学生，建立起商业支点，成功地将自己生涩的身份进行了掉转，完成了身份升位，从而使人们更早地欣赏到了他那天才般的艺术才能。

毕加索的人生变位策划，真正地改变了他一生的命运。他开创印象派画风，成为伟大艺术家，时至今日仍然为人们所推崇。毕加索变位设计制定新规则，利用顾客的感觉，注意通过渠道低成本拉动，用 15 个银币巧妙地在渠道上游树立了大师形象。

另外一位伟大的画家凡·高，缺少人生变位设计，苦苦地等待主流画界的接纳，而不得不在饥寒交迫的岁月中向自己开了枪。凡·高一生中没有真正卖出去过一幅画。一直到他去世后，欧文·斯通对凡·高进行变位设计，以《凡·高传》为支点把凡·高为画画痴狂的一生写得淋漓尽致。凡·高大名风靡世界后，他的一些画开始大放异彩，以千万美元以上的单价成为收藏界的珍品。如果不能将现有规则变位为我所用，那么结果却是有天壤之别。

三、产品的技术指标是有限的，产品的话题是无限的

品牌建设就是寻找一系列话题诠释丰富产品内涵。

华为任正非是一位善于设计概念、转化概念的大师。20 世纪 90 年代初期，国内通信市场几乎是西门子、朗讯、阿尔卡特等大公司的天下，华为生产的交换机很难打开国内大的电信营运商的防线，可谓举步维艰。一次，中央首长到深圳视察，邀请企业家参加座谈，任正非也只陪末座。一般人在这样的时候，更多的是得见天颜，深感三生有幸，而任正非提出了一个很重要的概念。他对中央首长不无忧虑地说，程控交换机是关系到一个国家、民族的生存和发展的大问题，说它与国防一样重要，丝毫也不过分，而现在国内各大电信公司使用的程控交换机主要都是外国公司的。任正非的潜台词就是，使用国外厂商的程控交换机，无异于将自己的秘密示人。中央首长听后，心中震动很大。后来中央领导来深圳视察，专门召集四大银行的行长帮助解决华为的资金难题。从此，任正非与他的华为赢得了与世界大公司抗衡的支持力量，迎来了高速发展的春天。

任正非高明之处是通过变位把企业技术行为概念转化为国家安全概念，引起上层高度重视，为华为带来了千载难逢的商业机会。

做父母的总是告诫孩子们不要把食物当作玩耍的对象，这一习惯代代相传。亨氏公司却跳出了这个羁绊，在2000 年专门推出一种供孩子玩耍的番茄酱。这种番茄酱有绿色、紫色、橘黄色、粉红色和深青色等多种颜色，可谓是色彩斑斓；它们装在艳丽的、可积压的塑料瓶中销售，瓶嘴的设计也很适合孩子们使用。亨氏公司在广告中强调了这种产品的“创造性”用途：鼓励孩子们用它在面包上写自己的名字，或者画画。这立刻让孩子们认识到这种番茄酱不仅仅是一种食品，而且是一种可食用的玩具。这种番茄酱成为亨氏公司有史以来最成功的产品之一。有些家庭过去常常每次只买一瓶番茄酱，然后吃上好几个月，现在，他们开始每次买上好几瓶不同颜色的番茄酱，在几天之内就吃个精光。

通过变位，使产品的话题得到了无限延展和无穷想象。

此后，其他公司纷纷效仿亨氏的做法，推出一些颜色稀奇古怪的食品，但都没有成功。因为他们没有弄清楚：这种番茄酱的成功，跟标新立异的颜色并无多大的关系，真正起作用的是它已不再是单纯的食品，更是一种玩具。

四、改换“标尺”

心理学研究表明，许多消费者的购买决策都不是经过深思熟虑的，而在相当程度上受到购买现场一些营销组合和安排的影响。

美国有个著名的营销专家，在他很小的时候，家里开了一间杂货店，卖鸡蛋等日常杂品。但是附近几家杂货店的鸡蛋都不如他家卖得好。多年后，他在自己的传记中解开了这个秘密：每当有顾客来买鸡蛋时，他总是让妈妈来帮顾客挑选鸡蛋，结果在妈妈纤细的小手的衬托下，鸡蛋就会显得特别大，顾客就会误认为他家的鸡蛋个儿大，自然来买得就多。这本是一种真相与假象的错觉，但是消费者觉得是事实。

一些营销者没有给予足够重视的细节，往往会对消费者最终购买选择产生较大的影响。

中国市场上大多数产品都是比上不足，比下有余的“半杯水”。我们无法也不需要克服现有的客观差距，我们只需要给消费者一把“新标尺”——改变他们的衡量标准。造成对同一杯水乐观与悲观情绪的本质原因，是衡量标准不同。

这就是“新标尺”化腐朽为神奇之处！衡量的标准变了，评价的角度变了，购买决策也变了！

李传英是一位书圣故里的书法家，在成千上万的书法家队伍里，他潜心研习汉简笔意，独创汉简画书。在他去世 18 年后，一篇《绕道王羲之》介绍，让其改变了标尺，从派别上升华了地位，书法作品遂“洛阳纸贵”。

“在全世界最值得珍视的前 300 个品牌里，其中有高达 103 个品牌是世界达美高所拥有的品牌，而在全世界前 10 大品牌中，就有高达 6 个品牌是达美高的客户。”达美高简直太厉害了、太不可思议了——但这只是受众的感觉，绝不是事实的全部。

受众会习惯地把接触到的信息当成一个整体来理解。想当然地认为达美高独家代理了6大品牌的全部广告，这样说来，达美高简直是天下第一了。其实并不然。1994年的一场广告代理转换事件为我们提供了有说服性的例证。这一年发生了世界广告史上最大的一次业务转移：IBM把其全球的广告业务全部转交给奥美广告公司代理。而在这之前，为IBM服务的大型跨国广告公司就有40多家。明白了吧，全球6大品牌绝不可能把自己的广告或者品牌推广业务只交给达美高一家，达美高也不可能独吞这6块蛋糕（那还不把达美高撑死?），只是在这6块蛋糕上各挖了一小勺而已。（也许电通、李奥·贝纳等更大的广告公司在这前10块蛋糕上都插着自己的勺子呢）但消费者看不到，也不一定想得到，不过你不能因为自己产生错觉而说达美高的广告是虚假的。

量子思维

量子思维就是不把目光局限于行业之内，通过超越主流，在行业外寻找创意，参考行业标杆，大胆质疑一些根深蒂固但已不合时宜的观点，突破时空框架，整合似不相关的概念，以最本质的方式联系客户。

在力学领域，除了经典力学，还有量子力学。经典世界及其思维，强调机械、肯定、精确、定域、因果、被动、计划，而量子境界及其思维带来的是差异、可能、不准、离域、飘忽、互动、变幻。不同的思维方式，将导致完全不同的世界观，进而对经济发展和社会进步产生影响。量子力学“波粒二象性”有三层内涵：“光既是波，也是粒子”，这是第一句话；“光不是波，也不是粒子”，这是第二句话；还有第三句话，“光仅仅是光量子”。量子思维就是一次激动人心的思维革命，而美国抓住了这个机会，在发展中拔得头筹。

变位理念和思维方式就像是量子力学。

今天，面对行业俯拾皆是的趋同性竞争、同质化营销，以及产业“战略制胜”新阶段的挑战，重新思考并探索变位营销、变位竞争的理念、思想、战略与战术，对于促进产业的健康发展，创建企业差异化的竞争战略、成长路径、营销模式都具有重大的现实意义。

有正确的营销认知还不够，还要建立开放理念和营销无边界思维，即打破营销疆界，包括横向、纵向和斜向的疆界跨越和整合。

英特尔公司的核心能力一直是其用来生产最有效的存储器的技术和能

力。但是，到了 1984 年，日本人用质量更好同时更便宜的产品替代了它。1985 年，安迪·格鲁夫和公司的共同创始人戈登·摩尔面临一个痛苦的抉择：放弃存储器，转向微处理器。但是用格鲁夫自己的话说，“在我们所有人的头脑里，英特尔完全等同于存储器，我们怎么能丢了我们的身份呢?”

直到一天下午，他忽然问道：“如果我们被赶出了企业，而董事会又派一个新的首席执行官来，你认为他会做什么呢?”摩尔毫不犹豫地说：“他会把我们带出存储器业。”格鲁夫说：“你和我为什么不走到门外之后再回来呢？为什么我们不自己改变呢?”

一个具有历史意义的拐点出现了——格鲁夫和摩尔让英特尔公司拥有了微处理器产品，而英特尔公司也因此获得了新生。

很多时候，很多问题看似无解，是因为直线思维，站在自己的角度看问题。看似不合乎逻辑的问题就要用不合乎逻辑的思维来解决，只要你选择新的参照物，以对方接受为基础，跳开对抗的束缚，重新链接、重构、利用、顺应对方的认知，洞察消费者决策点，将外部环境资源为我所用，影响消费者决策，问题就迎刃而解。

加州杏仁商会就很善于运用变位解决市场问题。商会不仅传播杏仁（巴旦木）的美味和营养，更在血糖健康上做足文章。在中国召开“美国大杏仁糖尿病研究成果发布会”，推广“优选健康零食，帮助控制血糖”的理念，提倡“食用含有美国大杏仁的健康早餐，使身体能够全天保持较低的血糖水平，并减少患糖尿病和糖尿病前期病症的风险”。于是乎，美国大杏仁成为中国消费者认可的奢侈类健康零食。

战略学家魏斯曼说，问题的解决往往不在问题发生的层面，而在与其相邻的更高层面，解决企业的营销问题不能简单地从营销层面解决，产品的问题往往不在产品本身。

营养快线是借品类之力和另立门户的成功典范。很多人认为，它把果汁和牛奶混合在了一起，开创了一个全新复合饮料品类，事实并非如此。如果真的是一种复合饮料的话，其认知是脱离于消费者既有认知的，但真实情况是，大部分消费者还是把营养快线归类于乳饮料，只不过和以往的不同，是加了果汁的牛奶，加上口感上并无怪异，所以，很容易被消费者接受和认知，包括其名字中的“营养”和“牛奶”是很容易产生联想的。营养快线通过配方、颜色、口味包装等措施，让消费者感到“似是牛奶，而非牛奶”“不是牛奶，而胜似牛奶”。

如果说阿里巴巴是中国最大的广告公司，相信没人说不。阿里旗下的阿里巴巴、淘宝、天猫、支付宝、一淘等网站，每年的广告流水高达上千亿元。随着互联网技术不断迭代更新，互联网的入口流量牢牢被 BAT 三大公司所控制。

淘宝、天猫、京东在成立之初只是电商销售渠道，但现在的它们越来越依赖流量的变现来赚钱。而越来越多的传统媒体逐渐向销售渠道转型。一直走在电视商业模式创新的芒果台，早早就推出了其购物频道快乐购、呼啦购物等，积极利用媒体优势转型布局销售平台。

而微信的出现，彻底让马云慌了神。马云曾经拿着望远镜都找不到对手，突然这个对手一下就凑到了望远镜前面，准备随时要给你一击。

如果微信单单作为一个社交工具，恐怕不会让马云如此恐惧。可怕的是微信偏偏就不是一个社交工具，2014 年春节的微信抢红包，刚刚开通的微信支付，还有商业化的微信小店，才是让马云夜不能寐的重要原因。微信在向着平台化的方向快速奔跑，对于普通用户而言，微信不再仅仅是社交的工具，还是购物的平台；对于自媒体的群主而言，微信又是一个天然的媒介传播渠道，可以传播自己独特的观点，迅速笼络一大群忠诚粉丝；而对于商家来说，微信具有的展示、沟通、应用和支付功能，就是一个绝好的销售和服务平台。微信具有社交、媒体、销售功能，形成一个天然的生态产业链闭环，每个人都可以在里面找到自己的位置。社交工具往平台化方向发展，肯定是以微信为代表的 SNS 新贵们未来要走的方向，这也是由互联网行业天然的无转移成本的属性所决定的。阿里推出易信，携程收购驴评网，京东推出咚咚，这些平台型互联网公司都在用社交加强用户对平台的黏性。平台与用户没有交互，用户与用户之间没有交互，这样的平台，对于公司而言是没有商业价值的。尽可能地将用户留存在平台上，抢占用户的碎片化时间，这是每个平台推出社交工具的初衷。平台社交化，可以通过后台对用户大数据的挖掘，开拓出更多商机。

微信的量子化跳跃发展说明，变位思维就是跨越思维的边界，将一些固有的思维、体系和结构打破之后再按照未来需要的方向进行重新组合。

比尔・盖茨和巴菲特这两个巨人有无数的经验、有无数的体系和手段，他们的思想帮助过很多企业成长，创造了世界上最多的财富和商业奇迹。有一次，比尔・盖茨和巴菲特在哈佛大学同台演讲，有一个大学生问他们能不能用一句话概括成功的最大秘诀是什么，比尔・盖茨说是“挑战你的传统思维模式”，巴菲特说是“不要陷入你自己的方式”。

“挑战你传统的思维模式”和“不要陷入你自己的方式”讲的都是同一个意思。变位思维需要从不同的视角来观察我们这个世界，对我们的世界进行重新定义和重新划分，对各种资源关系进行有机、有效地重组和链接，它追求角度和连接方式的优美。

| 第 6 章 |

从哪几个方面变位

世上最难的事情不是让人们接受新思想，

而是使他们忘记旧观念。

——经济学家凯恩斯

围绕社会趋势变位——让猪能飞

一、变位的第一思维就是因时而变，社会趋势是最大的时

市场在变，消费者在变，消费者心智中的“第一”也在变。任何人都不可能打败趋势。回顾 2014 年，最深刻的语句无非是“站在风口，猪都能飞”。这也就产生了一大堆“风口的猪”的言论。那么，什么是“风口的猪”？风口的猪无非是无意中踩到机会，进入的早，有所成就的那群人。这说明风口对谋事有多么重要。

在这个千年未遇、风云变幻的时代，一个企业能否与时俱进，能否持续稳健地发展，不在于它一时一地的技术领先或市场占有率，关键在于它能否在时代的转折点上审时度势，及时、快速地调整企业的航向。“好风凭借力，送我上青云”，世界大潮浩浩荡荡，顺其者昌。大趋势，即大动力。把握大势，顺应潮流，暗合规律，才能成功。

对企业来说，行业趋势是天，天变了，战术还能管用吗？农田都快变鱼池了，还能天天研究怎么种粮食吗？目前很多产业受到三大冲击（需求萎缩、需求迁徙、利润破坏）时，试图通过营销战术去解决问题会遇到什么情况呢？通通都会遇到边际产出为负的情况，也就是投入到营销中的钱，越来越难达到效果，直到收不回投入成本。

问题在什么层级，就要用什么层级的工具解决。你不能在真空中建立区隔，周围的竞争者们都有着各自的概念，你得切合行业环境才行。

你得首先从市场上竞争者发出的声音开始，弄清他们可能存在于消费者心智中的大概位置，以及他们的优势和弱点。我喜欢的一种调查模式是，就某个品类的基本属性，让消费者从 1 ~ 10 给竞争品牌们打分，这样可以弄清不同品牌在人们心智中的位置，也就是建立区隔的行业环境。同时考虑的，是市场上正在发生的情况，以判断推出区隔概念的时机是否合适。

我们为食品品牌做企划时，为品牌确定了品牌思想，向消费者传递我们为消费者提供更加自然的现代生活理念信息，并将带领消费者进入高品质的生活目标，为食品起了很绿色的名字——“菜缘”。

在对品牌的一项心理研究中，我们发现，金字塔现象不仅存在于市场之中，同时也存在于消费者的脑海中，呈现梯形分层的样态，塔尖、塔中、塔底的界线分明。食物是需要天然的，“天然 = 好的、对的”这对世界各地的人们都是一样的。我们为一家碾米厂设计了一个天然意味的品牌名，叫“老庄户”，品类为粳米；为一家茶品企业设计了一个提升内涵的品牌名，叫“精立方”。

“精立方”在没有广告投入的情况下，很短的时间里就得到了消费者的认同，通过一系列的推广活动，有效地提升了品牌的美誉度，与品牌销售商一同积累品牌价值，创造了高效的销售佳绩。

二、做客户的产品挑选人

网络段子说的好，诸葛亮从来不问刘备有多少弓箭，只管向周瑜借就行了。诸葛亮从来不问刘备兵力有多少，只管打开城门，司马懿就吓跑了。司马懿从来不关心与诸葛亮打仗能不能胜，只管比诸葛亮身体好就行。

任何市场策划的成功，策划者都需要透过消费者表层的、多变的行为和需求，寻找到其内心根深蒂固的价值需求。所以，变位的前提是必须学会和消费者进行沟通，摸透消费者的心，把准消费者的脉，这样企业的变位才能与消费者发生心理共鸣，才能激发出消费者的消费欲望。

硅谷风险资本在识别新创公司中能不能推出在市场上热卖的产品时，先看有没有产品挑选人。产品挑选人实质就是能知道消费者的最佳选择的人。

从人的角度看，IT 产业有一个本质，那就是一定要有伟大的产品挑选人。

做好这个产品挑选人很难很难，用《孙子兵法》里的话说，这是个“运用之妙，存乎一心”的活。产品挑选人的主要职责是寻找到消费者心中的“木马”。

盖茨和乔布斯是 IT 产业最伟大的两个产品挑选人，而无论一个产品挑选人有多么伟大，其黄金周期也就 10 年左右，会不断有新的产品挑选人来挑战他。乔布斯花了大量的时间、精力培养产品挑选人，看看《财富》杂志列出的 11 个乔布斯最可能的接班人，就会发现，乔布斯的身后的确强手如云。产品挑选人战略之下，才是被外界广为传颂的设计战略，而如果没有对的产品挑选人，设计只是镜花水月。

《福布斯》评选出 15 家“最理解消费者的企业”排行榜，其中就包括苹果和耐克、星巴克、Google 等知名企业。苹果的批评者认为，苹果的产品不过是自由地使用了早已存在的技术。毕竟在 iPod 诞生前，音乐播放器就已存在，智能手机的诞生也早于 iPhone。诺基亚和 HTC 甚至让苹果面临着专利侵权诉讼，iPod 和 iPhone 都曾经遭遇过这种问题。苹果公司并未发明个人电脑、便携式音乐播放器、智能手机或平板电脑，但这其实并不重要。至于苹果公司生产的这些产品是否是同类产品中最好的，也不重要，甚至其在质量或销售方面是否有说服力，也不重要。重要的是，苹果让自己的产品成为消费者的第一选择。

根据惯例，新成立公司的第一个产品必须成功，如果第一个产品没有成功的话，这家公司很难取得成功。但是，很多新创公司只是拥有一群有才华与想法的工程师，却没有想出要开发什么产品。这时候，就必须有一位知道该开发何种产品的产品挑选人来指导，而他所拥有的核心技能，就是从众多想法中挑选出最关键的。

营销就是两只手力量的协调。一只手是看得见的手，它通过渠道运作，将产品推到消费者面前，让消费者“买得到”，这只手就是渠道的推力；另一手是看不见的手，它通过心智力量的把握，在消费者的心智中形成营销拉力，让消费者“乐意买”。营销的智慧就在于这两只手力量的应用，两只手不能偏重一手，更不能忽视另一手的存在。

只有懂得“消费端”的思考模型，才能设计“产品端”的思考模型。不懂得“消费端”怎么关注产品的，就抢占不到人脑里的“稀缺资源”。

人人都知道要想成为好的渔夫，就要像鱼一样去思考。可是，要知道鱼是怎么思考的却很难。虽然很难，但只有弄明白鱼的思考，才能建立鱼的价值判断，成为产品屏蔽竞争的最佳利器，让企业以小搏大、以弱胜强成为可能。

营销的本质是与竞争品不一样，是差异，而不是比竞争品更好，但差异的点要符合消费者内心的空白需求，不是找产品的特点去形成差异，是找消费者对产品认可的买点差异，把产品特点转化为顾客买点。

一个品牌怎样才算定位成功呢？第一，与直接的竞争对手有明确的、明显的、最多的差异点；第二，品牌的各项举措和整体表现是关联和完整的；第三，所定位的市场有一定数量的目标消费者，有良好的市场潜力，代表着市场的未来发展趋势。

变位必须要站在消费者的立场来确定，一定要细致入微地洞悉消费者的内心世界，了解他们的价值观、审美观、喜好、渴望和未满足的需求，等等。首先，了解消费者的内心感受需求，了解消费者在购物时，产品的哪些特点是影响其购买的主要因素和次要因素，并对诸因素排序。其次，研究消费发展趋势，随着消费者生活质量的不断提高，新的消费需求会不断出现，企业应该深入地了解市场行情，前瞻性地发现消费者的潜在需求与未来需求，及时发现品牌的制高点，抢占消费者的心智空间。

你需要让品牌观点能非常快速地被消费者理解。建立简单有效的品牌观点的过程并不复杂，最核心的工作是寻找品牌差异性和与消费者的相关性。

不论商家多牛，都是消费者出题，商家做题。成功的商家都具有首选思维，认真思考顾客是怎么看待自己的，然后再去寻找自己的首选位置。在市场上，打败自己的不是别人，也不是技术不过硬，恰恰是缺乏首选战略和思维。

控制不了预期客户的大脑，我们的销售量就得不到保证。掌握了消费者的选择密码，就可以操控产品的热卖。我们要做的工作是建立起预期客户大脑的认知，让预期客户将新品类与我们的品牌联系起来，从而保持我们认知的优势。

围绕偏好变位——让顾客唯独选择你

人们记住一个人，首先是记住他的名字，并以此区分熟人与陌生人。如果我们记住了一个自己感兴趣的陌生人名字而很久无缘见面，某次见面的时候，会有“久仰、幸会”的感觉。选择商品也是这样，人们会首先考虑那些“有名有姓”的商品，但是，人们在某个品类里，能够记得住的品牌通常在3~7个，能够形成购买选择的，通常是排名第一二的品牌。因为，消费者每次去超市，面对的是几万个商品、几千个品牌、几百个品类。

判断一下，你的产品在品类、品牌里排名第几？消费者选择你的机会大吗？

消费者在采取购买行动之前，心中就已有了既定的品味及偏好，只有极少数的消费者会临时起意产生冲动性购买。但是就整体而言，就算消费者的购买是无计划性的、无预期性的，仍将受到心中既有的品味与偏好所影响，这是营销学家霍尔和布朗在1990年的研究结论。

偏好的产生一般与目标消费者的生活方式、价值观念、审美观、风俗习惯、流行态度密切相关。

从消费心理学来分析，消费者对产品或品牌的反应是由3个部分组成：认知反应、情感反应和意向反应。认知反应包括知晓和了解，情感反应包括喜欢和偏好，意向反应包括信服和购买。消费者在情感反应后才产生了意向反应，最终产生了购买意向，而情感反应是由喜欢和偏好组成的，喜欢是消费者对产品的良好态度，偏好是消费者对产品的良好态度更加稳固的反应，由此可知正是情感反应中的偏好使消费者产生了购买欲望，所以偏好在营销过程中起到了决定性的作用。

要消费者顽固性地选择某一品牌，就必须让消费者在心理上喜爱这个品牌，形成固定的偏好。消费者对品牌的偏好类似于男女之间恋爱，也必须经历一个相识、相知、相爱的过程，经历这个过程后就产生了固定的偏好。这种让消费者与品牌相识、相知、相爱的过程就是偏好营销的基本内容。

品牌知名度仅仅是让消费者认知品牌，而偏好是一种在认知反应之后形成的心理喜好，所以知名度不能决定购买意向，而偏好度却能决定购买意向。由此可知，在品牌营销过程中，重要的是塑造品牌偏好度，而不是片面地追求品牌知名度。

偏好稳定性高于品牌忠诚度。品牌忠诚度是指忠诚于品牌的人数及其对品牌的钟爱程度。品牌忠诚度一般是以价格或其他因素为前提，当价格或其他前提改变时，品牌忠诚度很可能会减弱或消失。对比来说，品牌偏爱度由于是心理的情感反应，是一种内心无法割舍的喜好，一般是非常稳定甚至顽固的习惯反应。品牌偏好营销造就了众多奢侈品的品牌神话，也让众多消费者如同热恋般痴迷其中：很多人喜欢上了 ZIPPO 打火机点火时那一声令人沉醉的金属脆响，就很难选择使用缺乏这种响声的其他品牌打火机。

从客户方面说，客户的偏好点正是客户对企业管理、服务、产品形象方面的偏爱与倾心点，正是客户决定需求取向的理由与动机点，正是客户最终对企业产品的“买点”。

而从企业方面讲，客户偏好点正是企业求生存的依据点与机会点，也正是企业产品的“卖点”，也正应是企业管理客户化、服务客户化、产品客户化——企业核心竞争力提升的着眼点与着力点。显然，企业求生存的玄机、求生存的真功夫在于“客户化”，即在于先知客户偏好、迎合客户偏好，以客户化管理、客户化服务、客户化产品——客户化核心竞争力赢取客户需求。

品牌偏好主宰着消费者购买动机，它是一种潜伏性的心理意识。所以，对于偏好营销而言，应该多利用潜意识来促进消费者对品牌的喜爱，让消费者在不经意之间产生对品牌的偏好，最终形成购买。品牌的偏好营销如果多用一些潜意识（如需要关注、需求爱情、追求快乐等）来阐释，将会比一些直白和空洞的广告让消费者记忆更加深刻，而且能让消费者在不知不觉中喜爱上这些品牌。

客户偏好是怎样获得的呢?

客户偏好主要出自企业中产品专职客户需求研析人员、营销人员、售后服务等，对客户需求系统经济学问题的深入分析，设身处地、将心比心地对客户从认知、认同、认可、认购到接收、储运、使用、维护、管理、处置产品全过程中所可能付出的精神、精力、时间、金钱代价及期望的理解。

客户偏好出自他们站在客户的立场上对供求价值链各个环节、各个利益相关者可能涌现的具体客户需求的探知、洞悉、思索、感悟、设想、发掘、揭示、创造、引导与拓展。

客户偏好出自他们与重大客户群中那些精明型、未来型、代表型的需求决策者及参谋者们多种形式的、经常性的诚挚交流与研讨、交谈与沟通及对产品研发的共同合作与参与。

客户偏好出自他们共建共享的企业专用客户关系管理 IT 系统对客户需求信息的持续、系统化的搜集与分析。

客户偏好也出自他们对市场中各竞争者产品适需状况、销售状况及客户选购动机与理由的深入分析，以及对未来本行业市场需求趋势的预测。

当然，客户偏好最终将出自经过各方面论证和客户方面认定的那份作为产品研发依据的系统化的“客户需求研析报告”。

围绕消费最终目的变位——让产品成为顾客首选

消费者不单单凭对同类品牌进行比较，最终做出选择，而是根据自己的消费者目的而做出选择。

产品只是手段，消费者要的是达到他的目的。

消费者价值与产品之间，隔着一条长长的鸿沟，营销人员要在产品与消费者价值间搭起一座桥，把消费者价值与产品选择联系起来。

当钢琴最初发明的时候，琴商很渴望打开市场。最初的广告是向客户分析，原来世界上最好的木材，首先拿来做烟斗，然后再选择去制造钢琴。琴商从木材素质方面来宣传钢琴，当然引不起兴趣。过了一段时间，琴商改变了宣传策略。他们不再宣传木材质料。琴商向消费者解释，钢琴虽然贵，但物有所值。同时，琴商又提供优惠的分期付款办法。顾客研究了分期付款的办法之后，发觉的确是便宜，出很少的钱便可将庞然大物的钢琴搬回家中布置客厅，的确物有所值。不过，客户还是不肯掏腰包。后来琴商找了个宣传方法，他们的广告很简单："将您的女儿玛莉训练成贵妇吧！"广告一出，即刻造成了轰动的回应。为什么呢？这是营销高手洞悉人性的秘诀。自此之后，钢琴就不愁销路了。

消费者关心的是他所获得的利益，他们不在乎什么功能要点。

最好的木材，分期付款办法，将女儿训练成贵妇，这是3个层次。显然，将女儿训练成贵妇是母亲的最终目的。

我们往往局限于产品属性层而不能自拔。比如一辆车的属性可能包括：车门的设置、椅子的大小、内部装修的豪华程度、耗油率等。结果层位于价值层次结构的中间位置，是客户对产品使用结果的较为主观的判断，比如说企业从客户角度来考虑产品能为其提供什么，或者给其带来什么样的结果。

最终目的是消费者最基础、最基本的驱动力，它深藏于人们心中的价值，如内心的平静、生活的舒适、某种程度的成就，等等，它们也是以产品或者服务为手段将要实现的最终目标。

一个消费者来到商店，要求购买一台 500 元的电视机，这是他的表面需求。而事实上，这一价位的电视机可能根本不存在，在销售人员的一再追问下，才了解到顾客想购买的是一件价值 500 元左右的礼品，这才是顾客的真正需求。只有了解了这一需求，店家才有可能为顾客提供合适的产品。

企业常常习惯了生产“钻头”，并且想尽一切办法来提高“钻头”的质量和品种，降低“钻头”的成本，然后把“钻头”推销给更多的人，而忘记了自己生产“钻头”的目的。其实，顾客需要的是“洞”，而不是“钻头”。“钻头”只是帮助他们实现需求的工具和手段，没有“洞”的需求，他们根本不需要你的“钻头”，哪怕是再好的“钻头”。而当竞争对手生产出更具优势的产品或者方案来解决他们对“洞”的需求的时候，他们就会抛弃你的“钻头”。所以，你要把着眼点变位到“洞”上。

实际上，消费者一切的消费，有 16 个目的，即自我、向往、怀旧、爱慕、尊重、归属、占有、享受、好色、和谐、完美、求知、模仿、安全、逃避和发泄，这便是品牌变位的方向和目标。世界知名的男性用药伟哥在研发之初，是作为治疗心绞痛的药品被推入市场的。随后，工作人员发现该产品虽然在市场上销量不大，但忠诚度却达到让人难以置信的地步。有人对此产生了怀疑，如果该产品有效，那么人们就无需反复购买，而如果无效，人们根本就不会购买。还有，为什么购买此药的中年男性居多，而且购买过程中每个人都会面带羞涩？

他们对此展开了调查，并很容易找到了答案。公司管理层对此表现得十分英明，他们立即对伟哥的产品定位进行了调整，使其以“男性功能药品”的形象重新上市。理由是显而易见的，相比心脏病药品市场而言，男性功能药品的市场需求量更为庞大。更有趣的是，作为这一品类，你可以卖得更贵，某种程度上也是必须卖得更贵（你知道为什么）。现在，在全世界范围内，伟哥是男性用药的第一品牌。改变了选择标准，辉瑞公司轻易地坐上了世界第二大医药企业的宝座。

伟哥的诞生过程又一次验证了通过了解生活方式重新寻找目标市场的关键价值。刚开始他们从自我出发，设计价值点——生产一种治疗血管的药品。谁会需要心血管药物？经过迂回曲折，碰壁无数，发现了关键价值点——治疗男性功能药品。

另立门户是发现丰厚的未来市场。企业进行品类创新时，最应该避免的，就是只站在自己的角度，去强行挖掘某个新品类，然后再将这个消费者需求与习惯背道而驰的新品类，以复杂并违背消费者既有认知的方式强行推销给消费者，这样强行包装出来的新品类无法打动消费者，自然也就无法换来消费者手中的钞票。

品类创建需要从消费者角度出发，给予消费者清晰且易被消费者感知的利益。

一般来说，品类有3个层级：高端、低端和中端。如果品类中哪个层级缺失，那就是一个创建新品牌的机会。

很少有中间层级缺失的现象，因为这是大多数新品牌想要开拓的市场。缺失的层级通常是在高端或低端。

航空公司：西南航空利用了低端市场的空缺。

百货商场：沃尔玛利用了低端市场的空缺。

智能手机：Vertu 利用了高端市场的空缺。

汽车：现代利用了低端市场的空缺。

零售商店：全食利用了高端市场的空缺，阿尔迪（德国连锁超市品牌）正试图在低端缺失的层级开创新品类。

信用卡：美国运通利用了高端市场的空缺，Square 正试图在低端缺失的层级开创新品类。

绝大多数关于营销的思考都关注在品牌应该代表什么上。这个问题可先放一放，首先要明确的是你想要占据哪个缺失的层级。

围绕情感变位——引爆品牌核能

消费者90%的决策都取决于客户的感性决策。

当顾客购买决策的面纱逐渐被揭开，背后的感觉、情绪因素逐渐浮出水面时，我们的产品销售将发生突破性的革命。消费者的内心壁垒看似坚固实则柔软，如果你选对了方向，自然能轻而易举直达深处，捕获芳心。

情感是架设在人类需求和行动之间的桥梁，是消费者购买行为的统帅。因此情感是比功效更功效的抢占心智利器。软刀子更容易伤到人就是这个道理。情感营销已经成为品牌和消费者建立良好关系的最有效方式，用情感抢占心智就是让产品和消费者“永坠爱河”，体味一辈子的感动。

哈药六的“父母是孩子最好的老师”让千万人感动，记住了那个孩子也记住了哈药品牌。

汇仁肾宝将情感与功效合二为一，一句“他好，我也好”，说到了消费者心里，击破了消费者理性防线。

香油老大菜缘在中国调味品市场上演了一出情感营销的好戏，带来了9个月的销量猛升。它的广告“7点回家”，堪称情感营销的典范。广告中没什么曲折的故事，人们步履匆匆往家的方向走去，贤惠的妻子已经做好饭菜，时钟指向7点，丈夫正好回家，一家三口其乐融融共享晚餐。此时，画外音响起：“7点，没什么比回家吃饭更重要。”普通的一句话，对众多因工作繁忙不能聚在一起吃饭的家庭来说，尤为温馨，因此深入人心。

轮胎作为一种非日用品，很难在一般消费者中建立深刻的认知状态。有个轮胎广告详细介绍了产品创新的五层胎壁和独一无二的胎面设计，以及如何在水中绝不打滑、畅通无阻。对技术人员来说这听起来挺不错的，但客户不是轮胎工程师，这些公司是在本末倒置。五层胎壁和胎面设计是能给客户带来利益的令人信服的原因，原因是重要，但客户想买的利益是什么比原因更重要，利益必须置于第一位。

40 多年来，固特异是世界第一的轮胎制造商。就在几年前，米其林的销售量在全世界的排名还只是第七位，远远落后于行业老大固特异。因为固特异的销售量十分巨大，所以米其林不可能在价格上和它竞争。而且在事实上，米其林的轮胎价格更高，但这不是没有理由的，它们的质量更好。

米其林的管理层作了一个聪明的决定，他们让固特异继续占有低价市场。米其林坚信，只要他们把注意力集中在质量和创新上，而不是低价格上，他们终会成为世界第一的轮胎销售商的。米其林面临最大的挑战是，怎样传递一条好处给公众：轮胎绝对不是越便宜越好！

正在这个时候，米其林推出了历史上最成功的广告系列之一。内容是微笑的婴儿坐在他们的轮胎上。广告语是："因为有很多东西载于你的轮胎之上。"

看了米其林广告的人，都会马上意识到明智购买的好处，而不选择便宜购买。谁会愿意为了节省一套轮胎的 100 元钱，而用他们家人的生命冒险呢？米其林的广告引起了公众的巨大反响，5 年后，他们取代固特异成为世界第一的轮胎制造商！

米其林的广告确实让我们看到了无形的东西的价值，尤其是健康和安全。米其林抓住了消费者的心理，撇开理性的诉求，在感情上做文章，运用感性诉求，将一个个活泼可爱的婴儿与轮胎组合在同一个画面中，塑造了一个个滑稽有趣的形象。正是小宝宝们憨态可掬的形象使乏味的轮胎显得趣味盎然，让受众在欢笑中对米其林品牌留下了深刻的印象。通过这一广告，米其林不但激发了消费者对于广告产品的兴趣，而且传达了米其林"安全"的信息，在众多的轮胎广告中脱颖而出，立竿见影。

米其林和固特异之间的竞争，告诉我们一个道理，便宜的购买并不等于明智的购买。贵不贵的核心是值不值，值不值取决于价值参照。

围绕生活情景变位——让顾客感到非买不可

不同的消费情景决定不同的产品价值。

一斤小麦生产出来售价2元；小麦酿成啤酒售价20元，是农业经济时代售价的10倍；如果20元钱的啤酒分开包装，在酒吧销售则可能是200元，又是10倍；农场主把农场复原，建成以种小麦、酿啤酒为主题的农庄式主题公园，开展耕地、种小麦、酿啤酒等参与体验式游戏，获得的总价值就可能是500元。

同样的小麦所产生的价值差别如此之大。

卡士酸奶作为一个中小型的乳品企业，要在伊利、蒙牛、光明及达能、雀巢等群雄中分一杯羹，必然要耗费大量的广告费、公关费、市场费。但这样做的胜算到底有多大，谁也说不准。

卡士酸奶采取了另外一种方法。一般来说，液态奶基本都是大众市场低端产品，那么一个好的牛奶，可不可以卖到18元、25元呢？如果可以，在什么地方呢？在三星级以上的酒店、酒楼以及酒吧里。

那消费者为什么选择它，卡士产品的定位是什么呢？

卡士的定位是一个健康新型的高档佐餐饮品。它告诉消费者，在高档酒桌上，选择喝卡士而不是其他饮品，才能达到保持健康，才能体现自己的格调和身份。

卡士明确地告诉消费者："KISS ME，我是卡士活菌奶，因为我是经过活化的牛奶，所以更爽口，更好喝。同时，我们的营养成分特别均衡，绝对让你身体健康，充满活力，来吧，吻我吧，享受我吧!”

卡士这样就从一个酸奶变成了高档的佐餐饮品，在强手如林的乳业市场竞争中脱颖而出。

黄金消费情景是比包装更重要的包装。因为不同的消费形态，产生了不同的价值。不同场合具有不同的意义。一个青年与新交的女友在一起下饭馆时，他会按照社会价值、情感价值与条件价值来选择葡萄酒，而若干年后，他买葡萄酒时主要考虑功能价值。在家吃冰欺凌，享用的是它的功能价值，而在电影院请人吃冰激凌则有款待的意思，因而具有较高的条件价值。

你不会穿着睡衣去开会，为什么？因为不适合你扮演的角色。你在会议上穿的衣服，旅游的时候穿合适不合适呢？有些人合适，有些人不合适。消费是什么？消费是一个社会概念，消费就是满足这些角色需要的行头。我们每扮演一个角色的时候，就需要一种行头，因为我们同时扮演很多角色，所以需要很多行头。

我们个人的角色大概会如何来分配？由我们的生存状态决定。我们一辈子的生活中主要有4种主要的生存状态：个体化生存、伙伴化生存、家庭化生存和组织化生存。一种生存状态意味着某种社会关系或者社会情景对我们起着重要的约束作用。比如说，一个人处在个体化状态中间，则处在自我评定状态；如果是在家庭化状态中间，则注重关系，依赖于关系所提供给他的帮助；而在伙伴化生存状态，他最注重同伴认同；对于组织化这种状态来说，很重要的原因是依赖于组织的发展和遵从组织的要求。

任何一个品牌或具体到产品，都是为核心消费者搭建的舞台，主角是消费者。而舞台如何布置，关系到消费者能否尽快入境。消费者的消费行为不仅来自个体内部因素，同时还受到个体以外的自然环境、社会文化、家庭环境、社会阶层等诸多情境因素的影响。对于情境因素，可分为五个方面：自然情境、社会文化情境、时间情境、任务情境和以前状态情境，这些也都是影响消费者消费行为的重要因素。为消费者“制造”消费情境，就是通过这个“舞台”建立起企业、产品与消费者的关系。

顾客的价值感知随着时间和使用情境的变化而改变。一些特别重要的使用情境能够引起产品要求的变化，以及相应的有关价值判断的变化。尽管有时存在由于产品性能的差异（如产品故障）而导致价值判断的变化，但价值判断的变化也可能是由顾客使用情境中的触发场景信号的变化引起的，虽然这时客观的产品性能并没有发生变化。

我们卖的不只是商品，更重要的是商品与消费者之间的缔结意义，更重要的是为消费者设计高层次的消费情景，把产品拿到一个新的消费环境中去消费。飘柔强调，在场合不要失面子，给人的初次印象没有第二次机会。宝洁、可口可乐和迪斯尼的成功，就是利用了情景的力量。宝洁、可口可乐和迪斯尼的前营销总监舒尔茨认为，要制作那种能让消费者把自己嵌入进去的广告，如果消费者能想象自己身处广告之中，那你就赢了。

同一个事物，在不同场合、不同情况下，它的质是变化的。比如，一根木头在洞内叫支撑，在家具厂叫原料，做了扁担叫工具，放在锅炉房叫燃料，拿它行凶抢劫叫凶器，拿到法庭叫罪证。企业以服务为舞台，以商品为道具，通过环境、氛围的营造，使消费者口、耳、鼻、眼、心同时感受到"情感共振"式的体验，用消费情境为消费者下"套"，诱惑消费者来"钻"。

消费情景决定值不值得消费者花钱。

开春的寒流不时地掠过街角一位衣衫褴褛、失明的老人身上，老人在自己前面摆了一块木牌，木牌上写着：我什么也看不见。

路人行色匆匆地走过，皆无动于衷。无人施舍一点点钱给这位老人。

一位广告人经过，看到这一幕。他轻轻地蹲下身，用半截粉笔在木牌的前面添上了一句话：春天来了。

广告人离去后，奇迹出现了，很多人都争着把钱施舍给这位老人，让老人十分惊讶。

"春天来了，我什么也看不见。"这位广告人为失明的老人和行人设计了一个伟大的情景。春天来了，世界上还有一位渴望看到美景的人，多么可怜呀。

情景定位是将品牌与一定环境、场合下产品的使用情况联系起来，以唤起消费者在特定的情景下对该品牌的联想，从而产生购买欲望和购买行动。和人们日常生活息息相关的产品，更要设计最佳情景。雀巢咖啡的广告不断提示在工作场合喝咖啡，会让上班族口渴、疲倦时想到雀巢；喜之郎果冻在广告中推荐“工作休闲来一个，游山玩水来一个，朋友聚会来一个，健身娱乐来一个”，会让人在这些快乐和喜悦的场合不自觉就想起喜之郎。

以往研究广告与消费者心理问题总是忽略各类环境对消费者行为的影响，不少研究者将主要精力放在对受众认知状态和过程的测量上。事实上，那些常被忽视的源自外部的各种环境因素，对消费者行为选择有更大的影响。消费者行为受到广告影响不仅有来自个体内部的因素，同时还受到个体以外的自然环境、社会文化、家庭、社会阶层等情境性因素的影响。也就是说，消费者行为是在一定情境或背景下包括广告产生的。强势品牌在做广告时，往往从自然情境、社会文化情境、时间情境、任务情境以及以前状态情境5个方面展开，将品牌与一定环境下的产品使用情景联系起来，以唤起消费者对该品牌的联想。

界定消费场合和时间，是品牌变位的有效手段，它不仅可以使品牌与竞品明显差异化，也较易通过情感利益述求或自我表达利益诉求的方式与消费者深度沟通。

对于很多品牌来说，使用场合和时间的联想是品牌最有价值的资产，如消费者在家里可能喝蒙牛酸奶，但妙士酸奶适合在高档餐厅饮用的强烈联想会让消费者在餐厅宴请客人的时候请喝妙士酸奶；又如科罗娜啤酒代表时尚，适合在酒吧畅饮，而在餐厅喝时则多是青岛啤酒。

记住了品牌的消费场合和时间，容易让消费者对号入座，减少购买时信息收集的繁琐程度。

围绕文化变位——让顾客不再挑剔

品牌的认可首先取决于文化的认同。

如今，以传统文化为背景的中国元素在全球商业领域越来越受到重视。吉利汽车在法兰克福车展上用原汁原味的京剧脸谱做表演，吸引了大量的参观者驻足；李宁运动鞋从赵州桥设计上获取灵感，在产品设计中将中华民族的历史文化与现代科技进行成功融合，受到了许多消费者的青睐。

不少企业已经知道品牌文化的重要性，知道一个品牌的价值远远不止于它的物质层面，而更在于它所蕴含的文化精神内涵。但是从哪里挖掘丰富文化含金量，不少企业常常走入误区。许多人把历史文化名人简单地当成了品牌可利用的文化，纷纷进行名人争夺战，似乎加上《兰亭序》就成了文化设施，加上诸葛亮、庄子、炎黄五帝就有了文化积淀，什么诸葛亮家酒、孔府家酒、孔府宴酒、景阳冈酒，等等，都出来了。

中国传统文化源远流长，其基本精神为讲究中庸、注重伦理、爱好面子、重义轻利，这些方面对中国人的消费心理与行为都具有重要的影响，形成了中国人特有的一些消费动机、消费观念、消费行为方式和购买决策标准。

“礼文化”“福文化”“和文化”“面子文化”“名文化”情义文化”“财富文化”“爱心文化”“健康文化”“诚信文化”，这 10 种认知元素，是当下中国消费者最普遍的、最突出的也是最关心的一般认知。它们是中国人文文化的核心构成，不需过多解释，国人对此一目了然、一清二白。

国内外众多的企业也紧紧抓住国人的文化心结，大做文章，不乏成功案例。每逢春节等重大节日临近，旺旺就瞄准人们讨个好口彩的欲求，在电视上大做广告，24 小时“旺旺旺”地叫个不停，旺旺大礼包几乎成为有孩子的家庭必备之“宠物”，唯恐“旺”不过别人。

金六福酒，则拿起了“福”文化的核武器堵在人们的家门口，无论什么节日，都要买它，否则，你最好不要回家。

娇子集团的茶味香烟烟盒做了一个大胆的个性化设计，将青花瓷的独有元素和肌理融进了烟盒，创造性地将传统的瓷器和烟盒嫁接在了一起，独具神韵，从所有的烟盒包装中一下就跳了出来，推出后赢得了众多文化层面较高的消费群体的欢迎，供不应求。

耐克营销总监说，技术和文化是品牌的阴和阳两面。品牌的一半是技术，一半是文化。消费者不同的文化，其产品价值不同、品牌价值不同。

一个品牌代表的是一种文化，这种文化能否实现社会、企业、消费者之间的价值对接，是品牌营销成功的关键所在，品牌文化实际上是消费者心中的文化。

文化是财富，当你把消费者心目中沉淀的文化从潜意识中唤醒，形成共振，品牌就能走进人心，经销商、消费者才会形成品牌忠诚，最终对你的产品买单。

文化，必须表现为一种品位和流行时，才会对品牌价值有实质意义。消费者消费的不是产品本身，而是在通过消费品牌的象征性形象属性，并通过这种消费获得商品和服务来重新定义自身。定位的本质不是针对产品而是针对客户的心智。

比较而言，有些品牌，技术含量并不太高，产品也并非不可模仿和替代，但却有庞大的忠诚群体，具有丰厚的超额利润回报，这类品牌就是高文化品牌（也称高文化含量品牌）。这类品牌的价值主要源于文化特性与魅力，其开发成本不一定很高（有些纯属偶然获得某种文化灵感），功能也未必独特，但其鲜明的核心价值、深刻的文化个性寓意，尤其是给顾客带来的美好联想、体验、启迪、身份象征和精神满足，足以使它价值倍增。

对于中国市场来说，文化是战略变位资源宝库。

博大精深的中国“人文文化”令人回味无穷，是构建品牌的核心价值源，解读积淀在消费者脑海里的一般认知，去探讨研究存在消费者脑海里的一般认知，是如何跨越时空一遍又一遍地塑造着我们的生活与工作的。文化的选择除了注重其内涵和底蕴外，更应注重文化的广泛性、传承性、现实性。

民族传统文化是品牌的基石。品牌是文化的载体，文化是凝结在品牌上的企业精华，优秀的品牌是具有良好文化底蕴的品牌，这个文化底蕴应该是民族传统文化。只有民族传统文化才能赋予一个品牌最强劲的生命力。

在茶叶市场日趋激烈的竞争环境下，竹叶青充分挖掘与其相关的峨眉山佛教、道教文化，最终运用“论道”这一中国元素的名称打造竹叶青的高端精品，承载峨眉竹叶青深厚的历史积淀与浓郁的中国传统文化。

在华夏文化中，茶总是扮演着风雅的角色。茶以清新的外表、甘醇的味道俘获众人的芳心。竹叶青不仅是茶叶，更包含着茶文化精魂。正是茶与道这一经典的结合，使得峨眉特产的竹叶青与中国元素碰撞出了灿烂的火花。论道竹叶青的精神表现在于重拾中国精粹文明，传承中华传统文化，是精神世界里的大师级好茶！茶与道的结合所创造出来的价值正符合目标消费者的价值认知，激发了深藏在中国人心中的那份求仙问道、淡然处世的渴望与期盼。

为了让顶级客户体验到论道的意境，竹叶青盛情邀请 VIP 成员到原生态茶场去体验，让客户理解品牌所传递的意念。

论道在包装上显得非常古朴，用精致素雅的传统漆器作为包装。放弃小剂量的包装，目的是让顾客感受到购买论道竹叶青的超值感，而不是买包装。

论道的销售渠道只限直销、专卖店以及机场、星级酒店等特殊渠道。由于资源的稀缺性和巨大的市场需求，大大拉升了竹叶青的品牌价值和形象。

“论道·竹叶青”一经推出就受到了目标市场的广泛认可，这让峨眉茶一举发展成为年销售额破 3 亿元的大型集团。

围绕价值观变位——让顾客认同你的承诺

消费者并非机器人，他们不只是简单地购买产品，同时也选择一种观念和态度。价值观念是人们对客观事物价值的主观评价，是消费者评判和衡量品牌价值的标准。消费者的价值观是具有隐秘性的，不会外放表现出来，在其中若隐若现的心理需求才是最重要的根本，可以称之为“金矿的碎片”。

价值观说白了就是感觉对你重要的事情，是一个人对周围的客观事物的意义、重要性的总评价和总看法。价值观是人们态度与行为的内在准则，也充分体现在顾客的消费行为当中。

价值观念影响着人们的消费习惯，很自然地，品牌承诺必须迎合顾客的价值观，才能真正地作用于品牌管理当中来。品牌的发展是一个由商品价值向精神价值转移的过程，品牌的塑造代表了消费者对商品的价值体系的购买。该价值体系被消费者倾心接受，就意味着产品反应的价值体系正确地反应了消费者内心深处的信仰和渴望，价值体系所代表的归属感让消费者真心接受。此时的企业就会形成崇高的品牌美誉度和忠诚度。

树立品牌须围绕顾客的价值观，而不是围绕产品的属性。

笔者在设计联通贺岁祝福片时，注意与消费者的理念对接，提出了“联通财富、联通快乐、联通幸福”的主题语，在电视台一播放，就与消费者产生了共鸣，成了当地贺年流行语。

人们为什么千里迢迢登岳阳楼，还不是奔着范仲淹的“先天下之忧而忧，后天下之乐而乐”那句话；人们为什么千里迢迢登滕王阁，不是奔着王勃的“落霞与孤鹜齐飞，秋水共长天一色”的千古绝句。某种意义上，名楼因名句而成。范仲淹为岳阳楼注入了动人的灵魂，王勃为滕王阁注入了动人的灵魂。

近期康师傅和娃哈哈两款产品的广告内容值得关注，其或许彰显了饮料广告的新趋势。

康师傅冰糖雪梨以陈坤为代言，广告歌曲为“请给爱一双翅膀/让希望随风飞翔/飞过高山和海洋/来到你我身旁/让生活洒满灿烂的阳光/让梦想发芽在美丽的世界/让真心滋润关怀着你和我”。

娃哈哈于 2014 年推出了陈皮和青梅相结合的饮料新品，名为“小陈陈”。虽然小陈陈也注重“降火气”的功能宣传，但是其语录宣传则非同一般：下班遇上堵车？没关系，正好有空欣赏一下窗外的风景，淡定淡定；逛街遇上下雨？没关系，雨中漫步吧，反正前面也下着雨，淡定淡定；体重又飙升啦？没关系，冬天还可以保暖哦，淡定淡定；又加班熬夜？没关系，证明我还年轻扛得住，淡定淡定。

从康师傅冰糖雪梨和娃哈哈小陈陈的广告宣传中可以看出饮料广告正在走向以精神诉求来吸引消费者的新阶段。娃哈哈冰糖雪梨广告已经突破了原有的宣传点，即润肺的功能宣传，而是通过广告片的形式传达给消费者传递爱、传递真心、帮助他人会更加美好的生活态度。康师傅以传递爱心为冰糖雪梨新的诉求点，容易在众多品牌的冰糖雪梨中获得额外关注。推出新品是应对竞争激烈市场的有效方法，娃哈哈不仅推出了新品以清火功能寻求市场，更是以语录宣传使产品更能贴合消费者的内心，如此获得更多和长久的支持。由于工作生活等各种压力加大，城市居民容易出现各种心理上的困扰，亟须发泄的渠道或者一款懂自己的产品出现。小陈陈语录自我安慰感十足，能够帮助消费者摆脱心理困扰，如此小陈陈就成功地以拉近心的距离方式赢得了消费者的认同。

围绕梦想变位——让顾客感到不差钱

一个超级品牌就是为顾客创造梦想。

世界顶级品牌不断制造向往，并引导受众的向往。世界顶级品牌无不构建了其非凡高度，让消费者仰视，让消费者追逐，让消费者购买产品的同时心甘情愿地多付钱。

“它不仅仅是一个店，它是一个宗教；它不是在卖家具，它在为你搭起一个梦想。”这就是宜家!

从消费行为与心理的角度来分析，崇尚精神生活、彰显自我个性、追求个人价值的消费心理日趋明显，每个人都有自己的个性化生活方式，生活方式也是一种生活梦想。正因为要建立自己的生活方式，圆自己的生活梦想，消费者才需要接受各种各样的产品或服务。

为了让更多的顾客成为宜家的品牌崇拜者，宜家提出了一个重要品牌概念：“销售梦想而不是产品。”

何谓梦想？在宜家品牌的价值观里，梦想就是一种对美好生活的向往与期盼，而宜家就是这个梦想的舞台，它为全球千千万万的人实现了梦想。为了传递自己的价值观，宜家没有像其他品牌一样，选择投放电视、报纸、杂志广告，而是采用一贯的宗教式传播方式进行品牌的传播。一直以来，宜家赖以传播品牌的主力就是宜家的产品目录册，不少人把它比喻为宜家的“经书”。

目标消费者心中都有“重要又较未被满足的需求”，如象征性消费需求或者炫耀性消费需求。每个人都是生活在希望的世界里，品牌就是为了实现消费者的梦想。

优秀的品牌都是将客户的梦想固化，将这些梦想附加在具体产品上，让这种渴望变得可以触摸、拥有，构建品牌价值。

以消费满足人类的梦想正是那些最成功的品牌成为一种精神图腾的原因。

围绕向往和欲望变位——演绎消费者的期望

品牌有内涵与外延两个方面组成，内涵即是品牌具有的文化、审美的承载，外延则更多的是参数与指标，包括属性、工艺、技术、材质等硬性元素。内涵与外延包含了品牌几乎所有属性，构成品牌独一无二的特征。

大家看“王老吉”的广告，都没注意“王老吉”是如何预防上火的，它的口味好不好，都没有思考它是不是比其他产品降火功能更好，大家只看到了刺激的美食、刺激的聚会、刺激的运动，那才是很多人与生俱来的欲望。

他们都喜欢“刺激带来的快乐”，而“王老吉”适时地反复出现。这种联系变成了下意识。当受众下次幻想“刺激带来的快乐”时就会自然想到“王老吉”。再看看“耐克”，耐克的产品精神是“激发运动潜能”，倡导的运动精神是“谁都可能成为冠军”。在广告片中，耐克公司不是采用一味宣传产品技术性能和优势的惯常手法，而是抓住年轻人喜欢的“叛逆”。叛逆，正是人类忠实于自身欲望的另一种体现。当“谁都可能成为冠军”这么专业的运动精神变成了“叛逆”，你可以用常识判断一下，它在年轻人里会有多大的市场。

欲望是人性，从来就有，其外延可以无限延展，但人性亘古不变。广告传播应注意不变的人性，而心智连接这种独特的广告传播策略方法，就是去挖掘消费者内心被掩藏的欲望，触动它刺激它，在无形中将品牌变成消费者欲望的一部分。

广告大师伯恩巴克讲过，“10 亿年来，人类的本性从没改变过，再过 10

亿年也是一样，只有表面的东西会改变”。

很多成功广告片都是触动了消费者的本质欲望。

打坐练气功的人都知道，人的内心很难真正静下来。因为，人有各种各样念头，一念未灭，一念又起，这些念头就包含了各种各样的需求。大多数时候，人们并没有很明确地想要买一件东西，只是心念一动，就买下了。每个老板都要想一下，如何让消费者在动念需求的时候，让他的认知中能够有自己的产品出现？

市场是一个载体，承载着消费者的期望。品牌是满足人们的追求，不是需求。产品是为特定欲望服务的，满足了欲望的产品才能好卖，欲望越虚，价格往往会越贵。

松本电工的广告：“如果我装修我心目中的皇宫，我一定选择松本电工。”要知道，谁不希望自己的家像皇宫一样美丽舒适呢。尤其是在中国人民的生活水平逐渐提高的情况下，装修美化一下自己的家就成了每一个中国家庭的愿望，住宅装修费用支出占家庭总支出的比例正逐年增长。松本电工的这个广告可谓一举抓住中国消费者的心理，用高品质的产品形象来吸引消费者购买。确实，好不容易装修一次，当然要挑好的产品。因此，尽管松本电工的产品比其他品牌的贵上几倍，但消费者仍然愿意选择它。

围绕消费习惯变位——不争而争

只要产品进入市场，要么利用消费习惯参与竞争，要么不参与竞争而是教育消费者建立新的消费习惯。

产品顺畅、广泛地被消费是来源于消费者已建立的消费习惯，消费习惯越成熟，消费市场就越大。

统一的“鲜橙多”，就是饮料、保健、美容的消费习惯；蒙牛的“早上好”、“晚上好”牛奶，就是饮品、营养、时间的消费习惯；王老吉凉茶，就是饮料、保健、文化的消费习惯。

总之，多一个有机连接就多占有一个消费习惯，就多一个竞争优势。

使用消费习惯的连接来创造竞争真空市场，关键点之一在于消费习惯的调查分析和拓展创新。

产品的内、外在表现可以用“情理之中，意料之外”来形容。习惯一定是情理之中，而产品一定要在意料之外。而且消费习惯的连接可以是同类同行业的，也可以是非同类非同行业的。饮食习惯的不同、生活起居的不同、时间观念的不同及性别、性格、年龄的不同和工作、文化背景的不同等等，都在演绎着各种不同的消费习惯。这些消费习惯都是研究分析可否进行有机连接的对象。

使用消费习惯的连接来创造竞争真空市场，关键点之二在于多种非同类非同行业消费习惯的有机连接。

消费习惯拥有巨大的商业机会，拥有巨大的消费能力，因此各商家为了成熟的消费习惯、为了巨大的商业财富蜂拥而至，最终导致产品供大于求，惨烈的竞争由此开始。当产品一旦进入市场，占有消费习惯就有市场消费、就有市场竞争、就有市场风险；未占有消费习惯就没有市场消费、没有市场竞争、没有市场风险。这是市场经济、商品社会的现实，也是商界的一般认识。总之，不论前者还是后者，市场风险是无法避免的，所以众多商家都会选择前者。

习惯驱动行动。你真正想了解人们怎么行动，必须自己仔细观察，人们怎么过日子，并且思考自己的品牌怎么切入市场、何时切入最合适。

我们应该做的是研究我们客户的消费习惯，开发相应的产品和服务，以便迎合人们的行为习惯。企业要做的是鼓励人们养成一种新习惯，并采取行动让自己的品牌成为这种习惯的主要倡行者。营销专家阿特·马克蒙（Art Markman）说，不管任何时候、任何地方，一旦外在环境和某种行为之间有了一种一致的关系时，习惯便会形成。这就意味着“除非你所在的行业领域，每个客户只和你产生一次接触，否则根据品牌和客户不同的互动情况，客户会形成不同的消费习惯”。

如果你想让人们做出改变，给他们一个充分的理由——让他们觉得这样的改变有许多看得见、摸得着的好处。因此，要保证品牌能给客户带来更多的价值。提高对消费者的奖赏，并确保这种激励机制持续下去，这样才能达到企业的目的。如果你没有很好地告知人们为何要做出改变，也没有很好地坚持下去，那么人们很可能对你不再感兴趣，也不可能变成品牌的铁杆粉丝，自然形成不了一种新习惯。

围绕象征意义变位——为消费者贴金

有人说“品牌就是象征”，倘若品牌成为某种象征的时候，那么这个品牌在大众心灵中已经烙下深深的烙印。

人们买LV包是因为他们认为LV包品质好吗？已经不是了，纯粹是为了背出去告诉别人我背的是LV包。人们不是买品质，而是买象征。

调查显示，在时尚消费的支出领域，服装是各群体关注度最高的领域，而随着收入的增加，标志性的时尚消费领域就会增加，比高收入高支出的群体花在珠宝、手表消费上的钱远远高于其他群体，究其原因，主要在于珠宝和手表最能够在公共场合突出一个人的身份和地位，而这些也往往成为区分阶层的标志性符号。

欲使品牌快速成长就必须把品牌规划为受众们崇尚的象征。品牌象征的规划实质是将品牌个性具体化或者将品牌属性抽象化，让品牌具有高档感和高价值感。

一个优秀的品牌要具有某种象征性意义，即消费者通过选择某品牌的产品可以表达其思想或代表其形象。如著名香烟品牌万宝路，其代表豪放不羁的牛仔形象，使品牌个性深深地感染着无数男性香烟消费者，它激发了消费者内心最原始的冲动、一种作为男子汉的自豪感，因而它深受烟民的推崇并用其作为展示男子汉气概的一种工具。

象征意义变位就是消费具有的符号象征性。即消费不仅是物理或物质的消费，而且也是象征的消费。正是象征、价值取向、仪式一起共同构成了某个时期或某个群体的文化特色，其重要意义可以显见。

象征消费有两层意思。其一，是“消费的象征”，即借助消费表达和传递了某种意义和信息，包括自己的地位、身份、个性、品位、情趣和认同。消费过程不但满足人的基本需要，而且也是社会表现和社会交流的过程。其二，是“象征的消费”，即人们不但消费商品本身，而且消费这些商品所象征或代表的某种文化社会意义，包括心情、美感、档次、身份、地位、氛围、气派、情调或气氛。例如，宝马车作为成功者的象征而被购买；高档豪宅作为身份符号被消费，以及由这种象征的消费而带来的特别心情。在消费活动中，这两层含义相互渗透、难以分割。

象征消费典型地体现在品牌消费中。品牌对消费者具有三重价值：功能价值、象征价值和体验价值，其中象征价值因能回答和识别“我是谁”这一重要问题而受到消费者青睐。这时，品牌作为“图腾”或差异符号，构成消费内容的一部分。

好品牌的象征性意义被多数人喜欢，被少数人拥有，让价格失灵。

凡伯伦在《有闲阶级论》中提出“炫耀性消费”。他认为在炫耀性的消费体系中，往往不是物本身，而是物所承载的地位、身份、品味等，即商品不仅具有使用价值和交换价值，而且具有符号价值。其符号价值主要表现在商品本身的社会象征性，这使得商品成为某种社会地位、生活方式、生活品位和社会认同的符号。实际上，商品的社会象征性是社会化的人赋予商品的特定的社会意义，使购买、拥有该商品的消费者能够显示自身的某些社会特性，如身份、地位、财富、尊严等，由此显示所带来的一种自鸣得意的过程，从而获得心理上的满足。

将品牌受众的向往与品牌的特质进行有机地结合之后，通常可以产生出某种概念，诸如汽车品牌中的“皇家地位”“事业有成”“时尚运动”等，确立崇尚象征。为了让这个概念深入人心，让人无限遐想，还必须对其进行科学的描述，形成一致表达，选用合适的品牌代言人，统一相关形象。也只有这样才能够比较快速地在目标受众的心里形成某种象征性的意义。例如

LV不是包，是身份，所解决的需求绝对不是单纯的放物品的工具，而是一个证明自己所属阶层的证据；奔驰不是车，是富贵与成功，里面所搭载的人不是普通的赶路者，而是一个具有地位和身份的人的象征；劳斯莱斯品牌让人想起那是皇家地位的象征；卡迪拉克品牌让人感到那是事业有成的象征；法拉利品牌使人知道那是时尚运动的象征；价格不菲的劳力士不是表，因为戴劳力士的人估计很少用自己的表看时间，它只是在很多特定场合的出入证。

富裕的上层阶级通过对物品的超出实用和生存所必需的浪费性、奢侈性，向他人炫耀和展示自己的金钱财力和社会地位，以及这种地位所带来的荣耀、声望和名誉。这种对个人财产的夸耀甚至波及他们的妻子，她们充当起丈夫“炫耀性消费”的“花瓶”。妇女们在被赠予昂贵的衣服、气势宏大的住所和悠闲的生活后，经常要被迫扮演宣传其丈夫财富的角色——她们成了一种“活广告”。这种炫耀性消费就是一种典型的“象征消费”，所表现的是与金钱或经济资本相连的社会地位和荣耀。

好的品牌有一个专属的象征意义，让消费者对号入座，找到属于自己的品牌。抢占有形的制高点只是暂时的，抢占象征的制高点才是长久的。

在生活当中，消费者的身份不同，对自己身份的看法不同。尤其是当他的购买能力达到一定阶段的时候，这种感受就更加突出。所以，我们做品牌的时候，一定要尊重消费者的身份感。如果做到这一点，消费者会开始对你进行承诺消费。

我们在打造消费者的身份感时，到底采用什么样的营销要素也许不是最重要的，重要的是要遵从消费者对自我身份的定位和归类。品牌营销在制造着一个又一个唯我独尊的社会阶层，创造一个又一个唯我独尊的梦境，消费者通过品牌消费在梦中如痴如醉、无法自拔，消费者通过品牌消费进行社会层次的自我归属和自我标榜。

赋予品牌引人入胜的身份概念，就会在品牌与消费者之间建立强大持久的情感联系。

社会的发展必然导致社会的分层。比如中国目前的社会，从收入层面，社会可以分层为金领阶层、白领阶层、蓝领阶层、灰领阶层等；从社会地位来说可以分为精英阶层、新贵阶层、草根阶层等。

其实从人性的层面来说，不同社会阶层的人对产品的功能需求都差不多，或者说大同小异，但是把产品消费提升到品牌消费层面之后，也就是把消费者的购买从功能购买提升到了精神满足的层面后，品牌也就成为消费者自我实现和自我标榜的一个符号，希望通过这个符号强化自我的价值认可。

如果我们要对一个人的社会经济地位作出较为正确的判断，可以依据两个东西：首先通过公认的地位等级序列（例如受教育程度、头衔职位、收入水平、职业声望等）来辨别；其次通过被广泛理解和认可的社会地位符号（例如衣物、饰品、房屋、汽车、宠物、运动项目等）来评估。高端产品往往通过材料、设计、工艺、品牌精神等完美组合，用其高价格将众多普通消费者挡在门外，而让进入"围城"的特定群体感受到"排他性""稀缺性"的身份识别效应，进而通过外化的产品或者服务获得心理层面的愉悦和满足。

无论哪种形式的高端产品或者奢侈品消费，购买者都希望能够通过外化的物理产品来寻找自身在社会群体中的"身份归属"与"身份认可"。这种"身份识别"可能是顾客对自我角色扮演的寻找与肯定，也可能是顾客对特定群体中角色扮演的强化，还可能是顾客想要从向往群体中寻求接纳或者拉近与其距离。不管是高端产品的常规消费者，还是偶然消费者，寻求或者强化"身份识别"是支撑他们高端消费的强大社会心理需求。

但是需要注意的是，在身份感的打造上，不要总想靠高价格来支撑身份感，而要靠其他要素来支撑高价格。笔者将消费者的身份感细分为五个方面，包括性别、性格、爱好、价值观和社会角色，并为这些身份配置了五个营销要素：视觉系统、使用者形象、广告调性、沟通媒介和购物环境。

被挡在外面的心仪的人越多，品牌的价值越高。市场细分是给顾客划阶级，品牌建设是给阶级外的人建门槛。门槛越高，想进门的人反而越多，尽管对多数人来说，那可能永远是个愿望。产品越丰富，竞争越激烈，产品越容易大众化。产品一旦大众化，品牌也会随之大众化。

奢侈品之所以成为被追捧，在于创造一种消费壁垒，产生拥有者“居高临下”效应。

彰显社会地位，构建稀缺个性。而高端品牌本身的排他性特质为这一群体关注与选择具有“稀缺性”资源特征的产品或者服务消费行为提供了最佳的注脚。因此，高端品牌的成功市场定位，需要遵循“稀缺的资源给稀缺的你”的品牌营销路线，让目标消费群体产生“距离感”“优越感”“奢华感”的品牌联想，最终满足其有效区隔“身份识别”的购买诉求。

围绕生活方式变位——让消费者有面子

“生活方式”可分为物质消费方式和精神生活方式两个部分。

价值观的建立将物质消费转化为一种意识形态意义的美学消费，人们消费的不再是物，而是物所代表的符号意义。

人们在物质消费中得到的是精神满足，甚至是幸福感。因此在品牌创建其所代表的生活方式时，要以价值观的输出和认同为核心，实现从物质到精神的升华。遵循这个途经，劳斯莱斯并未过多诉求汽车参数、配置、甚至价格等物质要素，而是不断强化“珍贵、奢华、品味”的生活方式。

成功品牌更多地在生活方式上做引导，祝福鱼水饺通过把自己与该阶层已熟知的生活元素划归同类的方法，迅速建立价值观的认同，于是出现了“开宝马，吃祝福鱼水饺”。

在当今海量信息快速传播的社会，各种思潮集结与分化并存，人们在追求个性的同时，更渴望被社会主流所认可。这种快速、自由、矛盾的社会环境造就了更多的商机。

品牌应迅速地发现这些思潮所期望的生活方式，并通过互联网等工具快速传播，可以较为彻底地获得认可，赢得商机。

生活方式创建的核心是建立价值观的认同。这种精神层面的认可显然要比诸如价格、款式等物质层面的因素更为持久和具备优势。品牌在产品和功能上存在着很高的同质化现象，若不能导入具有差异化的生活方式诉求，品牌特征将很难表现。品牌又终沦落到价格、让利等物质手段的低端竞争环境，难以突破行业发展的瓶颈。

国外品牌擅长用生活方式的诉求来建立品牌的优势，并蚕食市场。这就要求国内企业在狼还没有完全来之前，培养好自己的能力，以准备日后的搏杀。

1996 年 6 月，锦州凌川酒厂在搬迁时发掘出道光年间穴藏贡酒，取名“道光廿五”。“道光廿五”以液体文物“珍稀”的概念开展营销。“珍稀”是品牌的特质，但并不能形成与消费者生活相关联的价值利益的认同，因此销售不温不火。

1999 年，成都挖掘到历经元、明、清三代的古窑池，取名“水井坊”。当时酒的营销多数在“品味”“年份”上做文章，但水井坊做了一个开放式消费者调查发现：白酒不是喝到胃里去的，而是喝到心里去的。75% 的白酒消费者是被动公务消费，喝的不是味道是面子，市场需要最贵、最有面子的白酒。

水井坊品牌定位为“中国白酒第一坊”，为强化品牌与消费者利益价值的联系，提出了“中国高尚生活元素”的价值观诉求，“水井坊”也因此成为中国高尚生活方式的代言。

同类的商品、同样的事件背景所带来的不同结果在于：生活方式的创建需要在品牌与消费者之间建立价值观的输出和认同。没有价值观的生活方式是不成立的，更无法实现从物质到精神的提升。

不同时期、不同社会条件、不同阶层人群形成了不同的生活方式，因此在生活方式的变位上我们要以受众面、持续性等要素进行分析。尤其在社会思潮活跃、社会发展进程加快的今天，任何陌生的、小众的生活方式定位只会带来模糊、狭窄的市场。

| 第 7 章 |

变位落地的“十个一”工程

商业成功有两种主要因素：

品牌和品牌传达。

所有其他行为——

运营、财务、生产、市场、销售、沟通、

人际关系、投资关系——

都是次要因素。

品牌策划，

先要解决“传播什么最高效”的具体问题，

再解决“怎么传播”的问题。

一面品牌旗帜

赢得粉丝，不论是一个族群领袖，还是品牌代品人，都应高举品牌旗帜。

不论是跨国公司，还是初创的公司，都有资格举起品牌旗帜，赢得社会认同。

格兰仕的广告并不多，是一个几亿人都知道的品牌。格兰仕说："我们没有能力使广大消费者富裕起来，但我们要竭尽全力使消费者辛勤劳动的成果变得更有价值。"

这句话像一面旗帜，赢得了社会认同。如果它简单地说"价廉物美"，给人的印象就不会这么深刻了。

这是一个多元化竞争的信息时代，消费者的选择空间越来越宽广，消费者的注意力资源却越来越稀少。无论企业的品牌资产有多雄厚，如果不能引起当今主流消费者的认同与注意，都有可能在一夜之间让品牌资产流失殆尽。互联网尤其是移动互联网时代，用户的痛点在于更要求价值观的认同和共鸣，我们称之为原点精神。

你要精心选择具有传播力的原点精神尚可能成为品牌旗帜。提炼一组具有媒体价值、消费者乐于接受和传播力的品牌旗帜，作为对外界释放的基础元素，使其在媒体的通道中自动变异、复制、强化，从而达到高效传播的目的。

时至今日，营销步入品牌旗帜时代，品牌旗帜代表了品牌最核心的价值，最终、最直接地影响着消费者的购买选择。

消费者选择品牌，主要是看品牌旗帜。

品牌旗帜是站在行业的高度树立的，所以，它比 USP（独特卖点）、品牌形象更能赢得消费者的心。成功的品牌，都基于其品牌旗帜的推广与建设。

阿里巴巴高举“最简单的网上交易集市”的旗帜，把目标群体定义在中小企业身上，将全球的中小企业的进出口信息汇集起来，为中小企业提供了一个交易的平台。

在电脑业，IBM 依靠“大型主机”“集成电脑”的品牌旗帜成功，康柏就凭“商用 PC”建立品牌，而戴尔因为坚守“直销电脑”的品牌旗帜后来居上。

美国喜剧大师森裴德认为，仅仅有生活当然是不够的，对生活的理解才是能够吸引观众的核心，你要找到观众的期待。首选品牌是找到消费者的期待，并将消费者的期待内容打造成品牌旗帜。

当可口可乐在 100 多年前诞生时，它最初进行的是“提神醒脑”的 USP 广告；随着可乐的普及，产品竞争同质化，它则转向了“享受快乐时光”的品牌形象塑造；当它足够强大，又面临着百事可乐的挑战时，它趁势将自己品牌旗帜为“正宗的可乐”，从此坚守不移。

只有为品牌确立了品牌旗帜，你才会有一致性的营销推广方向，才能评估出最佳的推广策略，才知道何种推广方式最适合自己。这样，你才可以沿着一条可积累的道路，快速高效地建立品牌，而不是陷入漫无方向的传播，使品牌不知所终。

我们可以从诸多欠缺品牌旗帜的广告剖析中，解读现今广告效果不佳的原因，进而深入体认到品牌旗帜在今日营销推广中至关重要的作用。这一关键的元素就是：推广之前，先确立品牌旗帜！没有品牌旗帜的广告，会迷失品牌推广的最佳策略。

任何一个能取得初步成功的品牌，往往是客观上已形成有自己的品牌旗帜，成为某类产品的代表。其最佳的推广策略，应该是鉴别出自己的品牌旗帜，将之提炼出来，然后深化品牌旗帜购买理由的宣传，强调自己所代表的这类产品的好处，从而最好地巩固自身品牌旗帜和赢取更大的销售。如若品牌没有意识和运用好自己的品牌旗帜，其广告效果将大打折扣。最明显的例子，是众多行业的领导品牌，错过了开拓品类市场的机会，使发展出现瓶颈，或业绩增长不佳。

没有品牌旗帜的广告，可能只是为领导者做嫁衣。

没有品牌旗帜的广告，有时会帮倒忙。

没有品牌旗帜的品牌，往往不知道自己为什么被消费者购买。

没有品牌旗帜的广告，可能会破坏品牌自有的传播价值

品牌旗帜决定传播。当品牌没有品牌旗帜时，它无法判断何种推广方式适合自己，而贸然的广告破坏了某些品牌潜在的“话语”价值，使得媒体与口碑都失去兴趣。

没有品牌旗帜的品牌，实质上是不能在消费者心智中寻找到一个合适的位置，切入进去，直接地打动消费者。于是品牌的广告，永远只能是高空作业，一线的销售人员，往往要另外准备一套说辞去“对付”顾客，而与广告说的全不相干。

广告测试与评估的权威大师约翰·肯布斯，曾经有一项重大的观察，带有品牌旗帜的广告，效果是没有旗帜的广告的19.5倍!

一个关键标签

美国豪华电动汽车品牌特斯拉，帖上了“新能源汽车未来”的标签，引发了新能源汽车的热潮。

唯品会是一个靠变位快速崛起的互联网商城。首先为自己贴的标签是“实惠”。其次为自己贴的标签是“名模代言”。

2013 年 7 月底，小米推出红米手机，当时 24 小时被预订的手机数是 350 万部，最终 72 小时被预订了 750 万部。做制造的企业都知道，这么大的量，供应链的生产力是跟不上的。在传统企业里，会招来“无数投诉”，但在小米手里贴上“饥饿营销”的标签，反而显出小米的热销。

“贴标签”是品牌变位的通俗演绎。

广东有个区域矿泉水品牌，叫鼎湖山泉，它给自己的贴的标签是鼎湖山泉好水煲出靓汤，泡出好茶。因为广东人喜欢喝茶煲汤，自然鼎湖山泉是最佳选择。鼎湖山泉将自己放在用户的煲汤冲茶的使用心智里，避开农夫山泉、怡宝等强大的竞争对手，找到了自己的生存空间。

关键标签告诉消费者，我的品牌是什么。

关键标签是触发器，它们能触发埋藏在人们头脑里的意义。

一个成功的辩护律师说：“如果你从 10 个方面去辩论，即使每一方面都发挥得很好，当陪审员回到休息室，他们还是什么都记不住。”为了抓住一个观点的核心，我们必须学会筛选，必须毫不留情地分清主次。

通用汽车公司研究中心大楼的墙上挂了一块牌子，上面写道：“问题一旦得到解决就变得简单了。”

“来自加利福尼亚的提子干——大自然生产的糖果。”

“汁多肉厚的盖氏汉堡——不装罐的罐装狗粮。”

“宝宝乐——泡泡口香糖里的第一美味。”

这些就是如今行得通的简单点子，即以直截了当的方式、用简单的词语表达出来的简单购买理由。

当产品贴上一种“标签”时，产品就变成品牌。当一件事贴上“标签”，就有了意义。宝洁公司给海飞丝贴上“去屑”的标签，舒肤佳则被贴上“杀菌”的标签。

“贴标签”就是贴信息关键点，信息关键点不同，可能产生截然的效果。

Hanky Panky 的标签是“性感”。1977 年，Gale Epstein 为好友 Lida Orzeck 做了一组胸罩和内裤服饰当作生日礼物。受此启发，她们成立了一家公司，采取了颇为大胆的“女性制造、女性专属”的经营方式。“Hanky Panky 承诺让女性得到一种超棒的感觉，无论是对她们的身体、她们穿的内衣还是和品牌其他粉丝之间的姐妹情谊。”公司总裁兼创意总监 Epstein 说，“我们始终如一地推出一个特别定制的产品系列，穿上它会让女性变得女人味十足、信心满满。这个系列的服装还以贴身而闻名。”

长期以来，通过出售性感而舒适的款式以及均码皮带——这两种产品仿佛都有多得数不清的颜色可供挑选，这家总部位于纽约的品牌公司已经拥有了大批追随者，但创始人却将最近的增长归功于品牌的延伸（如学院派服装以及 Hello Kitty 的品牌授权、婚纱系列以及性感奔放的 After Midnight 产品线的推出）。所有女性对自己的身体都有自己的看法和情感投射，这种情感很复杂，不同女性的理解是不同的，而 Hanky Panky 解决了这种复杂性。“内衣已不再单纯为了取悦性伴侣，它还为那些希望对自己身体拥有良好感觉、希望在很多人生阶段拥有乐趣的女性准备了礼物：孕妇系内衣设计旨在让准妈妈们在长达 9 个月的孕期中不会感到自己已被人遗忘；为 20 多岁的女性设计，让她们还处在刁蛮小公主使性子的年龄。”

2012 年公司推出 Pep Squad 计划，在全美大学校园范围内聘请代言人，让她们在校园内介绍 Hanky Panky 品牌，并借助社交媒体和特殊活动的帮助来推广品牌。来自学校的消费者数量增长也是该品牌在 Facebook 网站上获得接近两万次“赞”的一部分原因。仅去年一年，Hanky Panky 获“赞”数量就增长了一倍。

Epstein 说：“我们的消费者也能担任公关宣传者，因为我们的品牌就建立在口碑宣传的基础之上。”

关键标签要有传播价值。

它要具备新奇特质，转化为新闻话题，容易实现对品牌的传播和塑造，让消费者享受购买需求上的新意与美感。

关键标签要既新鲜又能易懂。

关于阿里巴巴为什么会受到欢迎，马云说过这样一段话：因为阿里巴巴是商人们用来赚钱的工具；因为他们拿它赚钱，所以这是个“一等一”的产业。阿里巴巴是什么，是互联网应用。互联网能干什么，只有马云说得清楚。“帮助客户赚钱”，简单易懂。马云把敏感点提炼和概括成关键标签。

人们喜欢简单，反感复杂，特别是在用语言沟通时。

关键标签营销是传统营销的补充。

如果要与新闻营销结合起来，共同弥补传统营销领域竞争方式的不足，从另类角度来释放高昂广告活动所承受的营销压力，就会让企业低成本快速成长。

敏感点就是具备诱惑力的刺激点，要让消费者更快地找到你，认知你，接受你！敏感点形成关键标签。

关键标签要符合消费者价值观。

顺消费者价值观，则昌；逆消费者价值观，则亡。消费者头脑中能够影响其对价值做出选择，能够充分反映消费者价值观的固有购买理由，包含习惯、传统、生活方式、文化教育形成的价值观。

成功品牌常用的有如下十大关键标签。

关键标签一："产品特性"。

在消费者的心智中，永远只能记住你一个特征。所以你要专注于这一点把文章做足，鼓吹你的产品无所不能是最愚蠢的做法。

关键标签二："制作方法"。

消费者常常相信，产品具有某种神奇的因素使之卓尔不群；但对于这种因素到底是如何起作用的，他们往往不求甚解。

关键标签三：成为"第一"。

人们倾向于坚持自己已有的东西，这种状况有神奇的吸引力，心理学家称之为"保持你所保持的"。你肯定知道第一个发现美洲的是哥伦布，可是你记得第二个人是谁吗？做第一永远都是给别人留下深刻印象的好办法。

关键标签四：做到"最新"。

我们的社会总是在鼓动我们寻找最新或者新一代的东西；人们在购买被认为过时的产品时，感觉会不舒服。

关键标签五：成为"老大"。

人们倾向于把"大"等同于成功和社会地位，领导者是建立品牌信任的最直接方法。

关键标签六："传统"。

如果你过去不曾有过传奇，人们很难相信你的未来会有辉煌。可口可乐高呼着"传统"或者说"悠久"的历史而屹立不倒。

关键标签七："流行"。

我们通过了解别人认为对的东西来决定事物的正确；通常，当很多人在做某件事时这件事就是对的，心理学家称之为"社会公认原理"。不知你有没有注意到自己的一些习惯：去书店买书的时候，你会关注畅销书排行榜上头几名的书；买唱片的时候你会优先考虑现在最流行的大碟；上网看帖子的时候你会首先点击回应数最多的几篇。

关键标签八："产品线的宽度"。

"专门提供某一类的产品"本身就是一种品牌特征。其实这种办法实施起来是比较困难的；面对超市中应有尽有的商品，消费者的确可以找各种各样的商品，但问题却出现在他们该如何去找。

关键标签九：“市场专长”。

人们对专注于特定业务和产品的公司印象深刻，他们将这些公司理解成为“专家”，认为他们有超过一般的知识和专业技术；反过来，常识告诉人们，一个人或一个公司不可能成为各方面的专家。选择自己的力量与别人竞争，以市场专长区隔对手才是小型企业与大企业血拼的出路。通用电器公司的各个品类均以专家的姿态出现并处于领先地位，如它的“厨房帮手牌”洗碗机领先洗碗机行业，“美泰克牌”洗衣机领先于洗衣机行业，“日光牌”熨斗领先于电熨斗行业，“皇庭”领先于搅拌机行业。

关键标签十：“销售情况”。

有时候运气来了，你的产品可能热销到甚至连你自己都不知其所以然的程度。没关系，热销本身就是一种差异化特征，你可以进一步“火上浇油”，把“我很热销”的口号喊遍整个市场。不过要记住，这只是一种短期的区隔方法，没有产品能够红透一辈子，你需要一个跟进的购买理由。

关键标签，为企业创造客户。

伍德罗·威尔逊说，如果要做十分钟的演讲，我需要准备一个星期，如果做一个小时的演讲，我现在就可以开始。如何让更多的消费者看到并记住自己的商品信息呢？其实解决之道很简单——就是简单！简单，正是应对了信息大爆炸的背景下消费者喜欢简洁的心理。

一个消费者最关心的购买理由

消费者购买是需要理由的，消费群是购买理由决定的。

红牛自1995年进入中国以后，一直将自己定位为“提神醒脑”的功能饮料，产品诉求“渴了困了喝红牛”，在中国市场刮起了一股新旋风。但是，现实生活中需要经常提神醒脑的人群毕竟是少数，无论投入多大资源进行运作，由于受众群体有限，其市场规模扩张遇到了瓶颈。后来红牛也意识到了这一点，开始战略调整，对产品定位和消费人群进行了适度扩张，产品定位从“提神醒脑”延伸为“补充能量”，消费人群从熬夜人群扩张为所有需要补充能量的人，实现了整个产品的消费从小众群体向大众群体的扩张，一时销售额扶摇直上九万里。

益达糖最初和所有同品类产品一样，产品定位在清新上，目标锁定为需要时常清新口气的都市白领（重点是恋爱中的男女）。然而同质化产品定位和人群定位，不仅使自身形象难以出众，市场销量也一直不温不火。近来，益达一改传统面貌，将产品定位为餐后用品，“吃完喝完嚼两粒”的广告诉求，一下子将产品从小众人群扩大到所有人群，极大提升了产品销量。如果这一产品定位和人群定位能够长期坚持下去，就像人们餐后要有餐巾纸擦嘴一样，益达的市场前景不可限量。

戴尔·卡耐基说过一个故事。小时候，邻居老约翰去世了，他急急忙忙去告诉小伙伴汤米。汤米当时被蚊子叮了一个大包，听闻消息后，对老约翰的噩耗表达了短暂而模糊的哀悼之意，接下来就使劲地抓挠自己被蚊子叮咬的包，并且心急火燎地满屋子四处翻找涂抹祛痒的药，再也不提起老约翰的事。

戴尔·卡耐基后来把这个现象形象地表达为：“人们对自己被蚊子叮咬后痛痒的关心，超乎邻居的死讯!”——这就是在消费心理上如何引起关注与需求的“与我相关”现象。

人们对产品特点、优点的认知，如果觉得与自己无关，很快就会忘记，更不要说产生购买行为了。所以，我们在传播产品定位输出语的时候，一定要特别补上一句与消费者痛痒相关的话。

消费者是用品类来思考，用品牌来表达，做到品牌能代表品类就算成功。比如你的孩子与你说“妈妈，我想吃喜之郎”，很显然他是想吃果冻；你的同事与你说“麻烦帮我顺丰一下”，也很显然，他是希望你帮他快递一下；你的朋友与你说“这个可以百度一下”，那是让你实施一下中文搜索！所以如果你的品牌能成为某个品类的代表或某个品类的优先选择，那么你的品牌在顾客心智中的打造算是完成了，否则大家日常说的品牌只是在工商局注册的一个牌子而已，对于消费者而言没有意义，当然无法成为消费者的选择，而无法成为消费者的选择，那肯定是没有未来的。

在明确定位时，一定要清楚是谁、因为什么挡了你的财路，然后区隔他、差异他，给消费者一个选择你而不选择他的理由。

看看经典的差异化主张：海飞丝——去头屑；宝马——终极驾驶机器；赛百味——享受新鲜。个个简单有力！

新品牌第一步是要明确顾客购买品牌的理由，有了购买理由才能赢得顾客。购买理由决定了品牌今后是否有大的发展。

无法形成独特价值主张，就构成不了购买理由。如果我们从来没有表达差异化，客户如何能共识到差异化?

那么如何为新品牌确立购买理由呢？最关键的一步，是确立竞争对手。确立竞争对手有两种情况。第一种情况，你的新品牌产品若是一个既有的品类，且存在较强的竞争对手，那么你的购买理由就应该针对品类的领导品牌确立，即在领导品牌强势的反面确立购买理由。你也可以在既有品类中开创一个细分品类，让新品牌成为这个细分品类的领导品牌。比如农夫山泉在饮用水品类中细分出“天然水”品类，从而避开了娃哈哈、乐百氏等纯净水强势品牌。

第二种情况，你的新品牌产品是一个全新的产品品类，那么你的竞争对手会是满足同样需求或相似需求的其他产品品类。比如汽车品类诞生时其竞争对手是马车，而凉茶品类的竞争对手就是汽水。在界定了品类竞争对手后，就需要对自己的品类针对竞争品类进行变位，比如王老吉针对汽水“口感清凉”的强势，把凉茶变位为“预防上火的饮料”，把汽水变位为表面清凉。

最聪明的人是能把购买理由形象化。任何一个产品都能够挖掘到合适的产品购买理由。谁能快速挖掘到合适的产品购买理由，谁就是市场的赢家。

好的策划是消费者的翻译，在消费者熟悉的文化元素中提炼购买理由，翻译成社会认为好的东西，在竞争环境中第一个把新购买理由传达给消费者。

手工打造和流水线的机械自动化，哪个更精致准确、更高效，显而易见是后者。劳斯莱斯却强调“追求手工打造”，它用“追求手工打造”区别福特、奔驰，实际上用“追求手工打造”所强调的是一种尊贵与风范。很多部件必须使用自动化的，但是，劳斯莱斯设计了一个新的购买理由，让你有高价值感。

购买理由存在于顾客的大脑里，而不是企业主的大脑里。企业推出的这个购买理由既要独特，又要让消费者感到是好的标准。

消费者并不通情达理，他们想要的、渴求的和梦想得到的东西也不合乎逻辑，但是，他们需要合乎逻辑的理由，去说服他们购买自己并不需要的东西。

所有好的营销都始于客户的大脑中的购买理由，这个购买理由带有客户的解决方案形象。所以，我们在设计购买理由点、观察判断点的时候，一定要跟消费者的生活常识进行挂钩。购买理由研发必须切合消费者心理，只有从顾客的核心利益出发，从产品或服务的实际效用出发，才可能最终将购买理由价值转化为顾客价值。

通过研究，只要为顾客提供一个名义，顾客就可以买他们并不需要的产品。

这些概念要成为顾客为购买而找的正当理由，要成为提高生活质量的理由，要成为愉悦的理由，要成为美化家庭的理由，要成为教育的理由，要成为缓解压力、放松身心、娱乐的理由，要成为计划性购买的理由，要成为情感满足的理由，要成为替代现有用品的理由，要成为业余爱好的理由，要成为给自己的礼物的理由，要成为冲动型购买的理由，要成为身份地位的理由，要成为将正当理由付诸实践等。

你要将对消费者说的千言万语浓缩为一个核心词汇，这个核心词汇就是消费者认为最重要的购买理由。你的购买理由要如实传达产品的核心内涵，准确反映消费者的真实需求与欲望，引起消费者的注意，力求购买理由创新，与众不同，将购买理由价值转化为顾客价值，这将在根本上决定企业营销的成败。

购买理由不是你设计好去传播给消费者听的，而是你为消费者设计他们愿意去传播的话语。也只有这样，才会有传播的效果和作用。

什么是打动力？不是看了广告和文案很感动，但不知道说的是什么产品；也不是看了知道是什么产品，也很感动，可就是不买。打动力是看了知道产品，并感动地去购买，这就是购买理由打动力。

购买理由，就像一把剑的刃，锋利方可杀敌，无刃则是把废铁。

购买理由，就像一支枪的子弹，百步穿杨，无弹还不如把菜刀。

购买理由，是让产品更锋利、更尖锐、更具有杀伤力和穿透力。

购买理由，是产品最锋利的刃，不在于宽，而在锐！卖点，不在于多，而在精！

卖点的提炼，是基于产品创新、消费认知与习惯、市场竞争态势等综合因素来考虑，到底哪些卖点要保留或放大，哪些卖点需要减掉。

所以，企业都面临着一个问题：如何提炼出最精炼、最能体现产品价值、最能打动消费者的购买理由，然后用最通俗易懂的语言表达出来。

一条非买不可的品牌警语

出色的品牌警句是捕捉人们的注意力的最有效的好方法，出色到位的品牌警句有着无比强大的沟通力量。

市场上一个普通的女士坤包，卖100元左右，如果这个包标上“香奈儿”的商标，商品的价格就会瞬间飙升100倍。香奈儿时装具有高雅、简洁、精美的风格。“香奈儿”没有向消费者承诺，我们的坤包是独一无二的，我们的坤包是全手工制作的，我们的坤包是专供欧洲皇家女士使用的，我们的坤包是不可能低价出售的……没有这一系列的承诺——高贵的品质、优质的服务、良好的口碑等，“香奈儿”的包也就与普通包别无两样。消费者会说，这太贵了。然而，香奈儿说，奢侈，不关乎贫穷，关乎粗俗。香奈儿是个传奇，传奇又离不开男人。香奈儿说：“上帝知道我渴望爱情。但若要我在心爱的男人和我的服装之间做出选择，我仍会选择服装。”香奈儿用警句说服了人们。

在这个商业信息爆炸的时代，人们没有时间去静静地、耐心地倾听你讲一个太长的介绍。怎么办？在这种状态下，你就必须用一句具有强烈的感染力短话，即一句品牌警句，才可以抓住顾客的注意力，点出你的与众不同。

实际上，越短的语言提炼起来就越难。

在市场销售当中有两个因素最重要。第一，是找出能够体现商品特点的品牌警句；第二，是始终如一地、反复地使用这些品牌警句。

消费者不单是“消费产品的人”，而且是“希望过着有趣而富有个性的人生的人”。顾客选择品牌就像选择一个人交朋友，既在乎有外在形象——身高、相貌和衣着打扮，还在乎内在品质——学识、能力及道德素养。

我们卖给消费者的不是一个纯粹物理意义上的产品，它还包括一些基本的概念，这种营销方式在同类产品市场上进行细分，构建基本的市场生态。消费者的需要有多个层次，一般都是从人的生存需要为出发点进行分析，针对市场而言，我们可以归纳为三个基本的层次：基本需要、奢华需要、精神需要。

人是为价值观活着，人又因为价值观而产生对外部世界的判断，消费者靠价值观选择。

一个品牌被消费者认同，不可能仅仅依靠核心价值，还要有企业理念、技术形象、产品特点、品牌气质、亲和力等丰满的品牌联想。

不在于你说的是不是真话，而在于你是不是说出社会想要的品牌警语。

不同的品牌警句形成不同的品牌内涵，而不同的理念改变人们的认知。

一组超能量符号

不同的符号，带有不同的能量。

一张图片可能相当于 1000 个单词，但是一个好的故事却抵得上 10000 张图片。一个故事化的图片，足以实现潜在消费者心智的认知变位。

Hipmunk 是一家旅游搜索网站。这家网站有一个友好的小吉祥物——一只精心化过妆的花栗鼠，它系着一条飘逸的围巾，还戴着一副飞行员护目镜。这家网站的自豪之处不仅在于它的运作良好，还在于与竞争对手相比，使用起来，它带给用户的愉悦感更多。

网站发言人说："Hipmunk 的创始人希望网站平易近人、更简单、能提供更好的用户体验，希望用户知道我们站在他们一边，为他们筛选掉那些质量不高的旅游推荐项目，并尽可能提供最好的旅游项目。"

来自 Door Number 3 的 Mueller 表示，理解消费者的"痛苦点"一直以来都是品牌取得突破效应的关键所在。她说："最好的公司会开发在有形无形间让消费者产生挫折感或有需求的领域。Hipmunk 意识到了美国消费者对'简单'的渴求。Hipmunk 干净的网页，搜索结果以图片而非文字为主的图表加以呈现，反映出网站一直关注着消费者快速获得信息并做出决策的需求。"

Hipmunk 主要通过"亲身指导"式的理念将品牌承诺在旅客中加以推广。"用户可以通过 Twitter 和在线实时聊天工具找到我们。我们一直都借助上述两种方式与用户进行交谈，并确保用户拥有良好体验。"公司发言人说。

Hipmunk 会继续扩大产品服务的范围，包括增加基于“感情爆发”（价位、旅途时间以及旅游终点的数量的组合）的搜索过滤能力以及基于订阅的业务规划功能，旨在精简团体旅行的行程。

虽然小花栗鼠吉祥物可能看起来微不足道，但如果执行得好，富有参与精神并体现了产品及公司精神的吉祥物就能真正提升产品和品牌。Mueller 指出：“人们喜欢那些使用小动物的品牌。”他援引了广为人知的美国家庭人寿保险公司（Aflac）的鸭子以及美国汽车保险公司 GEICO 的壁虎作为例证。“如果一个话题很复杂，小动物的介入就能减缓压力。”

欧盟总部所在地——比利时首都布鲁塞尔有两处著名的景点：102 米高的原子球塔和 110 米长的布鲁塞尔大广场，这两处地方都在不遗余力地想要博得每一位游人的欢心。

原子球塔是为1958 年布鲁塞尔世界博览会而建的金属结构建筑物，这座历时 18 个月建成、总重量 2400 吨的庞然大物拥有 9 个直径为 18 米的球体，并与连接球体的钢管构成了一个相当于放大了 1650 亿倍的铁原子晶体结构。布鲁塞尔大广场的建造过程则延续了几个世纪之久，从 1402 年建筑师雅各布·范蒂宁着手在广场建造市政厅开始，直到 19 世纪，经历了时代变革和血雨腥风的大广场周围仍在大兴土木。无论是原子塔，还是布鲁塞尔大广场都是它们所属时代的建筑巨作，两者也都享有世界声誉，举世无双。然而，它们却没有一个能够在讨好人们欢心的竞赛中拔得头筹，因为真正的赢家正静静地站在距离大广场几步之遥的角落撒尿——这个仅 61 厘米高的小雕像早已扬名世界，它就是人们口中的“撒尿的小于连”。

一个仅 61 厘米的小雕像在视觉与情感认知上又缘何能击败百余米的巨型建筑呢？它正是超能量符号。布鲁塞尔大广场景色虽美，原子球塔规模虽大，但这两点都不足以令人回味。相反，在一处公共场所建立一座喷水池，上面站着一个不断向水里撒尿的调皮孩童，这样的景致却是绝无仅有，这也要比传统审美意义上的巨型建筑更有“观赏性”。但是，假如水是从孩童的嘴里或者耳朵里喷出来，恐怕也没有人会注意到这条灰褐色的大街上还有这么个不起眼的“小人儿”。撒尿的小于连铜像体现出的不仅仅是创意的力量，还有对于广告传播中动能的诠释。

被媒介宠坏的人们已经不会对那些没有意外惊喜的传播方式和内容作出反应，他们只是不加处理、不带情感地将这些“平庸”的信息进行储存。再遇到类似信息时，只会感觉似曾相识，产生所谓的“即视感”现象。为了引起人们的注意，我们必须制造一些认知上的冲突，以唤醒他们麻木的思维。简而言之，就是要出其不意。

此外，超能量要有大众情感上的渲染力量。如有人说，这个孩子曾急中生智地保住了布鲁塞尔城；又有人说，小于连在女巫门上撒尿，结果女巫一气之下施魔法把他变成了一座雕像。而这种情感的力量也体现在——人们总喜欢给小于连着上不同的装扮：时而是吸血鬼，时而是“猫王”，有时他又变成了冰球明星或者圣诞老人。至今，他各种款式的服装已有 600 余套。所以，要创造出一件能在全世界不同人群中触发动能的作品，需要的已不再是如何高大或美艳，而是一种情感刺激，一种让人觉得难以置信的感觉。

如果产品没有特点，我们不妨给产品找个符号。记住一个符号比记住一大堆功效容易得多，更重要的一点是，符号容易在消费者的心智留下产品烙印。无论是在市场宣传中还是在与顾客沟通中，要善于借助比喻的力量，用图像征服顾客。

公司可了解顾客对公司的印象，接着将一些有利于品牌宣传的印象挖掘出来，然后通过生动的比喻让公司形象变得活灵活现。

多年以来，在人们心目中，苹果的产品都非常有个性，富于创造力，而且还引领着街头文化；于是苹果的一些广告策划人大胆地用了比喻手法，在广告中将苹果比喻成嘻哈、年轻、休闲、有创造力的小伙子。这就赋予了苹果产品以人性，从而触及消费者的情感核心，让苹果越来越受到了年轻人的欢迎。而如果苹果公司只是简单地说，“苹果电脑和软件设计非常直观，允许用户毫不费力地完成各种任务……哦，还有，我们比其他公司更酷”，广告的效果就大打折扣了。

沈阳红药制药公司在推出红药系列产品时，用“红色和氏璧”图案这个符号，来抢占消费者心智，一方面识别正品树正宗，同时与跟进者区隔做防伪。跌打损伤、风湿肿痛，认准沈阳红药，认准这个圈，偏居东北的沈阳红药走向全国，让消费者迅速记住了它。

提到麦当劳，小孩子都会想起富有亲和力的麦当劳叔叔；提到肯德基，消费者脑子中就会浮现和蔼慈祥的肯德基上校的形象。这就是形象化信息的力量，它能够刺激消费者的记忆，并可以成为广泛流传、延展性很强、独一无二的代言物。

超级能量符号包含形状、颜色、产品、包装、创始人、符号、明星、动物以及传承等。看起来很传统，但它能散发出我们的产品价值信息，包含购买指令。

绝大多数的企业总是喜欢为旗下的众多产品分别设计包装，而每款包装之间除了品牌名称之外，几乎没有共同之处，看上去就像是由不同的厂家所生产的。虽然他们的本意是想通过更多的选择来增加消费者的购买几率，但是，他们却忽视了消费者的感受。

频繁地更换包装，甚至有的时候，同一种产品会有两款不同的包装同时出现在终端货架上，这使得消费者的头脑不仅丧失焦点，更增加了混乱甚至怀疑。当人们不知道该如何选择时，最有可能的结果就是放弃选择，这无疑加剧了产品的滞销。

如果没有一个统一的视觉符号的话，那些选择只会导致消费者的视觉记忆无法聚焦，从而不能让品牌在他们的记忆之中占有一席之地。

当有企业抱怨自己的产品卖不出去的时候，最实际的做法就是反思一下，自己的包装是否为消费者提供了一个简单、清晰的视觉符号——你得让他们看到焦点。

包装就像一块块立在终端的路牌，向消费者传递着不同的信息。于是，包装的正确与否，将直接关系到未来的竞争成本。

包装不是美女。仅仅好看的包装只适合拿来当墙纸，包装的真正目的并不仅仅是为了销售产品本身，而是为了销售品牌规则。

一个伟大的包装会有效传递有利于你的品牌规则，它可以使你创造价值、解决竞争，以最低的成本赢得最大的利润。

终端推广的重点，毫无疑问就是产品包装。包装是品牌与消费者之间沟通的最重要环节，也是决定性的环节。有人说，是包装决定了消费者是否会购买某种产品，这绝不过分。

那么，究竟什么样的包装能促进产品的畅销？必须为记忆找到焦点。

不是由于产品的畅销人们才记住了它的包装，而是由于人们能够准确地记住包装才导致了该产品的畅销。

消费者往往能够将畅销商品的包装准确无误地描述出来，而对于非畅销产品包装的描述则大多模糊不清，甚至会出现张冠李戴的现象。

对于一件长期畅销的商品来说，包装从中产生的作用无疑是至关重要的。当面对众多选择时，只有能够吸引消费者注意力的包装，才能使其印象深刻并产生记忆。而在下次进超市时，人们往往会选择自己有过消费体验的品牌。长此以往，就形成对该品牌的信任甚至依赖。

若想让你的包装抢先占据消费者的记忆，视觉符号是其中的关键。

包装的本质是品牌与消费者之间的视觉沟通。在面对一个品牌时，消费者往往只能记住一些简单、清晰的东西，如果你的包装无法为消费者提供一个简单、清晰的视觉符号，它就无法吸引消费者的注意力，最终只能被淹没在浩如烟海的终端货架上。

“广告教皇”大卫·奥格威为“海塞威”衬衫做的名为“穿海塞威衬衫的男人”的广告，就进行了视觉变位。那个气宇轩昂的模特一直被我们当成是“海塞威”的形象代言人，但是，真正使这个广告流传于世的，还是广告中加的一个道具——眼罩。一提到“海塞威”衬衫，我们的脑海中就会立刻闪现出那只“眼罩”。大家可能已经忘记了“海塞威”这个名字，但是“眼罩”却依然会牢牢地印在消费者脑海里。“穿海塞威衬衫的男人”就是一个有好故事的图片。

我们的想法和感觉都是与图像联系的，我们的五种感觉——视觉、听觉、触觉、味觉和嗅觉，都会触发我们脑海中的某种图像。例如，当你闻到红烧肉的香味，便会想起红烧肉的样子；听到“我心永恒”的歌曲，便会想起轮船上的恋人；看到描述“疯狂楼市”的文字时，脑海中会浮现人们疯狂购房的情景等。尽管我们用语言来沟通，但我们思想深处最终还是以图像形式存在。

一个高贵骄傲的高端消费者

社会学家齐美尔说，时尚往往发源于社会较高阶层，然后渐渐成为较低阶层的参照，而一旦完成了这种过渡，较高阶层就会放弃这种旧时尚，创造或采纳新的时尚，从而继续保持在消费形式上与较低阶层的区别和距离。

红海到蓝海，有一个共通的东西，那就是消费阶层，谁能让高端消费层更突显阶层，让没钱的人抹去阶层，谁就找到了身跨两海的变位利润点，谁就是真正的赢家。

大品牌几乎都与皇家联系在一起。

在人们心智中，皇家使用的就是最好的。皇家使用成了奢侈品牌区隔普通品牌的杀手锏。爱马仕的 Kelly 手袋售价奇高，一只二手 Kelly 手袋也要 3000 美元左右。而成就爱马仕 Kelly 手袋的正是一个高端而又高贵的消费者——摩纳哥王妃格雷斯·凯莉。手袋搭扣上的小锁和摩纳哥王妃的芳名（凯莉）给了它一种特有的女性的神秘感。这样的经典手袋永远不会过时。

你要敢于与人们心中的“皇家”攀亲，到人们心中的“首都”经营，更要注重这种特殊消费者的积累。品牌价值还体现在购买或使用这种产品的是哪一类消费者。

大品牌会为特殊广告位置的争夺不惜一掷千金，重要的是这代表着品牌的江湖地位和爱用者的尊严，以制造景仰和追捧。

营销从某种程度上来讲，就是在某个阶段聚集所有能量于一点：寻找一个“金字塔制高点”。“金字塔制高点”的作用，在于有效地、微妙地改变强弱之间、大小之间、轻重之间的力量对比，从而达成看似不可能的事情，实现以弱击强，以小搏大，以轻举重。高端品牌创造权威，让普通人高不可攀。

品牌要在属性、利益、价值、文化、个性和使用者6个方面提升含金量，同时，通过这些元素，设立门槛，让竞争对手难以企及。

品牌，不仅是知名度、美誉度，还有稀缺度，只有控制着消费者制高点，才能换取稀缺度。

对别的品牌来说，是消费者选择品牌，而对百达翡丽来说，则是品牌挑选消费者。

购买百达翡丽表，要填长长的申请表，对购买者进行资格审查。而合格之后，购买者还要由传道者传道。在它的客户名单中，共有100名国王、54名王后，更不乏如爱因斯坦、居里夫人、夏洛蒂、布朗特、柴可夫斯基等显赫人士。

耐克、阿迪达斯等虽然借助篮球、足球运动推广自己的品牌形象，宣言运动精神，但他们的消费者绝对不只是篮球、足球运动员。这个道理很简单，他们是要用这些人去影响更多的人，即所谓运动明星效应。

在消费者心目中，有许多约定俗成的思维定式，它们是消费者受到社会潜移默化的影响慢慢形成的，成为消费者评判产品优劣的参考性标尺，如“权威的就是最好的”“第一的就是最好的”，具体包括“权威认证”“销量第一”“驰名商标”“公信机构推荐”“公信群体使用”等，品牌建立起与它们的联系，可提高品牌的认知度和美誉度。

“人民大会堂国宴”在人们意识中是最高级的盛宴，代表着权威与专业，成为“国宴用品”，是对一个品牌最高级别的肯定和表彰，非过硬的产品质量和良好的消费者口碑不可获得，获得“国宴用品”的称号是值得大书特书的品牌事件。

如鲁花牌花生油被评为“人民大会堂国宴用油”之后，就大大地炒作了一把，提升了品牌的整体形象。

椰树牌椰汁在成为“国宴饮品”后，立时在同类品牌中脱颖而出，成为椰汁类饮品第一品牌。

还有不少品牌经常选用人民大会堂作为高规格的活动场所，也是利用人们对人民大会堂的良好印象，提升自身的品牌地位。

2013 年 3 月，在参观坦桑尼亚妇女与发展基金会时，习近平主席夫人彭丽媛送出了“百雀羚”护肤品。国礼身份，不仅让百雀羚炙手可热，更掀起一股新的国货热。而在两三年前，还少有人谈及这个品牌，偶尔有人提到这个“老牌子”，那感觉就像谈论一个远去的故事。国母作为“白雀羚”的一个高端消费者，成就了国货“百雀羚”的逆袭。

成功的品牌有成功的一系列支撑因素。不在于你有多少产品，而在于有没有一款产品成为消费者首选。成为消费者首选的牵引元素就是要树立首领形象，必须有一款产品成为黄金单品。

从 2012 年底到 2013 年上半年，百雀羚始终跟“大事件”连在一起。2013 浙江卫视《中国好声音》第二季广告招标，百雀羚以 7000 万元拿下该节目第二标王，引来一片惊诧声。他们的运作团队经营这个品牌时非一般的用心——他们是铆足了劲要将国货发扬光大。这种用心带来的是战略上的高度重视与系统投入。

更重要的是，有一支专业而务实的团队，心怀复兴国货的使命，从高点出发，系统布局，潜心运作，持续用功。

是先成为首选，还是先成为国礼？这是一个互为因果的关系。在没有高端消费者之前，先成为消费者首选；成为消费者首选后，自然有高端消费者，甚至被选中作国礼；而被选中作国礼，更加固了消费者首选的地位。

简单一句话，做好一系列的加冕赋值工作，让你的产品成为黄金单品。

一个可信的证据

亚马逊创始人贝佐斯认为，如果顾客越容易判断出应该买什么，那么销量就应该越好。也就是说：证据在购买中具有影响力。

消费者根据他们能搜集到的认为可信的信息来判别品牌的依劣。

解决信任问题是变位成功的临门一脚，也是一项持续性很强的工作，你要设计消费者认为可信的、能证明“更好”的依据。

在定位时代，成为第一胜过做得更好，因为“第一”在人们心目中就是“最好”。

你说你的汉堡比麦当劳更好，为什么麦当劳是汉堡快餐连锁第一品牌而你不是？

你说你的炸鸡比肯德基更好，为什么肯德基是炸鸡快餐连锁第一品牌而你不是？

你说你的口香糖比绿箭更好，为什么你不是绿箭？

你说你的跑鞋比耐克更好，为什么你不是耐克？

这是定位时代的消费者逻辑，因为当时信息技术不发达，消费者根本找不到所需信息进行品质对比，只能纯粹以品牌判断品质——第一品牌当然就是最好的。

现在则不一样了，“证好”胜过“最好”。因为消费者可以容易地、便捷地从互联网的海量信息中找到用来进行品质判断的信息。

营销的第一个时代是形象时代，谁品牌形象好，谁的产品就好卖。营销的第二个时代是定位时代，产品要被消费者认可，要在他们心智中占据一个独特的位置。进入信息时代，营销进入第三个时代——变位时代。

变位需要可信证据。如果是一个陌生品牌，你要找到支持点，让它真实可信。

定位不是做给老板看的东西，而是向目标顾客保证的一种承诺。因此，你的定位必须要让目标顾客切身感受到。

顾客对于企业传递给他的信息天生持怀疑态度。对于“你是什么”的回答还好一点，因为顾客自己也想搞明白，但并非毫无怀疑。而对于“有何不同”的回答，顾客持有最强烈的怀疑，因为这可是让顾客掏钱的理由，顾客当然会十二分慎重。这时企业就需要提供信任状来解除顾客的疑虑。然而，对于企业提供的信任状，顾客同样抱持怀疑态度，所以信任状必须是显而易见的事实或由第三方权威机构提供的证据，并且要符合顾客思维逻辑。

零风险承诺是提供信任状的常用方式，比如免费试用、无条件退货、满意才付款、长时间免费保修等。

至于“品类第一品牌”所需信任状，莫过于权威性的销量排名，所以阿芙精油宣传“网上每销售 3 瓶精油 2 瓶是阿芙”，香飘飘奶茶则宣传“一年销售 7 亿杯，杯子连起来可以绕地球两圈”。

另一些可作为信任状的显而易见的事实就是热销或口碑。去一个不熟悉的地方吃饭，国人都知道哪家餐馆人多去哪家。而现在有了大众点评之类的口碑评价工具和“美味不用等”（又一个糟糕名字）这样的远程排队工具，顾客可以不到现场就获得餐馆的评价信息和排队信息，这就是第三方权威机构提供的信任状。

通常，企业会拥有多种信任状，但使用信任状有一条基本原则，就是主要使用效力最高的一种而不要罗列出所有信任状。因为心智容量有限，顾客记不住太多，顾客转述时更不可能说出太多。另外，多就是少，相信读者们都有感受：名片上印满各种头衔的人，多半并非什么真正重要的人物，因为成大事者需要聚焦。

大多数的人不知道自己想要买什么，他们只好去买他们认为别人都买的、他们自己也应该拥有的东西，这就是所谓的从众心理。我们通过观察别人来判断什么是正确的，我们在日常的情景当中会认为别人的所作所为都是正确的行为。

消费者心智缺乏安全感的原因有很多，其中之一就是他们在做购物这类基础事务时，心智会察觉到可能存在的多种风险。归纳起来，有以下 5 种我们可以感知的风险。

（1）金钱风险——我可能会为此损失一些金钱。

（2）功能风险——它可能无法工作或不像宣传的那么好用。

（3）生理风险——看上去它的安全性不太高，我可能会受伤。

（4）社会风险——如果我买了它，我的朋友、家人会怎么看。

（5）心理风险——如果我买了它，可能会有负罪感。

人们不会从不信任或不喜欢的人手中买东西。任何一个品牌一亮相，你的第一步就是如何去克服消费者的疑虑。

我们的品牌做广告的时候一定要给品牌注入一种信任状，把顾客的安全疑虑尽可能降低。你有没有信任状就成为你的广告是否有效的一个分水岭。我们很多企业打广告就不讲究这一点，就是说我如何如何好，却没有给顾客一个去化解他疑虑的东西。

眼见为实。

如果你的目标顾客无法感受到你的定位，那么意味着与目标顾客利益不相关，可能成为空中楼阁，中看不中用。因此，在定位过程中，一定要反复提问两个问题：“是否与目标顾客的利益相关”、“目标顾客是否能够切身感受到”。如果答案是否定的，就必须更换。

比如一辆“宽轮距”的庞帝克（Pontiac），轮距就应该比其他汽车更宽；英国航空（British Air）作为“世界上最受欢迎的航空公司”，乘客自然要比其他航空公司为多；可口可乐自称“正宗的可乐”，是因为它就是可乐的发明者。

今天，光靠定位创建品牌已经越来越困难。虽然你开创了一个品类，但人们不相信你所诉求的利益。而今天的消费者更加多疑，因为我们活在一个充满怀疑的世界。所以，不仅品牌竞争靠可信证据，创建一个品牌，也必须靠可信证据。

当年冷酸灵是抗过敏牙膏的第一品牌，“冷热酸甜，想吃就吃”成为人们耳熟能详的广告语，在抗敏市场的占有率曾经高达 80%。但今天，抗过敏牙膏第一品牌是谁呢？舒适达。为什么？你马上会问。没错，这是今天消费者都会有的反应。“领先”不等于“最好”了。今天的消费者有能力问“为什么”。消费者只会为他们相信的、能证明“更好”的依据买单。百度一下，舒适达于 1987 年成为全球牙医推荐的抗敏感牙膏，2011 年首次将 Novamin 骨骼再生技术应用于口腔领域。Novamin 接触到水或唾液时，会释放钙和磷离子，这些构成牙齿的物质很自然地被吸附在暴露的牙本质上。并且，这些离子与暴露在外的牙本质中的胶原物质结合，开始形成一个修复层，这层矿物质修复层类似于牙齿的自然构造。而冷酸灵有什么呢？什么都没有，除了定位。可是，今天你定不住位了。消费者身边的抗过敏专家是舒适达，在抗敏品类的市场占有率高达 59%。

傻子瓜子当年是最好的瓜子，因为创始人年广久创业时，炒的瓜子个儿大、分量足，利薄得很（“傻子”之名也由此得来）。但今天最好的瓜子是“恰恰”，不仅仅因为名称问题，主要原因是恰恰创造了“煮”的工艺，并配以独特中药材配方。排在第二、第三位的真心和徽记，其可信证据也都是“煮”，但没办法，恰恰瓜子是第一个“煮”的，除非你提出更强的可信证据，否则你赢不了“第一”，只能超越“傻子”。

再来看看卫生巾市场，安尔乐是第一款打入全国消费者心智的卫生巾，20 世纪 90 年代曾占据 40% 的市场份额，一度成为卫生巾的代名词。但今天，卫生巾的第一品牌是谁？ABC。在竞争激烈的卫生巾市场，ABC 的占有率仍达 10%。安尔乐却退居第三位。原因何在？当年恒安集团投资近亿元引进高档蝶形护翼卫生巾生产线，推出安尔乐抢先进入中高端市场。“第一款蝶形护翼卫生巾”使安尔乐成为卫生巾第一品牌。“蝶形护翼卫生巾”也是一个可信证据，但这个可信证据太弱，“领先地位”也不能阻挡“更强的可信证据”的颠覆。

针对女性隐私部位的娇嫩敏感肌肤独有“KMS 健康配方”以及更快吸收、更快导渗的卫生巾第二代中央处理器“革新科技蓝芯 2”——这是 ABC 的可信证据。而今天的安尔乐有什么呢，只有“现代、时尚、健康”的概念，这在消费者脑海当中早已被淡化。

可信证据不一定必须是“真”的。“KMS 配方”和“蓝芯 2”或许就是企业杜撰出来的噱头，那没关系，只要消费者相信，就是“可信证据”。这些“事实”由第三方说出来，就会被消费者当成一种知识。而有时候，即使你的可信证据是真的，如果消费者不相信，那也是“假”的。所以，你的可信证据真假不重要，重要的是要“看起来”是真的，或者说你的可信证据与对手相比是强是弱并不重要，重要的是要“看起来更强”。

率先定位于某个品类已经占不住心智里“品类中最好”即第一品牌的位置了，消费者会根据他们能搜集到的知识来判别品牌的优劣。

如果你有可信证据令消费者认为你的品质“确实”比第一品牌更好，你就能战胜第一品牌。定位将被可信证据推翻。今天，获胜的不是“第一”，也不是“品质”，而是“可信证据”。可信证据战胜定位，更强的可信证据战胜较弱的可信证据。产品品质越容易鉴别，可信证据的作用越强。

在这个信息发达和多疑的世界里，你必须用知识来证明你的品牌利益。

网络时代的可信证据是否一定能推翻定位时代造就的第一品牌呢？有的可以，有的极其困难。对于注重品质但消费者无法辨别谁更好的产品，再强的可信证据也难以对抗其悠久的历史和心智认知。也就是说，在无法分辨品质的产品中，深入人心的老字号将难以被可信证据打败。因为消费者无法分辨品质，再强的可信证据反映不到使用时候的品质感受上，所以对所谓的可信证据并不相信，而倾向于认为第一品牌自然品质更好。在这里，“第一”胜过“更好”的规律依然在发生作用，因为可信证据不被相信。如果我告诉你我的跑鞋采用了某种突破性技术，能更灵敏适应脚部运动从而让你跑得更快，你会相信我的跑鞋比耐克更好吗？你穿上两者上跑道进行对比也分辨不出来。而耐克跑鞋有 55 年历史，早已深入人心。所以，对于像跑鞋这种产品，消费者虽然想要更好的效果，但分辨不出谁的更好，定位时代形成的牢固的消费者心智认知是今天的可信证据也难以改变的。

但如果没有巨大的“历史”优势，不是深入人心的老牌子、老字号，今天的可信证据就可以将其推翻。

进入知识营销时代，并不是说可信证据能颠覆所有的第一品牌，而是说在新时代品牌之间靠可信证据竞争。能让消费者相信的才叫可信证据，而要让消费者相信，必须有权威第三方的证明，或者消费者自己能“感觉出来”。

可信证据除了具有主观性以外（其本质是消费者心智中的认知），好的可信证据不是直白的知识讲解或者精确的数据罗列，而应该是间接的、含蓄的，让消费者有想象空间，诱导他们往你想要他们去的方向想。

讲知识、摆事实、列数据，消费者都不相信，间接含蓄的可信证据反倒更容易引起他们的迷信心理。一般来说，消费者更相信别人的意见，尤其是专家。权威专家的认可、专业机构的认证是最强的可信证据之一。

一个代表性的产品

商业竞争的本质不是产品之争，而是认知之争。企业终究是以产品为武器征战市场、赢取客户求生存。因此，企业产品须是畅行市场的通行证，须是真正迎合客户偏好而大有“卖点”的客户化产品，须是真正迎合客户偏好而大有竞争力的“核”武器。否则，一切努力都是自以为是，企业必将成为竞争弃儿。然而这种“核”武化的客户化产品，只能出自企业全员以产品为焦点的客户化管理与服务，即只能出自财务、人事、研发、中试、采供、生产、营销、销售、售服等各个流程环节上的每一个员工、每一个管理者在迎合客户偏好的本职工作中尽心尽力、尽职尽责的敬业奉献。

国外的品牌名称大部分是以创业者姓名和地名而创建，譬如肯德基、麦当劳、沃尔玛等，稍微有点想法的就是选择一个与行业或者产品相关联的名称作为品牌。

而国内企业早先大部分以美好的联想作为主要创意来源，直到现在这种品牌名称运用法似乎也没有太大的变化，譬如长虹、美的、小米、汇源、香飘飘、雪花等，有些甚至直接以自己注册的公司名称作为品牌。

这种策略的弊端非常明显，它根本不考虑顾客的内心感受，更不考虑运用什么样的品牌名称才能让顾客产生共鸣或者发出尖叫？这种先天性的缺陷导致企业后期必须为自己的草率付出沉重的代价——大部分企业都在用大量的广告传播费用来将自己的品牌与目标消费群进行链接捆绑，这是典型的傻瓜行为！

变位思维创新策略是：强大的营销是从产品名称开始，到产品包装、市场定位、卖点、主张、形象和传播等一整套策略必须传递一种完全相同的信息，致使整个营销策略形成一种整齐划一的直线力量，以减少后续广告的投入。

而如果你的品牌名称一开始就瞄准顾客的内心世界而不是自己的喜好，那么，你的产品一入市，就能产生疯抢！

传统营销者总是把营销的核心精力投入在后续的广告传播上，却忽略了产品本身其实就是一个强大的传播媒介，大部分企业没有充分运用好产品这个媒介。

在我的产品方法中，要求每一个产品包装上，必须要为目标消费者提供一种产品质量优秀的区隔概念，不能仅仅是产品身份的客观信息，必须使自己的产品，成为整个同类产品中最独特的唯一。这样，顾客到终端选择购买时，就会被产品亮点给吸引住。我称之为在终端秒杀顾客的尖刀策略。

同时，充分运用产品标签，与顾客达成完美有趣的沟通，促使顾客对本产品产生好感，而不仅仅是标配信息。

只要产品策略锋利得如同一把尖刀了，企业后续的广告传播就可以大大减少甚至不再需要广告了。有时产品策略策划精准，你的产品会借用竞争对手的广告，并可轻易抢夺对手的顾客！

一个让消费者产生共鸣的故事

给别人灌输一个理念和“定位”很难，但通过一个故事，就可以帮助人们进行换位思考。一个故事的作用不言而喻，关键是讲述何种故事，用故事来解决什么问题。

比起逻辑，故事更能左右我们的思想，构筑我们的经验，限定我们的思路，引导我们的行动。故事往往能够触动顾客，因为故事里有新奇、有情节、更有人性。没有传播就没有触动，最好的传播是讲故事。

故事的主题提炼非常重要。成功的标志是，能一句话说出品牌故事，也就是大众能讲出来你的品牌故事。

rose only 专爱花店所有的传播都基于一个基础：一生只送一人。它把真爱融入产品，用故事去感染所有人，并鼓励用户分享自己的爱情故事，以此引起更多人的共鸣。

当然万变不离其宗，这一切必须建立在过硬的产品之上，rose only 的玫瑰都采用世界顶级玫瑰，而且在制作的细节上更追求完美：每剪一枝花，换一把剪刀，达到可食用级别；精美独特的外包装、送花人的祝福语只有扫描二维码才能看得见……从外到内，无不透露出轻奢的品味，给人以强烈的需求。

故事讲得好，品牌就容易推广。品牌故事是比广告更高明的传播形式，它是品牌与客户建立情感的一个桥梁与纽带。

世界上绝大部分品牌都有故事，尤其是服装品牌，几乎每一个品牌背后都有一个动人的故事，这些故事成就了一个个著名的服装名牌。

发现或创作故事线索一直是我们从纷繁复杂的生活中理清条理的重要手段。人们虽然排斥广告，但都喜欢故事。故事能够分享，也可以加工，而且会随着讲述者与倾听者的变化而不断演变。它开辟了通往人类心灵的捷径——人类与故事的这种相互影响得到了大脑科学的证实。内容营销能够改变品牌导向，提高品牌知名度，改变消费者对品牌的认识，刺激购买欲，并促成购买行为。故事借由听众的力量传播开来，但经费并未增加。这就是故事所起到的作用。主导型消费者会回避或者忽略那些与己无关或不能给其生活带来增值的信息。无论是通过 30 秒广告这类传统形式，还是借由社交媒体短信息或长篇电影等方式，若要在对话中引入品牌信息，就必须讲一些让听众感觉值得花时间和精力去关注的内容。可口可乐、宝马和红牛等品牌都深谙此道。成功品牌最在乎的并不是做什么和怎么做，而是为什么要这样做。找到你的理由，也就等于找到了你自己的故事。有说服力的品牌故事会围绕价值观展开，明确阐述品牌代表的理念以及存在的理由。

内容必须具有娱乐性、教育性或实用性。不要再滔滔不绝地谈论你想说的东西，开始倾听你的受众想要表达什么吧。

获得的洞见和情报是创新的助推剂，能确保创意不只停留在追求新潮的层面，而是与商业挑战以及消费者需求也联系起来。故事应该是你营销计划的核心，而不是细枝末节。一旦确定所要讲述的故事后，就应利用所有的沟通渠道进行辐射和放大。要把你的媒体计划看做是内容联合计划。

将一个故事推向市场并不是事情的结束，而是开始。消费者想要扮演一个角色，他们希望成为维护自己所选品牌和产品的拥护者。品牌化内容能够实现双向对话和深层次交流，把客户变成拥护者和推广人。要让你的内容被人发现、分享，并完善成型；要让行事速度跟上社交媒体的变化，就需要全新的创造性思维。

重要的不只在于你说什么，还在于你何时、何地、对谁说。要清楚如何利用自有渠道、付费渠道及口碑渠道将消息发布出去。

品牌故事应与其宣传的产品扮演相同的角色。品牌所传递的个性和理念胜过了你的自诩，任何虚假夸大的信息都瞒不过消费者。要让你的故事真实、可信。你的品牌要成为某一方面的专家，能为人们的生活增添价值。提到耐克，能联想到健康；提到欧莱雅，能联想到自尊。对于受众而言，品牌是可以信赖的信息提供者。只要信息来源可靠，内容吸引人，消费者就会接受。

内容能有效融入营销组合并发挥巨大作用，且有助于实现业务目标时，才进行投资。定制化内容在提高品牌知名度的效率上比传统电视广告高92%，而在促进购买意向的作用则要比传统电视广告高168%。要保证故事的讲述方式具有战略性和条理性。尽管没有任何一条道路会注定成功，但建立以故事为核心的营销模式将是你迈向成功的最佳选择。

一个与消费者相关的大问题

每一个产品，都应针对一个消费者的问题，如工作方面的，意识形态方面的，等等。

国外有一家公司，他们的产品开发和营销人员每天的工作就是泡在亚马逊等电商网站上，翻看用户对某款产品的吐槽，然后根据吐槽，找到用户痛点，设计出用户满意的产品。例如，他们在一款音响产品的用户吐槽里发现了商机，用户抱怨为什么不开发一款浴室音响，这样洗澡的时候也可以听音乐。他们经过调查，发现很多用户都存在这样的需求。于是，他们马上开发出一款迷你防水浴室音响，一经推出，就供不应求。

解决消费者问题的大与小，决定了品牌价值的大小。成功的品牌都是找到了主流消费群的大问题。

在 iPhone 新产品发布会上，身着紧身牛仔裤的乔布斯指着自己的窄小裤兜说："如果我们想在裤兜里塞进去一个产品，那它应该是什么?"紧接着，乔布斯拿出了 iPhone："没错，就是它!"这是典型的乔布斯式的提问方式，即：站在消费者的角度，提出一个耐人寻味的问题!

消费者并不在乎你的价格，只要你可解决他的大问题。

云南白药发现中国成年人有不同程度的口腔问题，如口腔溃疡、牙龈肿痛、出血等。这些口腔问题大多困扰了人们的情绪，人们有快速解决的心理和生理需求。药物功效牙膏品类虽然一直存在，但在消费者心智中，药物功效牙膏一直没有强势品牌。以上发现，找到了巨大的市场空白点。通过系统的思考，云南白药确定了一个战略：占位“药物功效牙膏”品类，通过系统的品牌爆破，打造成该领域的第一品牌。在品牌传播策略上，针对“牙龈出血、口腔溃疡、牙龈肿痛”三大症状，诉求云南白药牙膏的功效。这一战略设计，将医药科技背景与日化产品有力嫁接，巧妙地将劣势转化成优势，增加了牙膏的科技含量和信誉保证，这也是符合国际“药妆”理念的大潮流。药物功效牙膏的品类，与佳洁士、高露洁等传统防蛀、清洁类牙膏形成“划江而治”的市场格局，避开了与跨国品牌的正面竞争。

总之，要搞清楚品牌定位、品牌核心价值、品牌个性和品牌识别等一系列杰作，公说公有理，婆说婆有理！其实，做品牌只需懂一点就足够了，那就是把握好“十个一”工程。“十个一”工程极度简化了品牌的系列元素。

企业的任何一次营销或广告活动都应体现、演绎出核心信息，即从原料采购、产品研发、包装设计、电视报纸电台广告、海报挂旗等 POP 广告、促销品、新闻炒作、软文宣传、通路策略、终端生动化、街头促销到售后服务，甚至每一次接受媒体采访、与客户沟通等任何与公众、消费者沟通的机会，都要去演绎出品牌的核心信息，从而使消费者任何一次接触品牌时都能感受到价值，这就意味着每一分的营销广告费都在加深消费者大脑中对核心价值的记忆与认同，都在为品牌做加法。

|第 8 章|

如何演绎变位

顾客不是买不起，

而是看不起。

你的品牌让顾客看得起，

就要通过变位，演绎价值。

发现文化潮流

传统的定位方式，是一项“劳民伤财”的花钱工程，特别是特劳特试图在消费者心智中占有一席之地的方式。

定位，虽然比直来直去传播手段有了改进，仍然是灌输式的。定位的创始人说，定位的一个关键条件是钱。就像梦天木门，为了在消费者心智中形成“高档”的概念，不得不依靠央视上亿的巨额广告维持。集团一直想撤下广告，但又担心撤下之后消费者对公司的怀疑。依靠央视建立概念，这是一般企业无法实现的。

传统营销人在执行一项新产品上市任务的时候，首先想到的就是投入费用，而这个投入就是指广告。企业营销部的经理也会向公司申请一定比例的传播费用，以促使自己的任务能顺利完成。在10年前或者20年前的中国市场，这么想也没什么不对。但是，随着互联网技术的发展，尤其是移动互联网的运用，消费者接受信息已经不是单通道，而是多维立体化了。譬如眼下，一个产品靠广告猛砸真的能产生效果吗？看看暴发户样板“恒大冰泉”，广告砸的够猛的吧，娃哈哈和农夫山泉的市场地位被它撼动了吗？

过去我们的营销方式是传递信息、消费者接受，然后实现购买和再购买，是一种线性的传播。而现在环境已经发生变化，信息技术改变了整个市场。这意味着许多传统的市场营销的方法要面临着改变，需要建立一种新的、消费者主导的、交互性的市场营销体系。

任何营销机构，在执行营销任务时，总把广告放在第一位的，就是思维贫穷症的体现，因为实现产品销量目标的方法不止广告这一种。

品牌的价值，不在于快速地满足顾客需求，而是创造满足之前的期盼和向往。

与定位不同，让客户感到忐忑不安，也就是让客户感到：有钱，你未必能买得到我的产品。不在于宣扬我的品质好、功能好，而是稀缺。一旦形成文化潮流，品质、功能并不重要。

在这一点，ZARA 是个高手。他们通过快速流转货物的商业模式，给消费者营造了一种销售悬念：今天你看好这款衣服，就不要等，因为，明天可能就买不到了。

事实上，ZARA 就是这么做的。在 ZARA 的商业模式里，有两点是非常突出的：一是紧随世界潮流，二是小批量快节奏运转。在这种商业模式下，他们的货物运转的周期压缩到了一周，因此，真的会出现“你看好的衣服当场不买，第二天再去就没有了”。

诺基亚（Nokia）在智能手机的研发上是苹果的 10 位。但苹果发现了互联网文化潮流，并及时主动地利用了文化潮流。

当今企业家没有人不知道“饥饿营销”的机制和操作手法，可是为什么只有苹果能成功呢?

苹果的产品为什么每次发布都出现“爆场”? 真的不用营销就已经卖到了“断货”的地步吗? 其实不然，这是苹果公司策划出来的“稀缺”。

几年前，苹果 iPad2 平板电脑上市时，上市当天的上午 8 点正式在国内发售。那一天，苹果公司中国官网在线商店、零售店及授权经销商渠道同步开卖。而人们在当天上午 10 点登录苹果公司官网的时候，iPad2 就已被抢购一空，不到 2 个小时宣告断货。

大家想想了，苹果公司的备货能力、生产能力就这么点儿水平吗? 怎么可能仅仅卖 2 个小时就卖完了呢?

内行人一看就会明白：他们是在“卖稀缺”，也就是所谓的“饥饿营销”。这样，它后期的销售才会变得更好。

短缺——“物以稀为贵”，供过于求时购买力一定不足，供不应求时才会争先抢购，于是精明的商家时常人为营造供不应求的局面，如限量、限时促销政策等就是短缺策略的运用。

价值稀缺的基本形式是神秘。

宝姿曾在北美市场小有名气，后来没落了，1989 年被香港陈启泰家族收购，经营重心移至中国。凭借“加拿大知名品牌”的形象和精细化的营销管理，宝姿很快成为国内高档女装的代表。但是，要保持洋品牌的光环，在欧美市场看不到是不行的。2002 年，宝姿携着在中国赚的钱杀回加拿大老家，一年时间内在 4 座城市开设了 4 家旗舰店；2005 年，以 Ports1961 的牌子登陆纽约第五大道。这些租金昂贵的店能赚钱吗？不赚钱！不嫌钱为什么要开？因为有了这些海外的店，宝姿才名正言顺地更像一个洋品牌，在中国市场才上得了台面。宝姿在其上市公司的年报中承认，提高 Ports1961 的国际曝光率，主要目的是提高宝姿在中国消费者心中的地位。

在产品的定价上，由于是华人操盘，宝姿显然更懂得国人的心思。它在欧美市场的定价，与 PRADA 等国际顶级品牌不相上下，但在国内的定价通常是其在欧美市场的 50%。这样的定价策略有悖于服装行业的常规（许多国际一线品牌在中国的定价远远高于品牌拥有地），但它却很好地满足了中国白领的心理需求——既维护他们对宝姿作为世界级品牌的信心，又照顾他们的现实购买力。

宝姿掌门人陈启泰一直刻意保持低调。他声称只接受西方媒体采访，除了面对投资者，极力回避在任何公开场合出现。个中原因，很大程度上是为了避免暴露宝姿已由中国人控制的事实。虽然陈启泰早已加入加拿大国籍，但这于事无补，只要他身上流着华人的血，中国消费者仍然认为他是中国人。在中国消费者的期待与想象中，宝姿既然是洋品牌，当然要有洋人血统，由洋人所有并掌管。

设置文化议题

从2002年到2015年，白酒制造企业进行了惨烈的整合，由近7万家锐降到2万家，这个过程在未来将愈演愈烈，洋河却在这期间逆势增长。

以茅台为代表的贵酒和五粮液为代表的川酒，其品牌诉求多以开创者、引领者、倡导者、整合者的姿态出现，历史性、人文性、技术性成为其支撑要素，成为全国上万家白酒企业争相模仿和追逐的对象。但其劣势在于，和消费者心灵层面的互动、与现代生活理念的接轨方面显得薄弱。

而洋河采用好莱坞“设置文化议程”的模式，如“中国梦，梦之蓝”“蓝色经典，男人的情怀”等，解决了13亿人的心灵障碍，从愿景层面呼应了国家崛起这个主流价值，从主张层面暗合对应了社会主流舆论，并加上蓝色的品牌调性，对应了市场的流行元素，构建了令人敬仰的品牌文化金字塔。

好莱坞风靡世界的影视大片，多数都基于爱国、爱情、亲情、善与恶等全球通行的语言，为的是赢得广大消费者心灵、价值、思想的认同！

白酒作为文化的主体和客体，扮演了人类历史大剧中一个闪亮的角色，不是生活必需品，却是社会生活的超级媒介！洋河设置了与社会同步的文化议题，把白酒打造成为最佳门户型沟通产品之一，演绎了白酒领域的“好莱坞”神话。

宣扬文化潮流

格拉德维尔在《引爆点》中意气风发地说："别看我们身处的世界看上去很坚固，其实只要找到那个点，轻轻一触，它就会倾斜。"

锐步的时尚版，就属于"找到那个点，轻轻一触"的艺术。

锐步的前身是福斯特，创立于1895年。但直到1979年一个美国代理商开始运用现代营销方式激发出锐步的爆发力，锐步才获得今天顾客所感知的品牌魅力。

耐克从创始开始一直局限在"专业"领域发展，大量的资源投向提高运动鞋的"运动性"，并没有想到在运动鞋上附加"时尚"的特性。

锐步知道，光凭"运动"元素，自己就算再做10年、20年也未必能赶上耐克，因此不如放弃那条道路，改为更为贴近顾客需求的模式。

从顾客角度来说，鞋最早只是为了保护脚，后来细分出各种场合所穿的鞋，如正装鞋、运动鞋，运动鞋又细分出跑步鞋、篮球鞋等……

但鞋只有这一种分类的维度吗？不是！

鞋为什么不可以按照人的年龄、心理、态度和生活方式来细分呢？锐步寻找的，就是另一种分类方法。

从1979年到1985年，锐步已经对耐克产生强劲的冲击，甚至将其拉下市场第一的宝座。原因很简单，锐步（美国）是第一家充分地将"时尚"元素引入运动鞋设计和销售过程的企业。

锐步推出了一系列震动美国运动鞋市场的产品，让它在短短几年内就冲上品牌的巅峰。例如其中的典型——1981 年策划、1982 年上市的专供女性的锐步 Freestyle（自由风格）运动鞋，在 20 世纪 80 年代初期，完全颠覆了顾客对运动鞋的看法，很快风行全美，短时间内抢占了品牌的制高点。

时尚品牌中的香奈尔（Chanel），在 1910 年初创时，只是巴黎市场上卖女式帽子的小门脸。但创办人香奈尔小姐只是找到了一种最适合当时女性心理需求的帽子款式，就在短短一年之内打响了香奈尔品牌，从而开始开创一个时尚产业帝国。

当西尔维亚·莱格娜多（Silvia lagnado）就任多芬的全球品牌总监时，就开始寻求品牌变位。她在想："不激发女性的爱美之心，就不能销售美容产品。"为了变位，她挑战在公司内部甚至是整个美容行业都根深蒂固的一些传统观念，这就是"多芬真美运动"。她提出了一种崭新的审美标准：所有不同年龄、身材体形和肤色的真正女性都是美丽的！以此为主题开展了一系列活动。这一运动，其影响力远远胜过传统的广告促销运动。她的成功之处在于建立了新的审美观，宣扬了一种文化潮流，使压抑的"人人爱美之心"得到了释放。

建立内外关联

新事物、新信念要进入心智，一定要与旧事物、旧信息发生关联。从变位的方法上讲，变位的本质就是关联“所爱”“所想”“所念”。

互联网时代，“老二”为“老大”打杂，“小三”被消灭。这看似是一个悖理。其实，这正是建立内外关联的最高效方式。

聚集稀缺价值与注意力，是产品自动营销变位的终极心法。它包括聚焦品类、聚焦目标顾客群、聚焦产品线、聚焦概念、聚焦区域市场、聚焦传播、聚焦营销模式、聚焦理念、聚焦精神等。

建立内外关联，放大稀缺价值，决不要害怕争执，因为唱对台戏——即使是个人之间，能够在一夜之间建立名声。

董明珠在“2014 中国企业领袖年会”上的发言，直斥美的偷了格力的专利被法院判罚，而小米则刚走出国门就因专利问题被封杀，小米和美的的联姻是“两个骗子走到一起成了小偷集团”。

作为商界领袖人物，这样激烈的言辞有失风度，掉粉不少。但是，估计除了看重企业家个人魅力的情怀党，听过或看过董明珠发言的围观群众，买空调时多半会因此有更大可能选择格力。

因为董明珠看似有失风度的放炮（没准是故意挑战温文尔雅的年会正统以获得更多传播），其实紧扣着对品牌三问的有效回答。董自称“我一个做空调的”，简单而精确地回答了“你是什么”；然后指出格力是空调第一品牌，有效地回答了“有何不同”；并指出格力一年销售 1400 亿元空调，领先空调第二名 500 亿元，有效回答了“何以见得”。

董明珠发言中还用丰富的故事讲述了格力空调全球销售、节能、静音、质量好，均可归结为“技术先进”，并自豪地指出格力有 8000 多名技术人员，开发了 14000 多项专利，为占据“技术先进”这一空调首要特性提供了信任状，预先封锁了别的空调品牌打技术牌的攻击。

董明珠对小米的攻击虽然有失优雅，但却很管用。比如，调查现场有多少用小米手机的，结果只有两个人举手，让小米手机不被高端人群接受的事实戏剧性地表现了出来。并且进一步攻击小米专利裸奔，靠价格战。或许听众会在情感上更支持雷军，但却更可能会在购买选择时远离小米。

雷军对董明珠颇有绅士风度的回应赢得不少网友的喝彩，涨粉不少。但是，从品牌三问的角度看，小米品牌却丢分不少。雷军是怎么回答品牌第一问“你是什么”的呢？“因为我们业务比较复杂，有时候大家不太会看得懂。我们业务实际的核心是通过做智能手机、智能电视等平台性硬件，建立一个互联网平台，这就是我们的核心业务。基于这个核心业务以后，我们其他的业务都是跟创业公司，跟其他的成长公司、甚至大型公司的合作。所以，整个小米都是开放合作的态度。”作为顾客，不听还明白，越听越糊涂，因为顾客认为“小米就是手机”，而雷军正在拼命地否认这个认知，拼命让小米代表更多的东西——小米是“手机、电视等平台性硬件”。让小米品牌代表这么多品类，就没机会被问及“有何不同”及“何以见得”了，顾客只会觉厉不明，敬而远之。当小米失去其在手机上的认知优势后，小米“平台”也将成为无本之木，因为顾客心智中根本就没有“平台”这个品类。

董明珠借着 10 亿赌局的高关注度，将对品牌三问的有效回答娴熟地植入顾客心智，即使将来真输了 10 亿，也赚了好几倍广告费，格力品牌始终是最大赢家。

传播是放大稀缺价值最好的方式。不过，媒体和受众喜欢带悬念的新闻。谁能为媒体和受众创造和导演悬念新闻，谁自然就是被媒体争相传播的主角。

形成文化共振共鸣

里斯说过：全球第一品牌进入一个国家后，往往也能成为当地的第一品牌。但“往往”并不是“一定”。全球啤酒第一品牌是百威，1995 年白威登陆中国，现在中国啤酒第一品牌是百威吗？不是，是青岛。全球纸巾第一品牌是舒洁，1996 年进入中国市场，现在中国纸巾第一品牌是舒洁吗？不是，是心相印。今天，即使拥有全球第一品牌的定位，也不能在一个陌生的国家里被认为比当地的第一品牌更好。而舒适达 2008 年才登陆中国却能在短短 3 年的时间里迅速成为抗敏感第一品牌，不是因为它是全球第一品牌，而是因为进行了“集中灌输”，完整地演绎了变位。

以前，消费者认为你是第一个做的，所以你最懂这种产品，所以你是最好的，于是都买你的产品，于是你的销量最大。有些消费者不一定知道你是第一家，也不一定认为第一个做的就是最好的，但他们会看销量，销量最大的最好，否则为什么最多人买，于是从众了。由于领先而更领先的良性循环造就了定位时代的第一品牌。凭“首创”和“份额”判断品质是由于信息不对称。但今天的消费者可以方便地查询到几乎任何品牌的相关知识。凭什么你最好？就凭你是最早的、你卖得最多你就是最好的？不一定吧？要拿出点“真凭实据”来。今天的消费者有能力刨根问底了，而且只需要动动手指就可以知道你有什么“料”。如果连手指都懒得动，更不想去阅读，他也可能获知品牌“可信证据”，因为他的身边很可能就有相关产品“专家”。只有在消费者无法获知和懒于搜寻“可信证据”的时候，才会根据自己心智中的定位选择品牌。

所以，你要不断丰富稀缺价值。

2014 年春季特斯拉汽车公司在中国策划了一个精妙绝伦的公关活动。其实，除了汽车发烧友，谁也没有记住特斯拉汽车公司那些“讲述事实”的技术参数；除了广告专家，谁也没有在意特斯拉品牌在美国与福特谁比谁更强大；除了营销专家，谁也没有专门研究，特斯拉汽车在中国的售价与在美国的售价有什么区别；除了环保专家，谁也没有真正去思考，这一款号称不会产生大气污染的汽车，对中国未来的生活环境有什么具体影响。但是，消费者记住了一个信息：这是一款代表未来、不用加油的汽车。代表未来，这就足够了。特斯拉汽车公司把这 15 辆汽车卖给了清一色的 IT 精英。

这一亮相，就把产品的特点与消费者的认知巧妙地结合起来了。

什么是产品的特点？就是产品与生俱来的特质。比如，你一生下来，就是男孩或女孩，特斯拉汽车一生下来就是“不用加油的汽车”。准确、清晰地表达特点，是扩大认知的有力手段，那么快速消费品如何学习特斯拉汽车，通过讲述特点扩大认知？

一个品牌的诞生是一个系统工程。品牌从出生到成长、发展、成熟，需要经历太多的事情。从早期的选址、设备的选购、生产标准的制定、渠道的建设、给产品一个合理的定价，再到给品牌起名字、设计 logo、标准色的选择、产品的包装设计、提炼什么样的卖点，等等。具体地说从市场需求的研究、产品购买理由的提出、产品的定位、产品的研制、产品的用料、产品的工艺、产品的命名、产品的包装、产品的推广等每一个环节，都需要精心的策划与运作。美国哥白尼调查公司调查了 48 种不同类型的产品或服务的品牌进行了调研，结果发现有 40 种被消费者认为是相似的。

为什么会出现品牌相似度高的问题？第一，品牌创建转向促销和打折；第二，广告由信息型日益转向娱乐型；第三，由于无法成功传播差异化，企业营销策略由品牌打造转向了价格控制。

那么企业该如何应对？关键是形成文化共振共鸣想办法表达你的差异

化，如果产品本身的点就很出色或明确，那么就很容易做大这一点。但往往人们不得不寻找一些非产品本身的特性。无论你选择什么，都要用它们为顾客创造利益，但很多公司推崇的只是空洞和无意义的口号。

消费者的品牌意识不会自发形成，需要企业主动去培育。

由于中国各地区文化及地理条件的不同，从某个特定区域因特定地域条件发展出来的产品，要走向全国市场，会遭遇不小的阻碍。也正是由于这个原因，区域品牌在走向全国的过程中需要变位。

通过变位，容易被很多地区的消费者接纳。即便进行了变位，品牌也只能吸引到那些对品牌的定位产生认同的消费者，不可能赢得全世界所有消费者的认可。但是一个品牌如果进行了恰当的变位，还是能获得很大的发展空间。

如果企业仅停留在产品经营层面，而未能走上品牌经营之路，是很容易被竞争淘汰的。成功的品牌，变位方法是不断地聚集稀缺价值与注意力，形成品牌首倡精神与影响力的共振。

买点与卖点共振

品牌是关于人们头脑中的一套精神联系。也就是消费者与品牌形成精神联系。

在1906年，俄国首都彼得格勒有一支全副武装的沙皇军队，步伐整齐、不可一世地通过爱纪华特大桥。这座大桥十分坚固，纵然跑过千军万马也难以撼动。可是正在指挥官洋洋得意的时候，桥身突然间剧烈振动起来，然后伴随着一声巨大的断裂声，大桥崩塌了。顿时，军官、士兵、辎重、马匹纷纷落水，狼狈不堪。原来，步伐整齐的沙皇军队引起了共振，巨大的能量一下子震塌了大桥。

同样，品牌元素与消费者心灵的共振就会打开市场大门。

共振以许多很小的外力合力就能起到千倍万倍的力量才能达到的效果，是真真正正的“四两拨千斤”。共振调动了主体的自身能动作用，可变“被动为主动”。

共振不只是一个策略点，而是多个策略点，这些策略点可能是品牌层面的，也可能是渠道层面的、产品层面的、促销层面的，等等，但又不需要策略点面面俱到，而是只抓住关键策略点。多个关键策略点在一定的振幅下共振才能达到理想的营销效果。

共振营销最大的好处就是策略有效和节省资源。共振营销逐条扫描或开创新的营销，确保营销手段的杀伤力，同时它舍弃全方位、大力度、轰轰烈烈的整合营销，充分利用共振的巧劲，四两拨千斤，是一种省钱的营销方式。

采用共振营销手法，针对渠道策略、源点目标群策略、品牌定位、品牌命名、产品设计、价格定位、终端击穿、定位推广八大关键策略共振点发力，使消费者心智发生和谐共振，实现了营销振幅的最大化，也因此获得了成功。

消费者好像一个裁判，他们用钱作为选票，裁定出那哪款产品、哪个品牌是竞争中的赢家。赢家是“三千宠爱于一身”，而输家却只能“藏在深宫无人问”！

然而，消费者大多不是一个称职的裁判，却是一个固执的裁判，他们往往会以自己的认知与喜好来行使裁判权——将钱全部给予那个最会讨他们欢心的选手，直到有一天遇上更懂他们心思的选手出现为止。

世界上永远不会有真正公平、公正、公开的竞争。“谁给我更多的好处（价值），谁就会是最终的赢家”！这是消费者行使裁判权的唯一依据，也是市场竞争中最大的潜规则。

选手要想借助潜规则与裁判完成幕后交易，在竞争中成为赢家，必须要先明白交易的本质。

所谓交易，简单来说就是通过价值交换，各取所需的过程。可以说，价值是所有交易的基础。有没有价值，值不值得交换是由裁判决定的。站在裁判的角度来看，选手提供的价值一定要远远大于自己所支付的成本（价格）。

价值是由需求所决定的，价值的大小取决于裁判需求的强弱程度和迫切程度。就好比一杯水，其价值在长江流域与沙漠之中有着天壤之别。很可惜，现在越来愈多的选手认识到需求的重要性，却往往忽视了价值的重要性。

单从颜色、口感、口味等客观因素判断，可口可乐与百事可乐几乎难以分辨。那为什么它们二者在市场竞争中却总是难分高下呢？原因就在于它们一个代表了“经典”的价值，一个代表了“新一代”的价值。在两乐之争中，让裁判们分出阵营的并不是产品的颜色、口感、口味，而是产品所承载、传递的价值。

在裁判眼中，价值大致分为使用价值与情感价值两种。使用价值多借助有形的实物为载体，而情感价值多以无形的文化呈现。前者多指向产品，而后者多指向品牌。

使用价值（产品）与情感价值（品牌），对于裁判而言就好像冲泡一杯咖啡，有人喜欢多奶，有些喜欢多糖。这其中的比例不是由咖啡师决定的，而是由裁判的喜好、习惯、环境及行为模式所决定。

竞争中真正的差异化是价值的差异化，产品、品牌的差异化只不过是价值差异化的外在体现罢了。在产品、品牌逐渐趋同的今天，价值差异化成为赢得裁判选票及奖励的重要砝码。

如何达到共振？

通过对企业现状的分析，了解开展营销的可支配性企业资源和优劣势，在可支配性企业资源前提下，通过对竞争环境的分析，探察营销成功的各关键策略点，并综合运用各种品牌营销工具，科学地设计营销振幅，建立线性竞争优势，激活关键策略点，使关键策略点同步协调，与目标消费群的心律一起脉动共振，达到最大化营销效果。

它深入研究市场，从市场中来，到市场中去，是一种理性营销手段，讲究策略的逻辑性。

它吝啬资源，却也敢于花该花的钱，不走极端。实现共振就要不断地做减法就要，只抓关键策略共振点，聚焦资源以便最大化利用营销资源。

在产品过剩、甚至品牌过剩的时代，消费者已经无暇顾及你的产品和品牌，此时消费者更多地关注自己。这就要求商家必须暂且把自己的产品放在一边，而去围绕消费者的生活习惯去寻找自己的品牌机会。消费者是根据自己的生活习性选择产品的，而不是因为你的产品好，或者概念好来买你的产品，即使产品好、概念好也要切合消费者的消费时机。

消费时机的抢占可能成为品牌竞争的最后一块“油田”。究竟选哪些策略点是需要紧密联系实际的营销环境的，这需要分析竞争对手的营销行为、分析自身优劣势，据此找到关键的策略点。

而共振共鸣不仅仅是传播手段的共振，它还包括品牌心智占位、渠道驱动力、价格设计等多方位的层面。在整合营销策略基础上做减法或者进行营销创新，只抓关键策略点，不仅能更聚焦企业资源，还便于集中精力在关键策略点上进行突破。共振营销比整合营销更省钱。整合营销不仅小企业玩不起，中国的很多大企业也玩不起或不愿意玩。

营销中，仅仅一点击穿还不够，还必须多个策略协调点共振才行。

要实现共振，关键是商家与消费者的焦点不再是商品，而是消费者自己。当商家与消费者对“消费者自身”有个统一认识后，消费者知道自己是谁，知道了自己的状态，不用你再兜售，他自然就知道了自己需要什么产品。这就如同医生已经帮患者确诊了是哪种具体病症，患者自己都会“抓药”。

最完整的营销是商家与消费者在产品和消费者自身两个方面搭成共识。

只有懂得“消费端”的思考模型和感受特点，才能设计“产品端”的模型。不懂得“消费端”怎么关注产品的，就不是抢占人脑里的“稀缺资源”。消费者的选择是基于品牌信息的输入和消费者已有经验。消费者根据自己的身份、生活问题、工作需要识别我们的品牌。商家要充当消费者的“镜子”，让消费者在合适的时机认识到自己合适的身份或者状态。当消费者明确了自己的身份、状态后，消费者会自动对号入座地选择你的商品。

嫁接社会注意力

商业成功之道在于聚焦，聚焦不是单纯地做减法，而是集中在某一点上做大做强，放大其功能。

昔日“烟草大王”褚时健75岁再次创业，在经历了人生的辉煌与沉沦之后，褚时健又回到了哀牢山，种起了橙子。

当初的橙子命名为云橙，没有在市场上掀起波澜，后来，经投资机构运作，将云橙改为褚橙，在短时间内即风靡全国，一时之间成为人们津津乐道的传奇。

对褚橙来说，橙子不是稀罕物，打广告未必奏效。褚老不做广告，他讲故事，他有沧桑故事可以讲。“故事”成为褚橙最强的附着力。

褚橙进京的新闻报道，24小时内就被微博转发了7000多条，王石的评价又诱发4000多次转发。褚橙在北京发售当天，5分钟抢购了800多箱，一时间褚橙成为励志的图腾。

而作为褚橙的经销商，新崛起的电商——本来生活网深谙“文化运作”。2013年运作“褚橙进京”，还成功运作了“汨粽进京”。

端午的源头在汨罗，汨罗的特产是粽子，然而，汨罗的粽子却远没有走出去。把普通的粽子进行“端午起源”的文化包装后，粽子便像褚橙一样，附着了“端午发源地”的传播引爆点。果然，汨粽又像褚橙一样，有赖于产品附着的文化理念，流行信息得到有效传播，订单量和成交量都创下新的纪录。

这种通过文化嫁接增强产品信息附着力的营销手法，被很多媒体评价为精准价值定位，以及拥有广泛社会资源和成功传播经验的“媒体化电商”。本来生活网的创办者喻华峰，原是《南方都市报》《新京报》总经理，以他为首的南方报系电商团队就像媒体编辑部一样运作，称负责采购的区域买手为“记者”，“记者”搜集各地特产上报给“编辑”，也就是运营者。每周产品会叫“选题会”，每个人都想做“封面报道”或“特写”。当西南片区的“记者”推荐了褚橙“选题”，罕见地获得了一次性通过，因为这些老媒体人做过多年人物报道，但“褚时健是我们最想采访但采访不到的人物之一”。

褚橙的稀缺价值是什么，是历经沧桑再次创业的文化精神。还有比这个更有卖点的人物吗?

我们都曾失败过，是一蹶不振还是再次站起来，褚时健这个最有争议的人物，给了创业者一个答案，一下子与消费者形成了共鸣。

褚时健是一个时代的传奇故事，消费者购买的不是褚橙，而是一个与老创业者沟通交流的机会。褚时健的人物形象成为褚橙营销最核心的一个节点。

褚橙适时推出“名人定制限量版”——蒋方舟定制版褚橙，借助美女作家的形象，将褚橙推向更年轻的人群。蒋方舟为褚橙包装题写了一句话——“根看果实不过是一小段距离，只有果实知道，那是多么长的路。”这句解读褚时健坎坷人生的话，被写到1000张限量版书签上，随着1000本蒋方舟的新书《我承认我不曾经历沧桑》，送到购买这款定制版褚橙的消费者手中。

褚橙营销特别擅长嫁接意见领袖，让意见领袖成为普通消费者与世界联系的信息中介，把褚橙的影响力迅速扩散。由于褚老的个人独特魅力，褚橙一推出就备受名人追捧。比如王石在微博上转发《褚橙进京》新闻报道，并引用巴顿将军的话评价褚时健，“衡量一个人的成功标志，不是看他登到顶峰的高度，而是看他跌到低谷的反弹力”。放眼中国，营销界有如此人格魅力的，除了褚时健，很难找到第二个人。

褚橙的成功是不断地聚集稀缺价值与注意力，形成品牌首倡精神与影响力的共振。

流行风潮的爆发需要 3 个条件：人们传播传染物的行为、传染物本身和传染物发挥作用所需要的环境。归纳起来，就是个别人物法则、附着力因素法则和环境威力法则。

褚时健营销褚橙，就完全符合引爆点三个法则设定的路径，个人影响力、信息附着力、环境威力都配合得天衣无缝。除了一下子引爆了褚橙，还引爆了电商领域的处女地——农产品。

当任何一场流行时尚或流行病毒到来时，总能发现几个非常关键的文化领袖，以他们独有的特点和社会关系，再加上他们的热情和个人魅力，能够最高效、最快速地将信息在一定范围内散播开来。企业能否引爆潮流的第一步，就是要从人群中找出这些文化，利用他们传播营销信息。个别人物法则还意味着这些人要同时具有联系员、内行和推销员的特质，也就是人脉广泛、了解行情与说服能力，成为文化领袖。

流行点的引爆有赖于流行信息的有效传播，注意力嫁接在很大程度上决定了信息传播的有效性。所谓注意力嫁接就是那些让人过目不忘，至少能留下深刻印象的特质。谁创造了流行？如何才能创造流行？这三个关于流行的问题 who、why 和 how，是关于注意力嫁接的 3W 难题。如果能够找到这三个问题的答案，商家就可以轻而易举地让自己的商品风靡一时，作家、媒体就可以让自己的作品广泛传播，广告、公关公司就可以让自己的服务口碑飙升……无论是谁，都要进行注意力嫁接。